HATIER
CONCOURS

La grammaire sans complexe

DIRECTION DE COLLECTION
Micheline Cellier
Roland Charnay
Michel Mante

Auteurs

Micheline Cellier
Maitre de conférences, Université de Montpellier/ Faculté d'éducation / ESPE Languedoc Roussillon

Françoise Demougin
Professeur des universités émérite, Sciences du langage, Université de Montpellier

Viviane Marzouk
Agrégée, Université de Montpellier/Faculté d'éducation/ ESPE Languedoc Roussillon

Cette publication est conforme à la nouvelle orthographe
www.orthographe-recommandee.info

Cet ouvrage est rédigé avec l'orthographe recommandée par le ministère de l'Éducation nationale.

Hatier

 ISBN : 978-2-218-98353-5

SOMMAIRE

TABLE DES ABRÉVIATIONS

- **adj.** : adjectif
- **adject.** : adjectival(e)
- **adv.** : adverbe
- **art.** : article
- **attr.** : attribut
- **CC/compl. circ.** : complément circonstanciel
- **COD** : complément d'objet direct
- **COI** : complément d'objet indirect
- **compl.** : complément
- **cond.** : conditionnel
- **conj.** : conjonction, conjonctive
- **conj. de sub.** : conjonction de subordination
- **COS** : complément d'objet second
- **déf.** : défini
- **démons.** : démonstratif
- **dét.** : déterminant
- **fém.** : féminin
- **GN** : groupe nominal
- **GNP** : groupe nominal prépositionnel
- **GP / gr. prép.** : groupe prépositionnel
- **gr.** : groupe
- **GV** : groupe verbal
- **impers.** : impersonnel
- **ind.** : indicatif
- **indéf.** : indéfini
- **inf.** : infinitif
- **loc.** : locution
- **loc. conj.** : locution conjonctive
- **masc.** : masculin
- **part.** : participe
- **pers.** : personne
- **plur.** : pluriel
- **poss.** : possessif
- **prép.** : préposition
- **prés.** : présent
- **pron.** : pronom
- **prop.** : proposition
- **prop. princ.** : proposition principale
- **prop. sub. conj.** : proposition subordonnée conjonctive
- **qual.** : qualificatif
- **sing.** : singulier
- **sub.** : subordonnée
- **subj.** : subjonctif

* Dans les exemples, l'astérisque précède une construction incorrecte.

Chapitre 1

La phrase

Chapitre 1

FICHE 1

La phrase

- *Qu'est-ce qu'une phrase ?*
- *À quoi sert une phrase ?*
- *Y a-t-il obligatoirement un verbe dans une phrase ?*

LES BASES

1 Qu'est-ce qu'une phrase ?

Une **phrase** se compose d'un ou plusieurs mot(s) constituant :

- **une unité syntaxique : sujet + verbe** dans la grande majorité des cas ;
- **une unité formelle :**
  - **à l'écrit, une majuscule pour commencer, une ponctuation forte pour finir** (un point, un point d'interrogation ou un point d'exclamation) ;
  - **à l'oral, une intonation suffisante pour saisir la modalité de l'énoncé** (descendante si la phrase est déclarative, montante si la phrase est interrogative, par exemple.)
- **une unité de sens** autonome (unité sémantique).

La phrase apporte **une information**. Dans sa forme la plus habituelle (forme canonique), elle est constituée **d'un thème** (« ce dont on va parler ») et d'un **prédicat** (qui dit « quelque chose » sur ce thème) (→ Fiche 4, p. 24).

Le fleuve Congo coule en Afrique centrale.
Voulez-vous monter dans cette pirogue ?
Le fleuve est d'une beauté admirable ce soir !

1 ★ **Indiquez le nombre de phrases dans le texte suivant.**

J'ai voulu voir de plus près des crocodiles. Mais aujourd'hui il est difficile d'en apercevoir sans voyager beaucoup. Alors je me suis résignée à ne photographier sur le fleuve que les gros paquets d'herbes charriés depuis la dernière pluie. Des sortes de hérons blancs se posent parfois sur ces tas d'herbe. Il parait qu'on y trouve aussi des serpents. Décidément, ce fleuve est incroyable ! Les pirogues, longs traits noirs effilés, semblent y glisser sans efforts et pourtant il faut déployer une belle énergie pour aller contre le courant. Pagayer ? En serais-je capable ? Je ne le crois pas.

2 Phrase verbale et phrase non verbale

- Une **phrase verbale** est construite autour d'un verbe conjugué. Elle comporte alors deux éléments essentiels : **le groupe sujet** et **le groupe verbal** (sauf si le verbe est à l'impératif).

  Les singes bonobos / sont des grands singes.
  Groupe sujet Groupe verbal

- Une **phrase non verbale est construite autour d'un mot autre qu'un verbe conjugué**. Elle est généralement **courte** et c'est l'efficacité du message qui la provoque.

  On peut dire : La direction du parc demande qu'on ne donne pas de nourriture aux bonobos.
  Mais on préfèrera la phrase non verbale : Ne pas donner de nourriture aux bonobos.

- La phrase non verbale peut comprendre **un seul (ou plusieurs) terme(s)** :

  Magnifique, ce singe bonobo ! / Voilà un magnifique bonobo. ➜ plusieurs termes.

  Magnifique ! ➜ un seul terme.

- La phrase non verbale peut contenir un **verbe conjugué**, qui se trouve dans **une expansion du nom** (➜ Fiche 20, p. 163).

  Pas de répit pour ces lézards qui courent sur la terre du soir au matin.
  ➜ qui courent sur la terre du soir au matin est une proposition subordonnée relative, expansion du nom lézards. Le verbe conjugué courent est le pivot de cette relative et ne participe pas à la construction de la phrase.

C'EST FACILE ! Phrase ou proposition ?

Pour ne pas les confondre, rappelez-vous que la phrase commence par une majuscule et finit par un signe de ponctuation forte. La proposition, elle, est un constituant de la phrase, généralement organisé autour d'un verbe conjugué. Une phrase peut comprendre plusieurs propositions (➜ Fiche 3, p. 16).
Je vais voir si les éléphants sont passés par là. ➜ Cette phrase contient deux propositions (avec deux verbes conjugués) : Je vais voir et si les éléphants sont passés par là.

2 ★ **Transformez les phrases suivantes en phrases verbales.**

1. Baignade interdite dans le fleuve. **2.** Chutes Zongo : traversée réussie pour l'équipage féminin emmené par Fortunée Lumumba. **3.** Large victoire hier de l'équipe congolaise de football en Coupe d'Afrique. **4.** Chute mortelle d'un enfant dans les eaux du Congo. **5.** Lutte contre la malaria : encore du chemin à parcourir !

3 ★ **Transformez les phrases suivantes en phrases non verbales.**

1. La pirogue a parfaitement réussi sa traversée. **2.** Il ne faut pas abuser du vin de palme. **3.** Ce petit bonobo s'est spectaculairement blessé à la tête hier. **4.** La Fondation Cartier a consacré sa dernière exposition à la peinture kinoise.

S'ENTRAINER

4 ★★ **Identifiez le nombre de phrases dans le texte suivant et indiquez à chaque fois s'il s'agit d'une phrase verbale ou non verbale.**

Le « Grand Marigot » est admirable ; encore rien vu de si étrange et de si beau dans ce pays. Cette sorte de grand marais, que l'on traverse sur d'étroites passerelles de lianes et de branches, écarte une forêt pas très haute ; des plantes d'eau le couvrent, inconnues pour la plupart [...]. Cinq-cents mètres plus loin, on atteint la rivière. Un mystérieux silence traversé de chants d'oiseaux invisibles.
(André Gide, *Voyage au Congo* © Éditions Gallimard)

5 ★★ **Mêmes consignes.**

Quantité de palmiers bas se penchent et trempent leurs palmes dans l'eau courante. On gagne l'autre rive de la M'Baéré en pirogue. [...] Quelques fleurs enfin : des balsamines mauves et d'autres fleurs qui rappellent les épilobes de Normandie.

(André Gide, *Voyage au Congo,* © Éditions Gallimard)

6 ★★ **Transformez les phrases verbales en phrases non verbales et les phrases non verbales en phrases verbales.**

1. Les conditions de circulation empirent dans les villes africaines. **2.** Faites attention aux voitures à bras qui charrient les ordures. **3.** Arrivée du numérique en Afrique. **4.** La baisse du taux de change du franc congolais est terrible. **5.** Combats violents dans l'est du pays.

CORRIGÉS

1 10 phrases, identifiables **formellement** par la majuscule de début et le signe de ponctuation forte à la fin : 1. *J'ai voulu... crocodiles.* 2. *Mais aujourd'hui... beaucoup.* 3. *Alors je... la dernière pluie.* 4. *Des sortes de hérons... tas d'herbe.* 5. *Il parait... des serpents.* 6. *Décidément, ... incroyable !* 7. *Les pirogues, ... le courant.* 8. *Pagayer ?* 9. *En serais-je capable ?* 10. *Je ne le crois pas.*

2 1. Il est interdit de se baigner dans le fleuve. 2. L'équipage féminin emmené par Fortunée Lumumba a réussi sa traversée des chutes Zongo. 3. Hier, l'équipe congolaise de football a largement remporté la Coupe d'Afrique. 4. Un enfant est mort après avoir chuté dans les eaux du Congo. 5. Il y a encore du chemin à parcourir pour lutter contre la malaria !

3 1. Traversée parfaitement réussie pour/par la pirogue. 2. Ne pas abuser du vin de palme. 3. Spectaculaire blessure à la tête hier pour ce petit bonobo. 4. La peinture kinoise à l'honneur lors de la dernière exposition de la Fondation Cartier.

4 4 phrases à identifier : 1. *Le « Grand Marigot » est admirable ; encore rien vu... dans ce pays.* ➜ Phrase verbale. « je n'ai » est implicite dans la formulation de la forme verbale « encore rien vu ». Le point-virgule « ; » ne constitue pas une ponctuation forte, et ce qui vient après lui continue le sens de la phrase. 2. *Cette sorte de grand marais... la plupart.* ➜ Phrase verbale. 3. *Cinq-cents mètres plus loin, on atteint la rivière.* ➜ Phrase verbale. 4. *Un mystérieux silence... Invisibles.* ➜ Phrase non verbale : *traversé* est ici un participe passé à valeur adjectivale.

5 Il y a trois phrases dans ce texte. 1. *Quantité de palmiers... l'eau courante.* ➜ Phrase verbale. 2. *On gagne... en pirogue.* ➜ Phrase verbale. 3. *Quelques fleurs enfin : des balsamines... qui rappellent... Normandie.* ➜ Phrase non verbale, le verbe *rappellent* n'est que le pivot de la proposition subordonnée relative, expansion du nom *fleurs* ; il ne structure pas l'ensemble de la phrase.

6 1. Phrase verbale ➜ phrase non verbale : Conditions de circulation dans les villes africaines : de pire en pire. 2. Phrase verbale ➜ phrase non verbale : Attention aux voitures à bras qui charrient des ordures. 3. Phrase non verbale ➜ phrase verbale : Le numérique arrive en Afrique. 4. Phrase verbale ➜ phrase non verbale : Terrible baisse du taux de change du franc congolais. 5. Phrase non verbale ➜ phrase verbale : Des combats violents se déroulent dans l'est du pays.

Chapitre 1

FICHE 2

Les types et formes de phrases

- *Combien y a-t-il de types de phrases ?*
- *Comment différencier les types et les formes de phrases ?*

LES BASES

1 Quels sont les différents types de phrases ?

La **phrase déclarative** : – finit par un point et comporte généralement un verbe conjugué à un temps de l'indicatif ; – sert à déclarer une information, à énoncer un fait affirmé ou nié ; – est prononcée, à l'oral, de manière descendante.	Le manguier est un arbre plus volumineux que le papayer. ➜ Fait affirmé Je n'aime pas la papaye. ➜ Fait nié
La **phrase interrogative** : – finit par un point d'interrogation ; – sert à poser une question, à interroger la réalité ; – est prononcée, à l'oral, de manière montante.	Avez-vous entendu le tamtam ?
La **phrase injonctive** (ou **impérative**) : – donne un conseil ou un ordre, vise à transformer la réalité ; – comporte un verbe conjugué à l'impératif ou à la forme « *que* + subjonctif » ; – est prononcée, à l'oral, de manière haute et soutenue.	Allez voir *Lola ya bonobos*, le Paradis des bonobos, dès que possible. Qu'il vienne ici tout de suite.

- On distingue **trois types de phrases** :
  - phrase **déclarative** (le locuteur apporte une **information**) ;
  - phrase **interrogative** (le locuteur pose une **question**) ;
  - phrase **injonctive** (le locuteur donne un **conseil** ou un **ordre**).

- La **phrase exclamative** se combine avec les autres types de phrases pour les rendre expressifs. Elle marque **le sentiment de celui qui parle** (tristesse, joie, colère, épuisement, déception, etc.) et finit par un **point d'exclamation**.

  Le parc est fermé ! ➜ déclaratif exclamatif.

  Ne partez pas ! ➜ injonctif exclamatif.

- La **phrase exclamative** est parfois reconnaissable à l'emploi de termes spécifiques (déterminants ou adverbes exclamatifs).

  Quel pays magnifique vous habitez ! ➜ quel est un dét. exclamatif.

  Comme ce lac est beau ! ➜ comme est un adv. exclamatif.

1 ★ **À quel type de phrase appartiennent les phrases suivantes ?**

1. La semaine dernière, ma mère nous a demandé si nous avions envie de vivre à l'étranger. **2.** Ne pensez-vous pas qu'elle nous cache quelque chose ? **3.** Je me demande si nous n'allons pas partir en Afrique. **4.** Qu'elle nous dise vite si nous partons ou pas. **5.** Personnellement, j'en serais ravie. **6.** Essayons de ne pas nous faire de souci pour rien. **7.** Ce serait assez extraordinaire, non ?

2 Quelles sont les différentes formes de phrases ?

Les formes de phrases permettent de différencier les structures de phrases et les manières d'exprimer un message. Elles se combinent avec les types de phrases.

Les variations qu'on observe peuvent se ramener à **quatre oppositions** :

- forme **positive** (affirmative) ou forme **négative** ;
- forme **active** ou forme **passive** ;
- forme **neutre** ou forme **emphatique** ;
- forme **personnelle** ou forme **impersonnelle**.

Une phrase peut être dite « de base » quand elle est **déclarative, positive, active, neutre et personnelle.**

Le lac Kivu se situe à l'est de la République démocratique du Congo.

A Forme positive ou forme négative

Type de phrase	Forme positive	Forme négative
Déclaratif	Tu as vu le crocodile.	Tu n'as pas vu le crocodile.
Interrogatif	As-tu entendu parler des bonobos ?	N'as-tu pas entendu parler des bonobos ?
Injonctif	Prends mon passeport.	Ne prends pas mon passeport.

- Toute phrase peut prendre la **forme positive (affirmative)** ou la **forme négative**.
- Une **phrase négative** comporte une **négation**, qui est généralement complète **à l'écrit** (ne + pas, guère, plus, jamais...) et tronquée **à l'oral**, notamment dans le langage familier : Je n'aime pas la papaye. ➜ J'aime pas la papaye.

2 ★ **Indiquez le type et la forme des phrases suivantes.**

1. Celui qui rame dans le sens du courant fait rire les crocodiles. 2. N'en as-tu pas assez de verser des larmes de crocodile ? 3. Ne maudis pas le crocodile avant d'avoir atteint la rive. 4. Seul le crapaud peut dire si le crocodile a mal aux yeux. 5. Il n'y a pas la place pour plusieurs crocodiles dans le même marigot. 6. Traverse la rivière avant d'insulter le crocodile. 7. Fais en sorte que le crocodile ne te voie pas nager dans son eau.

3 ★ **Ces phrases sont-elles de forme positive ou de forme négative ?**

1. Les margouillats sont les lézards de l'Afrique. 2. Je ne savais pas qu'il pouvait faire si chaud à l'ombre. 3. Tu y penses à l'Afrique, quelquefois ? 4. Cet enfant des rues ignore où il va dormir ce soir, probablement dans l'herbe près du fleuve. 5. C'est une ville qui ne me plait guère. 6. Ce n'est pas une ville qui me plait.

B Forme active ou forme passive

Seules les phrases construites avec un **verbe transitif direct** (un verbe accompagné d'un complément d'objet direct) peuvent être à la **forme active** ou à la **forme passive**.

David Livingstone découvre les chutes du Zambèze en 1855.
➜ forme active.

Les chutes du Zambèze sont découvertes par David Livingstone en 1855.
➜ forme passive.

➜ Fiche 24 pour les exercices, p. 201.

C Forme neutre ou forme emphatique

- La **forme neutre** d'une phrase se construit généralement sur le modèle : **sujet + verbe + complément**.

Vous serez remerciés pour la chaleur de votre accueil.
J'adorerais partir au Congo.
Rose voudrait partir au Congo.

- La **forme emphatique** sert à **mettre en valeur** un mot ou une expression de la phrase par détachement d'un mot, d'un groupe de mots ou par l'emploi d'un présentatif (c'est... qui, c'est... que, voilà... que, etc.) :

  Pour la chaleur de votre accueil, soyez remerciés. ➜ détachement d'un groupe de mots.
  Moi, j'adorerais partir au Congo. ➜ détachement d'un mot.
  C'est Rose qui voudrait partir au Congo. ➜ présentatif.

4 ★ **Indiquez si les phrases suivantes sont de forme neutre ou emphatique.**

1. Le goût de vivre, ils n'ont pu nous l'affadir. **2.** Nous avons lutté avec nos pauvres moyens durant cinquante ans. **3.** Notre liberté, personne ne nous l'enlèvera car nous y ferons attention. **4.** Notre pays est désormais un pays libre. **5.** C'est pour notre pays que nos camarades sont morts.

5 ★ **Transformez les phrases suivantes à la forme neutre.**

1. C'est moi qui vous ai demandé des renseignements sur la ville de Kinshasa. **2.** À vous, je peux bien avouer que ce voyage m'inquiète. **3.** Voilà pourtant un an que je m'y prépare. **4.** Échouer dans mon projet, il n'en est pas question. **5.** Moi, je rêve de l'Afrique depuis des années. **6.** Des mangues, j'en mange chaque jour.

6 ★ **Transformez les phrases suivantes à la forme emphatique.**

1. Le père de Justin revient demain. **2.** Les papayes sont chères cette année. **3.** Beaucoup d'enfants meurent chaque année en Afrique à cause de la malaria. **4.** Les lamantins se trouvent dans la mangrove de l'embouchure du fleuve. **5.** Hier les pluies ont tout ravagé.

D Forme personnelle ou forme impersonnelle

- La phrase à la **forme personnelle** est généralement construite avec un verbe dont le sujet est précisé. La **phrase impersonnelle** emploie le pronom neutre *il*.
- Pour transformer une phrase à la forme impersonnelle, il suffit d'utiliser *il* comme sujet et de déplacer le sujet après le verbe :

  Un vent de tempête souffle sur toute la ville. ➜ Forme personnelle.
  Il souffle un vent de tempête sur toute la ville. ➜ Forme impersonnelle.

C'EST FACILE !
Le verbe impersonnel est toujours à la troisième personne du singulier.

7 ★★ **Transformez ces phrases à la forme impersonnelle. Attention aux temps des verbes !**

1. Une pluie torrentielle s'abat sur le fleuve. 2. Beaucoup de choses fausses ont été dites sur l'Afrique centrale. 3. Un phénomène inexplicable s'est produit hier. 4. Un meurtre avait été commis dans cette plantation il y a longtemps. 5. Deux statuettes en bois seront proposées à la vente demain. 6. Des bruits étranges sortaient de la case.

S'ENTRAINER

8 ★★★ **Indiquez les types et les formes de phrases dans le texte suivant.**

Le chauffeur du taxi s'appelait Fulgence. → Phrase déclarative, positive, active, personnelle et neutre.

1. Le chauffeur du taxi s'appelait Fulgence. 2. La radio chantait des rythmes de rumba congolaise. 3. Frédéric aperçut un vendeur sur le trottoir, qui proposait du manioc. 4. Le manioc, il n'aimait vraiment pas cela. 5. Combien de temps de route restait-il ? 6. Fulgence avança un chiffre.

9 ★★★ **Même consigne.**

1. Il n'était pas simple de prévoir s'il allait y avoir des bouchons ou pas. 2. Frédéric préféra ne pas accorder d'importance à la réponse de Fulgence. 3. Quelle chaleur ! 4. La climatisation du taxi ne fonctionnait plus. 5. La tête lui tournait un peu. 6. Enfin il arriva à son hôtel.

10 ★★★ **Réécrivez le texte des exercices 8 et 9 en n'utilisant que des phrases de base.**

CORRIGÉS

1 1. Type déclaratif. 2. Type interrogatif. 3. Type déclaratif. 4. Type injonctif. 5. Type déclaratif. 6. Type injonctif. 7. Type interrogatif.

2 1. Phrase déclarative de forme positive. 2. Phrase interrogative de forme négative. 3. Phrase injonctive de forme négative. 4. Phrase déclarative de forme positive. 5. Phrase déclarative de forme négative. 6. Phrase injonctive de forme positive. 7. Phrase injonctive de forme positive.

3 1. Forme positive. 2. Forme négative. 3. Forme positive. 4. Forme positive. 5. Forme positive (c'est la proposition relative qui est à la forme négative et non la phrase). 6. Forme négative.

4 1. Forme emphatique. 2. Forme neutre. 3. Forme emphatique. 4. Forme neutre. 5. Forme emphatique.
Remarque : La forme emphatique est souvent employée dans un discours. Les phrases précédentes sont une adaptation très libre d'un discours prononcé par Patrice Lumumba dans l'œuvre d'Aimé Césaire : *Une saison au Congo*.

5 1. Je vous ai demandé des renseignements sur la ville de Kinshasa. 2. Je peux bien vous avouer que ce voyage m'inquiète. 3. Je m'y prépare pourtant depuis un an. 4. Il n'est pas question que j'échoue dans mon projet. 5. Je rêve de l'Afrique depuis des années. 6. Je mange des mangues chaque jour.

6 1. C'est demain que le père de Justin revient. 2. Elles sont chères cette année, les papayes. 3. La malaria, beaucoup d'enfants en meurent chaque année en Afrique. 4. C'est dans la mangrove de l'embouchure du fleuve que se trouvent les lamantins. 5. C'est hier que les pluies ont tout ravagé.

7 1. Il s'abat une pluie torrentielle sur le fleuve. 2. Il s'est dit beaucoup de choses fausses sur l'Afrique centrale. 3. Il s'est produit un phénomène inexplicable hier. 4. Il s'était commis un meurtre dans cette plantation il y a longtemps. 5. Demain il sera proposé à la vente deux statuettes en bois. 6. Il sortait des bruits étranges de la case.

8 1, 2 et 3 : phrases déclaratives, positives, actives, personnelles et neutres. 4. Phrase déclarative, négative, active, personnelle, emphatique. 5. Phrase interrogative, positive, active, impersonnelle et neutre. 6. Phrase déclarative, positive, active, personnelle et neutre.

9 1. Phrase déclarative, négative, active, impersonnelle et neutre. 2. Phrase déclarative, positive, active, personnelle et neutre. 3. Phrase non verbale déclarative, exclamative, positive. La phrase étant averbale, il est impossible de déterminer si la forme est personnelle / impersonnelle et active / passive ; la phrase étant exclamative, il est difficile de déterminer si la forme est neutre / emphatique. 4. Phrase déclarative, négative, active, personnelle et neutre. 5. Phrase déclarative, positive, active, personnelle et neutre. 6. Phrase déclarative, positive, active, personnelle et neutre.

10 Le chauffeur du taxi s'appelait Fulgence. La radio chantait des rythmes de rumba congolaise. Frédéric aperçut un vendeur sur le trottoir, qui proposait du manioc. Il détestait vraiment le manioc. Il demanda combien de temps de route il restait. Fulgence avança un chiffre. La prévision de l'apparition, ou non, de bouchons était difficile. Frédéric préféra ne pas accorder d'importance à la réponse de Fulgence. Il avait très chaud. La climatisation du taxi était en panne. La tête lui tournait un peu. Enfin il arriva à son hôtel.

Chapitre 1

FICHE 3

Phrase simple et phrase complexe

- *Qu'est-ce qu'une phrase simple ? Une phrase complexe ?*
- *Une proposition ? Une indépendante ?*

LES BASES

1 Qu'est-ce qu'une phrase simple ?

- La phrase simple est généralement **une phrase verbale qui contient un seul verbe conjugué**.

  Charlotte aime les contes.

- La phrase simple peut aussi être **une phrase non verbale** (→ Fiche 1, p. 7) : dans ce cas, son noyau n'est pas un verbe conjugué mais un adverbe (Calmement !), un verbe à l'infinitif (Battre les œufs en neige), voire un nom (Bon dessert !) ou un adjectif (Magnifique !).

- La phrase simple peut être **minimale** ou **étendue**. Elle est étendue si elle est « augmentée » par la présence d'expansions dans ses groupes nominaux (→ Fiche 20, p. 163) et verbaux.

  Marie lit. → phrase simple minimale, réduite à l'essentiel.

  Le soir, dans son lit d'enfant, la petite Marie lit jusque tard dans la nuit. → Bien que longue, elle ne comporte qu'un seul verbe conjugué (*lit*), il s'agit bien d'une phrase simple.

C'EST FACILE ! Supprimez les expansions !

En supprimant les expansions contenues dans une phrase simple étendue, vous obtiendrez une phrase simple minimale.

À l'aube, bien plus tôt que d'habitude, elle partit seule dans la campagne. → phrase simple étendue.

Elle partit. → phrase simple minimale.

La suppression des expansions ne doit pas rendre la phrase agrammaticale : *Laure lève. Cette phrase simple est agrammaticale car le verbe *lever*, transitif, nécessite un complément : Laure lève la main.

1 ★ **Supprimez les expansions sans rendre les phrases agrammaticales.**

1. Les merles chantent gaiment dans le jardin. **2.** Le mariage de Charlotte avec le sage Albert, désiré par sa mère mourante, aura lieu. **3.** Dans la seconde partie du livre de Nerval, les rêves, à nouveau, apparaissent. **4.** La mer est si belle à marée montante. **5.** Certains matins, Rose, fatiguée, ferme ses beaux yeux noirs.

2 ★ **Transformez les phrases minimales suivantes en phrases étendues, en faisant autant d'expansions que vous le souhaitez. Attention : vous ne devez ajouter aucun verbe conjugué, de manière à ce que la phrase reste simple.**

1. Warda joue. **2.** L'homme courut. **3.** Regardez.

3 ★ **Relevez les phrases simples et précisez comment vous les avez identifiées. Sont-elles minimales ou étendues ?**

1. Le 6 avril 1327, le lundi de la Passion, Laure de Noves, fille d'un seigneur provençal, âgée de dix-neuf ans, apparait pour la première fois à Pétrarque lors d'une messe matinale célébrée dans l'église Sainte-Claire d'Avignon. **2.** En 1348, Laure, victime de la peste, mourut brutalement. **3.** En 1850, le sculpteur Ottin éleva une statue à sa mémoire, au cœur du jardin du Luxembourg à Paris. **4.** N'oublions pas que Pétrarque menait une vie sociale, qu'il avait des enfants, qu'il possédait des maisons. **5.** Reviens. **6.** Des yeux de Laure jaillissaient des étincelles qui consumaient l'âme du poète, si l'on en croit ce qu'il écrit bien sûr.

2 Qu'est-ce qu'une phrase complexe ?

- Une phrase est dite **complexe** quand elle contient **plusieurs verbes conjugués**.
  Le camion franchit le pont en bois à l'entrée de la forteresse, il roula encore un peu et il s'immobilisa. ➜ Trois verbes conjugués (franchit, roula, s'immobilisa), donc la phrase est complexe.
- Toutefois, certaines phrases complexes présentent des subordonnées infinitives ou participiales (➜ Fiches 5 et 6, p. 29 et p. 38) dont les verbes ne sont pas conjugués.

C'EST FACILE ! Soulignez et comptez les verbes conjugués !

S'il y en a deux ou davantage, c'est une phrase complexe !

Je <u>sens</u> dans l'air une sorte de tremblement. ➜ phrase simple, un seul verbe conjugué : sens.

Quand <u>vient</u> le soir, je <u>sens</u> dans l'air une sorte de tremblement. ➜ phrase complexe, **deux** verbes conjugués : 1 – vient, 2 – sens.

3 Combien de propositions dans une phrase complexe ?

Une **proposition** est un **groupe de mots organisés généralement autour d'un verbe conjugué**, dont le sens est autonome. Chaque verbe conjugué est ainsi le noyau d'une proposition. **Il y a autant de propositions que de verbes conjugués et la phrase complexe comporte, généralement, au moins deux propositions.**

Je partirai quand le coq chantera. ➜ Phrase complexe avec **deux verbes conjugués** (partirai, chantera) et donc **deux propositions** : 1 – Je partirai 2 – quand le coq chantera.

4 ★ **Différenciez les phrases simples et les phrases complexes. Pour les phrases complexes, indiquez le nombre de propositions.**

Je voudrais devenir professeur, quand je serai grand. ➜ Phrase complexe, avec deux propositions.

1. Les contes de Perrault, dans lesquels les fées jouent un rôle primordial, sont de véritables hymnes à la jeunesse. **2.** Qui donc est de taille à m'empêcher de parler ? **3.** Il entra sans frapper et la trouva devant son miroir. **4.** Autrefois le Rat de ville / Invita le Rat des champs, / D'une façon fort civile, / À des reliefs d'ortolans. (La Fontaine) **5.** Je n'aime pas qui ment et se plaint.

4 Comment sont reliées les propositions dans la phrase complexe ?

Dans une phrase complexe, les propositions peuvent être reliées de trois manières : par juxtaposition, par coordination ou par subordination.

A Propositions reliées par juxtaposition

- Les propositions sont séparées par un **signe de ponctuation** : virgule, point-virgule ou deux points.
- Chacune peut être supprimée ; chacune est **autonome** (indépendante des autres).

❶ ❷ ❸

❶ Je sors, ❷ il fait beau ; ❸ ça me fait du bien.

C'EST FACILE !

On parle de **juxtaposition** car les propositions « sont posées l'une à côté de l'autre », comme le signifie clairement le mot « juxta-posées ».

B Propositions reliées par coordination

- On parle de **coordination** quand les propositions sont **liées** chacune à l'autre par un mot qui les coordonne, une conjonction de coordination. Les conjonctions de coordination sont : ***mais, ou, et, donc, or, ni, car*** (Fiche 15, p. 120).
- Chaque proposition est **autonome** mais il y a un **rapport** entre elles, explicité par la conjonction utilisée : cause (*car*), conséquence (*donc*), opposition (*mais*)...

❶ ❷ ❸

❶ Je sors ❷ ***car*** il fait beau ❸ ***et*** j'ai envie de me promener.

C'EST FACILE ! **Les propositions juxtaposées et coordonnées sont autonomes.**

On peut supprimer l'une sans modifier le sens de l'autre. On dit qu'elles sont **indépendantes** et on peut se fier à la dénomination grammaticale : une indépendante est indépendante ! Elle ne dépend pas d'une autre proposition et aucune proposition ne dépend d'elle. Ainsi une phrase simple est, de fait, indépendante : Il entre.

Il entre, il ferme la porte derrière lui. ➜ deux propositions indépendantes juxtaposées.

Il entre et il ferme la porte derrière lui. ➜ deux propositions indépendantes coordonnées par la conjonction de coordination et.

5 ★ **Soulignez les propositions indépendantes dans le texte suivant.**

1. Nous traversons l'esplanade et nous nous asseyons sur les marches du musée. 2. Quelques voitures passent. 3. Tout est calme. 4. Le vent qui souffle est déjà froid. 5. Nous pensons que l'hiver est proche. 6. Fatou nous rejoint et nous allons au cinéma.

6 ★ **Relevez les différentes propositions indépendantes contenues dans ces phrases complexes. Indiquez si elles sont juxtaposées ou coordonnées. Si elles sont coordonnées, indiquez par quelle conjonction de coordination.**

1. Toutefois les années passèrent, la guerre avait fini, les époux se retrouvèrent. 2. Ils ne s'aiment pas, or ils continuent à se fréquenter. 3. Mon père, je ne le connus pas mais j'appris à l'aimer beaucoup. 4. Gênes a de quoi étonner et il est bien naturel de penser à ce port avec tendresse. 5. Je pourrais vous raconter mille histoires ; je n'en ai plus le courage.

C Propositions reliées par subordination

- Les propositions subordonnées, comme leur nom l'indique, n'ont pas d'existence autonome, elles **dépendent d'une proposition principale**, elles sont subordonnées à elle.

  [Je veux] [que tu viennes]. ➜ [Je veux] est la proposition principale, [que tu viennes], la proposition subordonnée.

- Deux propositions subordonnées peuvent être **juxtaposées** ou **coordonnées** entre elles.

  Je lus à cette époque un livre qui décida de mon avenir et que je lis encore aujourd'hui.

  qui décida de mon avenir ➜ proposition subordonnée ;

  et que je lis encore aujourd'hui ➜ proposition subordonnée coordonnée à la subordonnée précédente par la conjonction de coordination *et*.

❶ Je sors ❷ ***quand*** il fait beau ❸ ***parce que*** j'ai envie de me promener ❹ ***et*** que ça me fait du bien.

❶ prop. principale dont dépendent 3 subordonnées

❷ prop. subordonnée

❸❹ : deux autres propositions subordonnées coordonnées entre elles par *et*.

C'EST FACILE !

Fiez-vous encore au vocabulaire : dans le sens commun, un subordonné dépend d'un chef et il n'y a pas de chef sans subordonnés. En grammaire, c'est pareil : **la proposition principale et les propositions subordonnées sont reliées par un rapport de hiérarchie et les unes n'existent pas sans les autres.**

7 ★ **Repérez les différentes propositions contenues dans les phrases complexes suivantes. Sont-elles des principales ou des subordonnées ? Relevez, selon le cas, la conjonction de coordination.**

Je vais vous raconter une histoire qui m'est chère et que je raconte souvent.
Je vais vous raconter une histoire : prop. princ., car deux propositions dépendent d'elle.
qui m'est chère : prop. sub., elle ne peut fonctionner seule et dépend de la principale.
et que je raconte souvent : proposition qui ne peut fonctionner seule, prop. sub. coordonnée à la précédente par la conjonction de coordination *et*.

1. L'attente du prince charmant constitue un thème qui, à lui seul, mériterait un ouvrage. **2.** Je sais bien qu'il y avait à ce bonheur du souvenir un voile léger de tristesse. **3.** Pendant que je lisais et que je m'enfermais dans ma solitude, je n'ai pas vu la vie. **4.** Je me suis attaché à cet élève parce qu'il avait l'air le plus malheureux du monde. **5.** Je me retourne vers les années où prit fin mon insouciance, parce que je crois y découvrir la clé de mon existence.

Les propositions subordonnées sont généralement liées à la proposition principale par un **mot subordonnant**, qui peut être :

- un **pronom relatif** (qui, que, quoi, dont, où, etc.) :

  Rachida aime les voitures qui roulent vite. → qui roulent vite est une proposition subordonnée relative (→ Fiche 7, p. 46).

- une **conjonction de subordination** (quand, que, parce que, après que, etc.) :

  Je pense qu'il n'aimera pas cette affaire. → qu'il n'aimera pas cette affaire est une proposition subordonnée conjonctive complétive (→ Fiche 5, p. 31).

  Si nous en venions aux mains, ce serait détestable. → Si nous en venions aux mains est une proposition subordonnée circonstancielle (→ Fiche 6, p. 38).

Mais les subordonnées infinitives (→ Fiche 5, p. 33) ou participiales (→ Fiche 6, p. 41) ne sont introduites par aucun mot subordonnant.

S'ENTRAINER

8 ★ **Différenciez phrases simples et phrases complexes dans le texte suivant. Indiquez, pour les phrases simples, si elles sont minimales ou étendues.**

1. Un vieux sage, au soir de sa vie, constatait que les moments heureux qu'il avait connus étaient bien peu nombreux. **2.** Il passa des jours et des jours à essayer de les inventorier. **3.** Rien n'y faisait, il n'en trouvait vraiment pas beaucoup. **4.** Alors, un matin, il décida qu'il était temps d'arrêter cette quête inutile. **5.** Il retrouva son sourire perdu depuis longtemps à cause de cette remémoration. **6.** Je pars.

9 ★★ **Relevez les propositions indépendantes, les propositions principales et les propositions subordonnées dans les phrases suivantes.**

1. Nous allions pêcher au bord de la mer quand j'avais dix ans. **2.** C'est ton anniversaire et tu peux inviter tous tes amis. **3.** Le médecin a certifié que cet homme était gravement malade et qu'il devait cesser le travail. **4.** Elle a honte. **5.** Elle a honte, elle t'a menti pendant toutes ces années. **6.** Les bateaux ont largué leurs amarres dès l'aube. **7.** Quelqu'un n'a-t-il pas écrit que la femme était l'avenir de l'homme ?

10 ★★ **Différenciez propositions juxtaposées, propositions coordonnées et propositions subordonnées dans le texte suivant.**

1. Je ne voulais pas en arriver à une telle extrémité mais tu ne m'as pas laissé le choix. **2.** Tu as pensé que je ne m'apercevrais de rien et que j'accepterais tout. **3.** Tu avais tort, parce qu'il ne faut jamais parier sur la bêtise d'un homme et parce que tu ne me connaissais pas si bien. **4.** Avant que la journée s'achève, je serai loin, dans une ville où personne ne me connaitra et où je pourrai recommencer à respirer.

CORRIGÉS

1 **1.** Les merles chantent. **2.** Le mariage aura lieu. Le verbe est *avoir lieu* et non *avoir*. **3.** Les rêves apparaissent. **4.** La mer est belle. **5.** Rose ferme ses yeux : il faut garder *ses yeux* car le verbe *fermer* est transitif.

2 **1.** Dès le matin, Warda joue dans sa chambre avec son petit frère. **2.** L'homme courut de toutes ses forces pour arriver le premier à la gare. **3.** Regardez donc ces fleurs éparses dans la vallée déjà printanière.
Remarque : Il y a bien évidemment d'autres possibilités d'expansions.

3 Les expansions, dans les phrases simples étendues, sont soulignées.
1. <u>Le 6 avril 1327, le lundi de la Passion</u>, Laure de Noves, <u>fille d'un seigneur provençal, âgée de dix-neuf ans</u>, apparait <u>pour la première fois à Pétrarque lors d'une messe matinale célébrée dans l'église Sainte-Claire d'Avignon</u>. Phrase simple (car un seul verbe conjugué : *apparait*) et étendue. **2.** <u>En 1348</u>, Laure, <u>victime de la peste</u>, mourut <u>brutalement</u>. Phrase simple étendue, un seul verbe conjugué : *mourut*. **3.** <u>En 1850, le sculpteur</u> Ottin éleva une statue <u>à sa mémoire, au cœur du jardin du Luxembourg à Paris</u>. Phrase simple (car un seul verbe conjugué, *éleva*) et étendue. **4.** Phrase complexe car il y a quatre verbes conjugués : *oublions*, *menait*, *avait*, *possédait*. **5.** Phrase simple (car un seul verbe conjugué : *reviens*) et minimale. **6.** Phrase complexe, quatre verbes conjugués : *jaillissaient*, *consumaient*, *croit*, *écrit*.

4 **1.** Phrase complexe, deux propositions, avec deux verbes conjugués : *jouent* et *sont*. **2.** Phrase simple. **3.** Phrase complexe, deux propositions, avec deux verbes conjugués : *entra* et *trouva*. **4.** Phrase simple. **5.** Phrase complexe, trois propositions, avec trois verbes conjugués : *aime*, *ment* et *se plaint*.

5 **1.** <u>Nous traversons l'esplanade</u> et <u>nous nous asseyons sur les marches du musée</u>. **2.** <u>Quelques voitures passent</u>. **3.** <u>Tout est calme</u>. **6.** <u>Fatou nous rejoint</u> et <u>nous allons au cinéma</u>.

Remarque : Les phrases **4.** et **5.** sont constituées chacune d'une principale (*le vent est déjà froid* / *nous pensons*) et d'une subordonnée (*qui souffle*, prop. sub. qui dépend de *le vent est déjà froid* / *que l'hiver est proche*, prop. sub. qui dépend de *nous pensons*). Dans ces deux phrases, il n'y a donc aucune proposition indépendante.

6 **1.** Trois prop. indépendantes juxtaposées dans cette phrase complexe : a/*Toutefois les années passèrent*, b/ *la guerre avait fini*, c/ *les époux se retrouvèrent*. **2.** Deux prop. indépendantes coordonnées par la conjonction de coordination *or*. **3.** Deux prop. indépendantes coordonnées par la conjonction de subordination *mais*. **4.** Deux prop. indépendantes coordonnées par la conjonction de coordination *et*. **5.** Deux prop. indépendantes juxtaposées : a/ *je pourrais vous raconter mille histoires*, b/ *je n'en ai plus le courage*.

7 **1.** *L'attente du prince charmant constitue un thème* : prop. princ. / *qui, à lui seul, mériterait un ouvrage* : prop. sub. **2.** *Je sais bien* : prop. princ. / *qu'il y avait à ce bonheur du souvenir un voile léger de tristesse* : prop. sub. **3.** *Pendant que je lisais* : prop. sub. / *et que je m'enfermais dans ma solitude* : prop. sub. coordonnée à la précédente par la conjonction de coordination *et* / *je n'ai pas vu la vie* : prop. princ. **4.** *Je me suis attaché à cet élève* : prop. princ. / *parce qu'il avait l'air le plus malheureux du monde* : prop. sub. **5.** *Je me retourne vers les années* : prop. princ. / *où prit fin mon insouciance* : prop. sub. / *parce que je crois y découvrir la clé de mon existence* : prop. sub.

8 **1.** Phrase complexe. **2.** Phrase simple étendue. **3.** Phrase complexe. **4.** Phrase complexe. **5.** Phrase simple étendue. **6.** Phrase simple minimale.

9 **1.** *Nous allions pêcher au bord de la mer* : prop. princ. / *quand j'avais dix ans* : prop. sub. **2.** *C'est ton anniversaire* : prop. indépendante / *et tu peux inviter tous tes amis* : prop. indépendante (coordonnée à la précédente par la conjonction de coordination *et*). **3.** *Le médecin a certifié* : prop. princ. / *que cet homme était gravement malade* : prop. sub. / *et qu'il devait cesser le travail* : prop. sub. (coordonnée à la précédente par la conjonction de coordination *et*). **4.** *Elle a honte* : prop. ind. (de fait, toute phrase simple est une proposition indépendante). **5.** *Elle a honte* : prop. indépendante / *elle t'a menti pendant toutes ces années* : prop. ind. (juxtaposée à la précédente). **6.** *Les bateaux ont largué leurs amarres dès l'aube* : prop. indépendante (même cas de figure qu'en **4.**). **7.** *Quelqu'un n'a-t-il pas écrit* : prop. princ. / *que la femme était l'avenir de l'homme ?* : prop sub.

10 **1.** Deux propositions indépendantes coordonnées par la conjonction de coordination *mais*. **2.** *Tu as pensé* : prop. princ. / *que je ne m'apercevrais de rien* : prop. sub. / *et que j'accepterais tout* : prop. sub. coordonnée à la précédente par la conjonction de coordination *et*. **3.** *Tu avais tort* : prop. princ. / *parce qu'il ne faut jamais parier sur la bêtise d'un homme* : prop. sub. / *et parce que tu ne me connaissais pas si bien* : prop. sub. coordonnée à la précédente par la conjonction de coordination *et*. **4.** *Avant que la journée s'achève* : prop. sub. / *je serai loin, dans une ville* : prop. princ. / *où personne ne me connaitra* : prop. sub. / *et où je pourrai recommencer à respirer* : prop. sub. coordonnée à la précédente par la conjonction de coordination *et*.

Chapitre 1

FICHE 4

Thème et prédicat

- *Dans une phrase, qu'est-ce que le thème ? Qu'est-ce que le prédicat ?*
- *Comment reconnaitre le thème et le prédicat dans une phrase ?*

LES BASES

1 Qu'est-ce que le thème et le prédicat dans une phrase ?

Dans une phrase, on distingue ce dont on parle, le **thème**, et ce qu'on en dit, le **prédicat.**

Le ciel est bleu. Le ciel : ce dont on parle ➜ thème / est bleu : qualité, propriété que l'on attribue au ciel ➜ prédicat.

Le rat des villes invita le rat des champs. Le rat des villes : c'est de lui que l'on parle, dont on va parler ➜ thème / invita le rat des champs : c'est l'information qui est apportée à propos du rat des villes ➜ prédicat.

2 Comment identifier le thème et le prédicat ?

- En règle générale, le **thème** est le **sujet** et le **prédicat** est le **groupe verbal (GV).**

Le bateau a levé l'ancre.
Sujet : le bateau ➜ thème – GV : a levé l'ancre ➜ prédicat

- Mettez la phrase à la **forme négative** : la négation portera toujours sur le **prédicat** et jamais sur le thème.

La petite pauvre vieille monta sur l'estrade. ➜ La petite pauvre vieille ne monta pas sur l'estrade. La négation porte en effet sur le GV, qui constitue le prédicat.

1 ★ **Dans chaque phrase, identifiez le thème et le prédicat à partir des groupes sujets et verbaux.**

1. La brise du matin gonfle les voiles. **2.** La nuit tombe de plus en plus vite. **3.** Hassan et son frère éclatent d'un rire libérateur. **4.** Les bulletins météo annoncent de fortes pluies pour demain. **5.** Le petit Gautier appuya sur la sonnette. **6.** Sa voix commença à trembler. **7.** L'homme n'entendit pas les protestations affolées de la foule.

2 ★ **Identifiez le thème et le prédicat en mettant chaque phrase à la forme négative.**

1. La biche disparut dans la forêt. **2.** Le président prendra la parole. **3.** Les troupes sont entrées dans la ville. **4.** Le bistrot de la place a fermé. **5.** Un avion s'écrase dans le blizzard. **6.** L'auteur multiplie les rebondissements. **7.** Sa voix avait un effet apaisant.

OUVRONS L'ŒIL

1 Plusieurs thèmes et prédicats dans la phrase complexe

Dans le cas d'une phrase complexe, c'est-à-dire constituée de plusieurs propositions, chaque proposition a un thème et un prédicat.

Le loup est un animal carnivore qui dévore les moutons.
Première proposition : Le loup → thème / est un animal carnivore → prédicat.
Deuxième proposition : qui → thème / dévore les moutons → prédicat.

3 ★★ **Relevez les thèmes et les prédicats dans les phrases complexes suivantes.**

1. Je peux formuler la question autrement pour qu'on avance. **2.** Maria sait que les corbeaux vont revenir et cela lui fait peur. **3.** Tu sais que je t'aime bien mais tu ne dois pas essayer de m'exploiter. **4.** Mania descendit de voiture et suivit le chemin qui montait. **5.** Le commissaire m'a demandé pourquoi mon père et mon grand-père ne s'aimaient pas.

2 Pas de thème dans la phrase non verbale

Les phrases non verbales (→ Fiche 1, p. 7) ne comportent que le prédicat, puisqu'elles se résument à l'information apportée.

Touché ! → prédicat (On indique ce qui est arrivé à celui / ce dont on parle : il a été touché !).

4 ★★ **Relevez les thèmes et les prédicats dans les phrases suivantes. Attention, certaines phrases sont complexes ou non verbales. Justifiez vos réponses.**

1. Des docteurs et des infirmiers arrivèrent sur les lieux de la catastrophe. **2.** Misérable ! **3.** Madame se meurt, Madame est morte ! (Bossuet) **4.** Sète est un port qui a un charme certain. **5.** Le diésel crachait une fumée noire et épaisse.

5 ★★ **Mêmes consignes.**

1. Quand le jour se lève, les enfants partent à l'école. **2.** Je respire ! **3.** Le sol tremblait et l'eau courait, indifférente, dans les canaux. **4.** André a demandé de tes nouvelles. **5.** Elle espérait un changement.

3 Le thème n'est pas toujours le sujet grammatical de la phrase !

Le thème ne correspond pas toujours au sujet de la phrase. En effet, dans une phrase à la forme emphatique, par exemple, le complément détaché peut être le thème :

Ta grand-mère, je la connais bien. → Le thème est ta grand-mère, ce dont on va parler.

C'EST FACILE ! Comment reconnaitre le thème ?

D'un point de vue sémantique, le thème est **ce dont on parle**, ce à propos de quoi on va apporter une information.

Chaque mercredi, il allait au cinéma avec ses enfants. → Le thème est chaque mercredi, ce dont on va parler.

6 ★★ **Relevez les thèmes dans les phrases suivantes. Attention, thème et sujet grammatical ne correspondent pas forcément.**

1. Un jour, je serai grand. **2.** Le mardi, nous mangeons toujours des raviolis. **3.** Cette résignation, je ne l'accepterai jamais. **4.** À nos disparus, la patrie reconnaissante. **5.** Son film, je le trouve tout simplement nul.

S'ENTRAINER

7 ★★ **Différenciez le thème et le prédicat dans chacune des phrases suivantes. Justifiez vos réponses.**

1. Jules partit à la guerre. 2. Les jours et les années passaient, la guerre s'éternisait. 3. Le vent violent et glacé de novembre souffle, la neige étouffe tout. 4. Les deux enfants se riaient l'un à l'autre. 5. Sa vision de la politique, personne ne l'approuve. 6. Je voudrais du chocolat.

8 ★★ **Mêmes consignes.**

1. Le domestique, qui n'aimait pas son nouveau maitre, demanda à partir. 2. Elle quitte son poste, sans que nous puissions nous y opposer. 3. Si nous partions en vacances, cela nous ferait du bien. 4. Misérable ! Tu ne mérites pas de vivre en paix. 5. Tous les jours, il partait se promener. 6. Ces hirondelles posées sur le fil me donnent envie de pleurer.

CORRIGÉS

1 1. *La brise du matin* : sujet, thème / *gonfle les voiles* : GV, prédicat. 2. *La nuit* : sujet, thème / *tombe de plus en plus vite* : GV, prédicat. 3. *Hassan et son frère* : sujet, thème / *éclatent d'un rire libérateur* : GV, prédicat. 4. *Les bulletins météo* : sujet, thème / *annoncent de fortes pluies pour demain* : GV, prédicat. 5. *Le petit Gautier* : sujet, thème / *appuya sur la sonnette* : GV, prédicat. 6. *Sa voix* : sujet, thème / *commença à trembler* : GV, prédicat. 7. *L'homme* : sujet, thème / *n'entendit pas les protestations affolées de la foule* : GV, prédicat.

2 1. *La biche ne disparut pas dans la forêt. La biche* : thème / *disparut dans la forêt* : prédicat. 2. *Le président ne prendra pas la parole. Le président* : thème / *prendra la parole* : prédicat. 3. *Les troupes ne sont pas entrées dans la ville. Les troupes* : thème / *sont entrées dans la ville* : prédicat. 4. *Le bistrot de la place n'a pas fermé. Le bistrot de la place* : thème / *a fermé* : GV, prédicat. 5. *Un avion ne s'écrase pas dans le blizzard. Un avion* : thème / *s'écrase dans le blizzard* : prédicat. 6. *L'auteur ne multiplie pas les rebondissements. L'auteur* : thème / *multiplie les rebondissements* : prédicat. 7. *Sa voix n'avait pas un effet apaisant. Sa voix* : thème / *avait un effet apaisant* : prédicat.

3 Les thèmes sont soulignés ; les prédicats sont en italique. 1. Je *peux formuler la question autrement* pour qu'on *avance*. 2. Maria *sait* que les corbeaux *vont revenir* et cela *lui fait peur*. 3. Tu *sais* que je *t'aime bien* mais tu *ne dois pas essayer de m'exploiter*. 4. Mania *descendit de voiture* et *suivit le chemin* qui *montait*. 5. Le commissaire *m'a demandé* pourquoi mon père et mon grand-père *ne s'aimaient pas*.

4 1. Phrase simple. *Des docteurs et des infirmiers* : thème / *arrivèrent sur les lieux de la catastrophe* : prédicat. 2. Phrase non verbale. *Misérable !* : prédicat. 3. Phrase complexe, deux propositions indépendantes juxtaposées. Prop. 1 : *Madame*, thème / *se meurt*, prédicat. Prop. 2 : *Madame*, thème / *est morte*, prédicat. 4. Phrase complexe : une prop. princ. + une prop. sub. Prop. princ. : *Sète*, thème / *est un port*, prédicat. Prop. sub. : *qui*, thème / *a un charme certain*, prédicat. 5. Phrase simple. *Le diésel* : thème / *crachait une fumée noire et épaisse* : prédicat.

5 1. Phrase complexe : une prop. princ. + une prop. sub. Prop. princ. : *les enfants*, thème / *partent à l'école*, prédicat. Prop. sub. : *(quand) le jour*, thème / *se lève*, prédicat. 2. Phrase simple. *Je* : thème / *respire !* : prédicat. 3. Deux prop. indépendantes coordonnées. Prop. 1 : *Le sol*, thème / *tremblait*, prédicat. Prop. 2 : *(et) l'eau*, thème / *courait, indifférente dans les canaux*, prédicat. 4. Phrase simple. André : thème / *a demandé de tes nouvelles* : prédicat. 5. Phrase simple. *Elle* : thème / *espérait un changement* : prédicat.

6 1. *Un jour* 2. *Le mardi* 3. *Cette résignation* 4. *À nos disparus* 5. *Son film.*

7 Les thèmes sont soulignés ; les prédicats sont en italique. 1. Jules *partit à la guerre.* 2. Les jours et les années *passaient*, la guerre *s'éternisait.* 3. Le vent violent et glacé de novembre *souffle*, la neige *étouffe tout.* 4. Les deux enfants *se riaient l'un à l'autre.* 5. Sa vision de la politique, *personne ne l'approuve.* 6. Je *voudrais du chocolat.*
Remarque : Dans les phrases 1, 2, 3, 4 et 5, la transformation à la forme négative permet d'isoler facilement le prédicat. Dans la phrase 5, à la forme emphatique, l'approche sémantique montre que le complément détaché est ce dont on parle, donc le thème.

8 Les thèmes sont soulignés ; les prédicats sont en italique. 1. Le domestique, qui *n'aimait pas son nouveau maitre, demanda à partir.* 2. Elle *quitte son poste*, sans que nous *puissions nous y opposer.* 3. Si nous *partions en vacances*, cela *nous ferait du bien.* 4. *Misérable* ! Tu *ne mérites pas de vivre en paix.* 5. Tous les jours, *il partait se promener.* 6. Ces hirondelles posées sur le fil *me donnent envie de pleurer.*
Remarque : Dans les phrases 2, 3 et 6, la transformation à la forme négative permet d'isoler facilement thème et prédicat. Dans la phrase 1, la prop. princ. transformée à la forme négative permet d'isoler le thème et le prédicat ; dans la prop. relative, le sujet grammatical est le thème. La phrase 4, *Misérable !*, est non verbale et ne contient pas de prédicat. Dans *Tu ne mérites pas de vivre en paix*, le sujet grammatical *tu* est le thème. Dans la phrase 5, l'approche sémantique montre que le complément détaché est ce dont on parle, donc le thème.

Chapitre 1

FICHE

5

Les propositions subordonnées complétives

- *Comment reconnaitre une proposition subordonnée complétive ?*
- *Quels sont les différents types de propositions subordonnées complétives ?*
- *Pourquoi la proposition infinitive est-elle une complétive ?*

LES BASES

Propositions subordonnées complétives

Identification	Mots subordonnants (conj. ou locution conjonctive)	Nature du mot subordonnant	Fonction de la prop. sub.	Exemples
A Complétive par *que* (conjonctive)	que	Conjonction	COD du verbe de la principale	Il pense [que la pluie viendra].
	(à) ce que	Locution conjonctive	COI	Il s'attend [à ce que la pluie vienne].
	(de) ce que	Locution conjonctive	COI	Il s'étonne [de ce que la pluie tombe].
B Interrogative indirecte	si	Conjonction	COD	Il demande [s'il pleut].
	quand, où, combien, pourquoi...	Adverbes interrogatifs	COD	Il demande [pourquoi il faut partir].
	qui, lequel, lesquels, ce que, ce qui...	Pronoms interrogatifs	COD	Il demande [qui vient ramasser les pommes].
	quel, quelle, quels, quelles...	Déterminants interrogatifs	COD	Il demande [quel tracteur il doit prendre].
C Infinitive	–	–	COD	Il entend [les bêtes arriver dans l'étable].

1 Qu'est-ce qu'une proposition subordonnée complétive ?

Dans une phrase complexe (→ Fiche 3, p. 17), on distingue la proposition principale de la proposition subordonnée qui en dépend.

Les **propositions subordonnées complétives**, comme leur nom l'indique, remplissent **généralement** la fonction de **compléments du verbe** (COD ou COI, → Fiche 17, p. 138) de la proposition principale.

Les verbes de la proposition principale expriment :

- **une opinion, une déclaration, une perception** (affirmer, croire, espérer, déclarer, dire, penser, entendre, voir, sentir, etc.) ;
- **un ordre** (vouloir, etc.) ;
- **un souhait** (souhaiter, etc.) ;
- **un sentiment** (aimer, craindre, etc.), **un doute** (douter, etc.).

La proposition subordonnée complétive ne peut ni être supprimée ni être déplacée.

On dit [que la vache la première au pré lèche toute la rosée].
→ La proposition subordonnée complétive, introduite par la conjonction de subordination que, est **COD** de dit.

Le vigneron s'attend [à ce que la pluie tombe cette nuit].
→ La proposition subordonnée complétive, introduite par la locution conjonctive ce que, précédée de la préposition à est **COI** de s'attend.

1 ★ **Relevez les propositions subordonnées complétives et donnez leur fonction.**

1. Une nouvelle étude européenne montre que l'apport de grains de lin cuit réduit les émissions de méthane et améliore la production de lait des vaches. **2.** Le chien veille à ce que les brebis ne se perdent pas. **3.** Tout berger veut que son chien lui obéisse. **4.** Les vignerons craignent que la grêle de septembre abime les raisins. **5.** Ils croient avec inquiétude que l'orage va éclater.

2 ★★ **Mêmes consignes.**

1. Lorsqu'il naquit, le petit veau, qui était resté bien longtemps dans le ventre de sa mère, montra déjà qu'il était une bête extraordinaire. **2.** On raconte qu'il se mit à gambader tout de suite loin de sa mère, laquelle en fut bien surprise. **3.** Quand il fut né, on se demanda ce qu'il allait faire : il se mit à partir loin, très loin. **4.** Le propriétaire du troupeau, qui buvait avec ses amis, entendit que le berger criait. **5.** Il pensait que le veau grandirait très vite.

2 Quels sont les types de propositions subordonnées complétives ?

A La subordonnée conjonctive complétive

- La proposition subordonnée complétive peut être **introduite par la conjonction** *que* ou les **locutions conjonctives** *à ce que* et *de ce que* (→ Fiche 15, p. 120).

  De plus en plus de vignerons pensent [que les vins sans sulfites sont l'avenir de leur profession]. → La proposition subordonnée conjonctive complétive est **COD** du verbe de la principale pensent.

  De plus en plus de clients s'attendent [à ce qu'on leur propose des vins sans sulfites]. → La proposition subordonnée conjonctive complétive est **COI** du verbe de la principale s'attendent.

- Beaucoup plus rarement, elle peut être **complément d'un nom abstrait** (→ Fiche 20, p. 163).

C'EST FACILE ! Comment différencier *que* pronom relatif et *que* conjonction de subordination ?

Je bois les vins [que j'aime]. → La proposition subordonnée relative introduite par le pronom relatif que est complément du nom les vins.

Je vois [que tu bois le vin avec plaisir]. → La proposition subordonnée complétive introduite par la conjonction de subordination que est complément du verbe vois.

→ Fiches 7, p. 52 et 15, p. 123.

3 ★ **Relevez les subordonnées conjonctives complétives. Justifiez vos réponses.**

1. Ce matin, j'ai vu que les hirondelles s'étaient assemblées sur les fils téléphoniques. **2.** Elles vont partir pour des pays que je ne connais pas. **3.** J'aimerais qu'elles reviennent vite. **4.** Je me dis que mes ancêtres les ont aussi regardées. **5.** Il me faut maintenant veiller à ce que l'automne et l'hiver se passent bien pour les bêtes. **6.** Tout à l'heure je vérifierai que l'étable est prête et je penserai aux conseils que me donnait mon père quand il était encore avec moi.

B La subordonnée interrogative

La proposition **subordonnée interrogative**, ou proposition subordonnée interrogative indirecte, est introduite par un **mot interrogatif** :

- pronom (qui…) ;
- déterminant (quel, quels…) ;
- conjonction (si) ;
- adverbe (comment, quand, pourquoi…).

Elle complète un verbe (COD) qui exprime une interrogation ou un doute (*demander, se demander, ne pas savoir*, etc.).

Je me demande [quand il va pleuvoir].

Je ne sais pas [quand il va pleuvoir].

C'EST FACILE ! **Cherchez le point !**

La proposition **subordonnée interrogative,** ou interrogative indirecte, **se termine par un point simple (.)** et jamais par un point d'interrogation.

Je me demande [quand il va pleuvoir]. ➜ Interrogative indirecte.

Quand va-t-il pleuvoir ? ➜ Interrogation directe.

4 ★ **Transformez les interrogatives directes suivantes en interrogatives indirectes.**

1. Il demande : « Qui m'accompagnera ? ». **2.** Elle souhaite savoir : « Quelles céréales allons-nous cultiver l'an prochain ? ». **3.** « Viendra-t-il travailler comme saisonnier ? », demande-t-il. **4.** « Comment allons-nous moderniser notre élevage ? », se demandent les éleveurs de veaux sous la mère. **5.** « Pourquoi planter des légumes qui ne correspondent pas au sol ? », demandent les paysans.

C'EST FACILE ! **Comment différencier *où* adverbe relatif et *où* pronom interrogatif ?**

Je demande [où il habite]. ➜ La proposition interrogative indirecte introduite par l'adverbe interrogatif où est COD du verbe de la principale.

J'habite la ferme [où je suis née]. ➜ La proposition subordonnée relative adjective introduite par le pronom relatif où est complément du nom la ferme.

➜ Fiches 7 et 15, p. 46 et p. 120.

5 ★★ **Relevez les subordonnées interrogatives indirectes et soulignez les mots subordonnants en les analysant.**

1. Chaque année les saisonniers se demandent s'ils vont être repris. 2. Je ne sais pas quel prix sera indiqué demain pour le litre de lait. 3. Demandez quand le blé sera mûr pour la moisson. 4. Les génisses paissent dans le champ où on les a menées. 5. Le paysage rural s'est modifié profondément et on ignore comment il va encore évoluer. 6. Le berger demande qui l'accompagnera demain pour mener le troupeau. 7. Le berger demande où est son chien.

C La subordonnée infinitive

- La **proposition subordonnée infinitive** n'est introduite par **aucun mot subordonnant.**
- Elle s'emploie comme **complément (COD)** de verbes marquant une perception des sens (entendre, regarder, sentir, voir, etc.) et a comme noyau un **verbe à l'infinitif** qui a un sujet **exprimé, différent de celui du verbe de la principale.**

  Le paysan entend [la terre craquer sous la chaleur]. ➜ La terre est le sujet de craquer, différent du sujet de la principale, le paysan.

  Il voit [les vaches brouter l'herbe du champ]. ➜ Les vaches est le sujet de brouter.

  Les vaches aiment brouter l'herbe du champ. ➜ Le sujet de l'infinitif brouter est le même que celui du verbe aiment, les vaches : il n'y a pas de proposition infinitive.

! ATTENTION **Le sujet du verbe de la proposition infinitive peut être un pronom personnel** (➜ Fiche 12, p. 94).

Il voit [**le cheval** galoper dans le pré]. ➜ Il **le** voit galoper dans le pré.

Le cheval = le, sujet de la proposition subordonnée infinitive [le... galoper dans le pré].

6 ★ **Relevez les propositions subordonnées infinitives, soulignez leur sujet et donnez leur fonction.**

1. Bottes au pied, il entend la terre gémir sous la pluie torrentielle. 2. Thomas voit tout le troupeau venir à sa rencontre. 3. Maria déteste rentrer les troupeaux le soir. 4. Je le vois travailler sans relâche à la ferme. 5. Ils ne connaissent rien à la terre et je les entends pérorer. 6. Il préfère s'amuser.

OUVRONS L'ŒIL

1 Le cas de la conjonctive complétive sujet

Parfois, **placée en tête de phrase, la subordonnée complétive** introduite par *que* peut assumer la fonction de **sujet** (→ Fiche 16, p. 132).

[Que tu viennes préparer la soupe au fromage] me conviendrait.
→ La proposition conjonctive complétive, introduite par que, [que tu viennes préparer la soupe au fromage] est le sujet du verbe conviendrait.

7 ★★ **Repérez dans les phrases suivantes les propositions subordonnées conjonctives complétives sujets.**

1. Qu'il soit prince ou mendiant n'a aucune importance. **2.** Il dit qu'il est roi. **3.** Que cela te convienne ou pas n'a aucune importance. **4.** Que votre présence me fait du bien ! **5.** Que ce chien t'appartienne renforce ta responsabilité.

2 Quel mode (indicatif ou subjonctif) dans les subordonnées conjonctives complétives ?

- **Le subjonctif**, quand le verbe de la principale introduit une incertitude sur la réalisation proprement dite.
Par exemple, quand il exprime un ordre (vouloir), un souhait (souhaiter), un sentiment (aimer, craindre), un doute (douter) ou quand il est à la forme négative ou interrogative.

  Je ne pense pas [que l'orage vienne tout de suite].

  Je souhaite [qu'il y ait une coopérative agricole].

- **L'indicatif**, quand le verbe de la principale affirme la réalité de ce qui est dit, quand il exprime une opinion, une déclaration, une perception (affirmer, croire, espérer, déclarer, dire, penser, entendre, voir, sentir, etc.).

  Il juge [qu'il est préférable de rentrer les bêtes].

  J'espère [qu'il y aura une coopérative agricole].

  Il ne croit pas [que Kinshasa est au bord du fleuve Congo].

  → Fiches 26 et 27, p. 215 et p. 229.

8 ★★ **Mettez les verbes entre parenthèses au mode qui convient. Justifiez votre réponse.**

1. Tout vigneron souhaite que son vin (être) bon à boire. **2.** Le berger ne veut pas que son chien (devenir) trop maigre. **3.** Rappelle-toi que tu (dormir) dans l'étable cette nuit. **4.** Je doute que la cuve se (remplir) entièrement. **5.** J'aimerais que tu (venir) avec moi sur les alpages. 6. Il sait pourtant que tu (avoir) beaucoup de chèvres à traire. 7. Il souhaitait savoir si les vaches (paitre) dans les champs.

S'ENTRAINER

9 ★★ **Relevez et nommez tous les types de propositions subordonnées complétives. Donnez la nature des mots subordonnants qui les introduisent, quand il y en a.**

1. Quand Aymery eut délivré le loup du serpent qui l'avait attaqué, il imagina qu'il devait le combattre. 2. Mais la bête reconnaissante de son aide lui fit comprendre qu'elle le remerciait. 3. Aymery savait pourquoi le loup agissait ainsi. 4. Il le vit partir. 5. Un jour il le rencontrerait à nouveau et ils se battraient.

10 ★★ **Mêmes consignes.**

1. Aymery s'attendait à ce que ce combat futur soit rude mais il ne le craignait pas. 2. Il ne doutait pas que sa bonne étoile lui donne la victoire. 3. Il se remit à cheminer dans la forêt en se demandant quel animal il allait encore rencontrer. 4. Il entendit un oiseau chanter. 5. Il aimait écouter les bruits de la forêt.

11 ★★ **Donnez la fonction de chaque proposition subordonnée complétive des exercices 9 et 10.**

12 ★★ **Repérez les subordonnées complétives au subjonctif dans les exercices 9 et 10. Justifiez leur emploi.**

CORRIGÉS

1 **1.** *que l'apport de grains de lin cuit réduit les émissions de méthane et améliore la production de lait des vaches* : COD du verbe *montre*. **Remarque :** il y a deux prop. subordonnées conjonctives complétives (deux verbes : *réduit*, *améliore*) coordonnées par la conjonction de coordination *et*. **2.** *à ce que les brebis ne se perdent pas* : COI du verbe *veille*. **3.** *que son chien lui obéisse* : COD du verbe *veut*. **4.** *que la grêle de septembre abime les raisins* : COD du verbe *craignent*. **5.** *que l'orage va éclater* : COD du verbe *croient*.

2 **1.** *qu'il était une bête extraordinaire* : COD du verbe *montra*. **2.** *qu'il se mit à gambader tout de suite loin de sa mère* : COD du verbe *raconte*. **3.** *ce qu'il allait faire* : COD du verbe *se demanda*. **4.** *que le berger criait* : COD du verbe *entendit*. **5.** *que le veau grandirait* : COD du verbe *pensait*.

3 **1.** *que les hirondelles s'étaient assemblées sur les fils téléphoniques* : prop. sub. conj. complétive introduite par la conjonction de subordination *que*, compl. du verbe *ai vu*. **2.** Pas de complétive, *que* est un pronom relatif et la subordonnée relative est compl. de l'antécédent *des pays*. **3.** *qu'elles reviennent vite* : prop. sub. conj. complétive introduite par la conjonction de subordination *que*, compl. du verbe *aimerais*. **4.** *que mes ancêtres les ont aussi regardées* : prop. sub. conj. complétive introduite par la conjonction de subordination *que*, compl. du verbe *me dis*. **5.** *à ce que l'automne et l'hiver se passent bien pour les bêtes* : prop. sub. conj. complétive introduite par la locution conjonctive *à ce que*, compl. du verbe *veiller*. **6.** *que l'étable est prête* : prop. sub. conj. complétive introduite par la conjonction de subordination *que*, compl. du verbe *vérifierai*.
Remarque : *que me donnait mon père* : le deuxième *que* est un pronom relatif et la proposition subordonnée relative est compl. de l'antécédent *conseils* ; *quand il était encore avec moi* est une proposition subordonnée circonstancielle de temps (→ **Fiche 6**, p. 38).

4 **1.** Il demande qui l'accompagnera. **2.** Elle souhaite savoir quelles céréales nous allons cultiver l'an prochain. **3.** Il demande s'il viendra travailler comme saisonnier. **4.** Les éleveurs de veaux sous la mère se demandent comment ils vont moderniser leur élevage. **5.** Les paysans demandent pourquoi il faut planter des légumes qui ne correspondent pas au sol.

5 **1.** *s'ils vont être repris. Si* : conjonction. **2.** *quel prix sera indiqué demain pour le litre de lait. Quel* : déterminant interrogatif. **3.** *quand le blé sera mûr pour la moisson. Quand* : adverbe interrogatif. **4.** Pas de proposition interrogative indirecte ; *où on les a menées* est une proposition subordonnée relative, introduite par le pronom relatif *où* et qui complète le nom *champ*. **5.** *comment il va encore évoluer. Comment* : adverbe interrogatif. **6.** *qui l'accompagnera demain pour mener le troupeau. Qui* : pronom interrogatif. **7.** *où est son chien. Où :* adverbe interrogatif.

6 **1.** *<u>la terre</u> gémir sous la pluie torrentielle* : COD du verbe *entend*. **2.** *<u>tout le troupeau</u> venir à sa rencontre* : COD du verbe *voit*. **3.** Pas de subordonnée infinitive car *rentrer* n'a pas de sujet propre. **4.** *<u>le</u> travailler sans relâche à la ferme*. Le sujet propre de l'infinitif est la forme complément du pronom personnel *le* (si l'on remplace *le* par *un homme* cela donne : je vois [un homme travailler sans relâche dans la ferme]). COD du verbe *vois*. **5.** *<u>les</u> pérorer* : COD du verbe *entends*. **6.** Pas de subordonnée infinitive : *s'amuser* n'a pas de sujet propre.

7 **1.** *Qu'il soit prince ou mendiant*. **2.** *qu'il est roi* est bien une proposition subordonnée conjonctive complétive mais elle est COD de *dit*. **3.** *Que cela te convienne ou pas*. **4.** *Que votre présence me fait du bien* : phrase simple à la forme exclamative (→ **Fiche 2**, p. 10) ; *que* est ici un adverbe exclamatif. **5.** *que ce chien t'appartienne*.

8 **1.** *soit* : subjonctif après le verbe *souhaiter*. **2.** *devienne* : subjonctif après *ne pas vouloir*. **3.** *dors* : indicatif du fait avéré. **4.** *se remplisse* : subjonctif après *douter*. **5.** *viennes* : subjonctif après un conditionnel qui implique le souhait *j'aimerais*. **6.** *as* : indicatif du fait avéré après le verbe *savoir*. **7.** *paissaient* : indicatif car la subordonnée est une interrogative indirecte complément du verbe *savoir* (et non du verbe *souhaitait*).

9 **1.** *<u>qu</u>'il devait le combattre*. Prop. sub. conjonctive complétive. *Qu(e)* conj. de subordination. **2.** *<u>qu</u>'elle le remerciait*. Prop. sub. conjonctive complétive. *Qu(e)* conj. de subordination. **3.** *pourquoi le loup agissait ainsi*. Prop. sub. interrogative indirecte. *Pourquoi* adverbe interrogatif. **4.** *le partir*. Prop. sub. infinitive, pas de mot subordonnant. **5.** Pas de complétive.

10 **1.** *<u>à ce que</u> ce combat futur soit rude*. Prop. sub. conjonctive complétive. *À ce que* : locution conjonctive. **2.** *<u>que</u> sa bonne étoile lui donne la victoire*. Prop. sub. conjonctive complétive. *Que* conj. de subordination. **3.** *<u>quel</u> animal il allait encore rencontrer*. Prop. sub. interrogative indirecte. *Quel* déterminant interrogatif. **4.** *<u>un oiseau</u> chanter*. Prop. sub. infinitive, pas de mot subordonnant. **5.** Pas de prop. sub. infinitive puisque l'infinitif *écouter* n'a pas de sujet propre.

11 À part la prop. **10.1.** (*à ce que ce combat futur soit rude*) qui est COI du verbe *s'attendre*, toutes les autres prop. sub. complétives sont COD du verbe de la principale.

12 Deux conjonctives complétives au subjonctif : **10.1.** *à ce que ce combat futur soit rude*. Le verbe *s'attendre à* ne peut être complété que par un verbe au subjonctif car il s'agit d'une éventualité envisagée, pas d'un fait réel. **10.2.** *que sa bonne étoile lui donne la victoire*. Le verbe *douter (que)*, qui plus est à la forme négative, exprime le doute et donc un fait simplement envisagé. *Donne* est donc au subjonctif.

Chapitre 1

FICHE 6

Les propositions subordonnées circonstancielles

- *Comment reconnaitre une proposition subordonnée circonstancielle ?*
- *Quels sont les différents types de propositions subordonnées circonstancielles ? Quels modes employer ?*
- *Qu'est-ce qu'une proposition participiale ?*

LES BASES

1 Qu'est-ce qu'une proposition subordonnée circonstancielle ?

Dans une phrase complexe (→ Fiche 3, p. 16), on distingue la proposition principale et la proposition subordonnée qui en dépend.

- Parmi les propositions subordonnées existent celles qu'on appelle des **propositions subordonnées circonstancielles**, qui remplissent généralement la fonction de **compléments circonstanciels** parce qu'elles apportent des indications sur les **circonstances** de l'action de la proposition principale – temps, cause, but, conséquence, condition, concession, comparaison.
- Elles sont introduites par des **conjonctions de subordination** (quand, comme...) ou des **locutions conjonctives** (dès que, aussitôt que, bien que...). Ces conjonctions ou locutions conjonctives n'ont **aucune fonction dans la proposition subordonnée circonstancielle**.

C'EST FACILE ! **Comment reconnaitre les propositions subordonnées circonstancielles ?**

Elles peuvent **souvent être supprimées ou déplacées**.

Quand le soleil décline, les ombres s'allongent.

La proposition subordonnée circonstancielle quand le soleil décline peut être déplacée. → Les ombres s'allongent, quand le soleil décline.

Elle peut aussi être supprimée. → Les ombres s'allongent.

1 ★ **a. Relevez les propositions subordonnées circonstancielles.**
b. Supprimez-les puis donnez les phrases simples obtenues.

1. Puisque la mer est déchainée, il est inutile de penser à sortir le bateau. 2. Je me dépêche pour que tu sois à l'heure. 3. Bien que le soleil brille, il fait très froid aujourd'hui. 4. Pendant que tu dormais, les journées ont passé. 5. Je voudrais que tu viennes très vite. 6. Si tu veux bien, je m'en irai demain matin. 7. Il ment comme il a toujours fait.

2 Quels sont les différents types de propositions subordonnées circonstancielles ?

Propositions subordonnées circonstancielles	Mots subordonnants (conjonction ou locution conjonctive)	Fonctions	Exemples
Propositions subordonnées circonstancielles de temps	quand, lorsque, pendant que, après que, avant que, depuis que...	Elles précisent le rapport chronologique entre la proposition principale et la proposition subordonnée : **CC de temps**	**Dès que nous aurons mangé,** nous partirons.
Propositions subordonnées circonstancielles de cause	parce que, puisque, comme, du fait que...	Elles précisent la cause du fait présenté dans la proposition principale : **CC de cause**	**Comme l'avion volait très bas,** ils crurent voir le pilote.
Propositions subordonnées circonstancielles de conséquence	si bien que, de sorte que, de manière que, de façon que, si... que, tellement... que...	Elles présentent le fait de la proposition subordonnée enchainé à celui de la proposition principale : **CC de conséquence, non déplaçable**	L'avion volait **tellement** bas **qu'ils crurent voir le pilote.**
Propositions subordonnées circonstancielles de but	pour que, afin que, de crainte que, de peur que...	Le but ou la crainte ne sont pas encore réalisés, le mode employé est donc le subjonctif (→ Fiche 27, p. 229) : **CC de but**	J'éteins la lampe **pour que tu t'endormes.**
Propositions subordonnées circonstancielles de concession	bien que, encore que, quoique...	Elles sont employées surtout dans les argumentations, quand une cause supposée est refusée ou inopérante, le mode employé est donc généralement le subjonctif : **CC de concession**	**Bien que j'aie éteint la lampe,** il ne dort pas.

Propositions subordonnées circonstancielles	Mots subordonnants (conjonction ou locution conjonctive)	Fonctions	Exemples
Propositions subordonnées circonstancielles de condition	si, à condition que, à moins que, en supposant que...	Elles expriment une condition dont dépend la réalisation de la proposition principale, le mode employé est donc (sauf avec *si*) le subjonctif : **CC de condition**	Nous irons piqueniquer **à condition qu'il ne pleuve pas.**
Propositions subordonnées circonstancielles de comparaison	comme, comme si, plus... que, moins... que, aussi... que...	**CC de comparaison,** généralement non déplaçable	Il respire **comme il ment.**

2 ★★ **Repérez les propositions subordonnées circonstancielles, indiquez leur fonction, puis soulignez les mots subordonnants.**

1. Tout se passe comme s'il était parti depuis longtemps. **2.** Je ne viendrai pas à moins que tu ne me le demandes avec insistance. **3.** Il travaille pour que tu sois fier de lui. **4.** Pendant que tu étais absent, les choses ont changé. **5.** Si tu changes d'avis, fais-moi signe. **6.** Il a agi comme il croyait devoir le faire. **7.** Bien qu'il fasse nuit, nous pouvons avancer sans éclairage. **8.** La situation est si compliquée qu'elle en est désespérante.

3 ★★ **Mêmes consignes.**

1. Il hoquetait sans arrêt si bien qu'on ne le comprenait pas. **2.** La maison est trop grande pour que j'y vive seul. **3.** Ce diplomate est moins fin politique que je ne le pensais. **4.** La piste est bien meilleure encore qu'il reste des trous impressionnants. **5.** En supposant que tu aies raison, il faut prouver ta théorie. **6.** Reste chez moi comme si c'était chez toi.

4 ★★ **Mêmes consignes.**

1. Puisque tu le prends ainsi, je m'en vais. **2.** La fillette a disparu dans les eaux du fleuve après que le bateau s'est renversé. **3.** Ces gens agissent comme si l'esclavage existait encore. **4.** La passe est tellement dangereuse que les bateaux ne s'y aventurent plus. **5.** Le soleil est si fort qu'il pique la peau. **6.** Je ne monterai pas sur cette échelle de peur qu'elle ne s'écroule.

3 Indicatif ou subjonctif ?

- Si la proposition subordonnée circonstancielle présente **une situation réalisée** par rapport à la situation de la principale, le mode employé est **l'indicatif**.

  Il mangera après qu'il **aura fini** de travailler. ➜ Après que est suivi de l'indicatif (aura fini, futur antérieur de l'indicatif) car la postériorité impliquée par la locution après que désigne une action déjà réalisée par rapport à il mangera.

- Si la proposition subordonnée circonstancielle présente **une situation non encore réalisée** par rapport à la situation de la principale, le mode employé est **le subjonctif**.

  Il mangera avant qu'il **aille** travailler. ➜ Avant que est suivi du subjonctif (aille, présent du subjonctif) car l'antériorité impliquée par la locution avant que désigne une action qui n'a pas encore eu lieu par rapport à il mangera.

➜ Fiches 26 et 27, p. 215 et p. 229.

5 ★ **Mettez les verbes entre parenthèses au présent de l'indicatif ou du subjonctif. Justifiez votre réponse.**

1. Je viens parce qu'il (être) là. 2. Pour que les conditions (être) équitables, il faut que personne ne soit aidé. 3. Le fil est si fragile qu'il (se rompre) dès qu'on le touche. 4. On le regarde bizarrement du fait qu'il (être) étranger. 5. Avant qu'il (partir) elle était heureuse.

OUVRONS L'ŒIL

1 La proposition subordonnée participiale

La proposition subordonnée participiale peut remplacer la proposition subordonnée circonstancielle. Elle n'est introduite par **aucun mot subordonnant**. Comme son nom l'indique, elle a comme noyau un **verbe au participe** (présent ou passé, ➜ Fiche 28, p. 239) qui a **un sujet exprimé**, **différent de celui du verbe de la principale** :

Le soir venu, il rentra chez lui. ➜ Le soir est le sujet du participe passé venu, différent du sujet de la principale il.

La nuit venant, il interrompit son travail. ➜ La nuit est le sujet du participe présent venant, différent du sujet de la proposition principale il.

C'EST FACILE ! Comment reconnaitre la proposition subordonnée participiale ?

Pour repérer la proposition subordonnée participiale, remplacez-la par une proposition subordonnée **circonstancielle de cause ou de temps** ; parfois on peut hésiter entre l'une ou l'autre.

Sa colère passant, il regrettait son geste. → **Parce que sa colère passait,** il regrettait son geste.

L'orage terminé, il enleva son manteau. → Il enleva son manteau **parce que l'orage était terminé**. Ou : Il enleva son manteau **quand l'orage fut terminé**.

6 ★ **Associez les propositions indépendantes en utilisant une proposition subordonnée participiale.**

1. La date est passée. On ne peut plus prendre de billet. 2. La fièvre est forte. Il va falloir hospitaliser cet enfant. 3. La tricherie a été constatée. L'examen va être annulé. 4. Il faut gagner le port au plus vite. Le vent a forci. 5. Ne reste pas dans la forêt. L'orage menace. 6. La mer se retire. Le paysage change complètement. 7. L'exercice était trop difficile. Aucun élève n'a eu la moyenne.

7 ★ **Transformez les propositions subordonnées participiales de l'exercice précédent en propositions subordonnées circonstancielles équivalentes.**

2 Les différentes modalités de la condition introduite par *si*

Modalités	Verbe de la sub.	Verbe de la principale
L'hypothèse est présentée comme un fait réel (= éventuel).	Présent **S'il vient,**	Présent ou futur je lui **donne (donnerai)** un coup de main.
L'hypothèse est présentée comme un fait possible dans le futur (= potentiel).	Imparfait **S'il venait,**	Conditionnel présent je lui **donnerais** un coup de main. (Il est possible qu'il vienne.)
L'hypothèse est présentée comme un fait imaginaire dans le présent (= irréel du présent).	Imparfait **S'il venait,**	Conditionnel présent je lui **donnerais** un coup de main. (mais il ne vient pas)
L'hypothèse est présentée comme un fait imaginaire dans le passé (= irréel du passé).	Plus-que-parfait **S'il était venu,**	Conditionnel passé je lui **aurais donné** un coup de main. (mais il n'est pas venu)

La proposition subordonnée circonstancielle de condition introduite par la conjonction de subordination *si* est **toujours à l'indicatif**. Cependant, le choix du temps de l'indicatif (→ Fiche 26, p. 215) est fonction du mode et du temps utilisés dans la proposition principale.

8 ★ **Mettez les verbes entre parenthèses aux temps qui conviennent. Justifiez votre réponse.**

1. Si on veut, on (pouvoir). 2. Si elle avait appelé ses parents, ils la (consoler). 3. S'il (gagner) ce face-à-face, il ira loin. 4. Ce serait une catastrophe si l'immeuble (s'effondrer). 5. Si je (savoir), je ne serais pas venue. 6. S'il (faire) beau, nous irons à la plage. 7. S'il (faire) beau demain, nous irions à la plage.

S'ENTRAINER

9 ★★ **Repérez et analysez, dans les phrases suivantes, les propositions subordonnées circonstancielles.**

Dès que le réveil sonna, il se réveilla. → [Dès que le réveil sonna] : prop. sub. circ., introduite par la locution conjonctive dès que, CC de temps.

1. Quand Armel se leva, le jour était déjà bien entamé. 2. Parce qu'il voulait être en forme, il décida qu'il prendrait le temps de bien manger avant de sortir le bateau. 3. Pour que tout se passe bien, il lui fallait partir avant midi. 4. Le dernier voyage l'avait fatigué si bien qu'il ne voulait pas commettre les mêmes erreurs. 5. Après qu'il eut mangé un copieux petit déjeuner, il rangea la pièce de manière qu'il retrouve une pièce agréable à son retour.

10 ★★ **Relevez et analysez les propositions subordonnées.**

1. En supposant que le vent soit au rendez-vous, il gagnerait l'ile en deux heures de navigation. 2. Il ferait comme il en avait l'habitude. 3. Il relèverait les filets dès qu'il serait sur zone. 4. L'âge venant, Armel faisait les choses de plus en plus lentement. 5. Comme il le savait, il en tenait compte. 6. Il serait de retour avant que la nuit tombe.

11 ★★ **Repérez, dans les phrases des exercices 9 et 10, les propositions subordonnées circonstancielles au subjonctif et justifiez son emploi.**

12 ★★ **Repérez les propositions subordonnées participiales dans le texte suivant.**

1. La nuit venant, la chaleur était davantage supportable. 2. Une douceur sucrée flottait dans l'air, qui rendait l'atmosphère plus douce. 3. Il était tentant de dormir à la belle étoile. 4. Mais j'avais peur, les habitants m'ayant prévenue, de m'y risquer. 5. Une fois la tentation passée, je rentrai chez moi.

CORRIGÉS

1 a. 1. *Puisque la mer est déchainée.* 2. *pour que tu sois à l'heure.* 3. *Bien que le soleil brille.* 4. *Pendant que tu dormais.* 5. Pas de proposition subordonnée circonstancielle : *que tu viennes très vite* est une proposition subordonnée conjonctive complétive. 6. *Si tu veux bien.* 7. *comme il a toujours fait.*
b. 1. Il est inutile de penser à sortir le bateau. 2. Je me dépêche. 3. Il fait très froid aujourd'hui. 4. Les journées ont passé. 5. * *je voudrais* : pas de suppression possible. 6. Je m'en irai demain matin. 7. Il ment.

2 1. *comme s'il était parti depuis longtemps* : CC de comparaison. 2. *à moins que tu ne me le demandes avec insistance* : CC de condition. 3. *pour que tu sois fier de lui* : CC de but. 4. *Pendant que tu étais absent* : CC de temps. 5. *Si tu changes d'avis* : CC de condition. 6. *comme il croyait devoir le faire* : CC de comparaison. 7. *Bien qu'il fasse nuit* : CC de concession. 8. *si... qu'elle en est désespérante* : CC de conséquence.

3 1. *si bien qu'on ne le comprenait pas* : CC de conséquence. 2. *trop... pour que j'y vive seul* : CC de conséquence. 3. *moins... que je ne le pensais* : CC de comparaison. 4. *encore qu'il reste des trous impressionnants* : CC de concession. 5. *en supposant que tu aies raison* : CC de condition. 6. *comme si c'était chez toi* : CC de comparaison.

4 1. *Puisque tu le prends ainsi* : CC de cause. 2. *après que le bateau s'est renversé* : CC de temps. 3. *comme si l'esclavage existait encore* : CC de comparaison. 4. *tellement... que les bateaux ne s'y aventurent plus* : CC de conséquence. 5. *si... qu'il pique la peau* : CC de conséquence. 6. *de peur qu'elle ne s'écroule* : CC de but.

5 1. *parce qu'il **est** là* : indicatif de la situation réalisée. 2. ***soient** équitables* : subjonctif de la situation non encore réalisée. 3. *qu'il se **rompt*** : indicatif de la situation réalisée. 4. *qu'il **est** étranger* : indicatif de la situation réalisée. 5. *Avant qu'il **parte*** : subjonctif de la situation non encore réalisée.

6 1. La date étant passée, *on ne peut plus prendre de billet.* 2. La fièvre étant forte, *il va falloir hospitaliser cet enfant.* 3. La tricherie ayant été constatée, *l'examen va être annulé.* 4. Le vent ayant forci, *il faut gagner le port au plus vite.* 5. L'orage menaçant, *ne reste pas dans la forêt.* 6. La mer se retirant, *le paysage change complètement.* 7. L'exercice étant trop difficile, *aucun élève n'a eu la moyenne.*

7 1. Comme la date est passée, *on ne peut plus prendre le billet.* 2. Comme la fièvre est forte, *il va falloir hospitaliser cet enfant.* 3. Comme la tricherie a été constatée, *l'examen va être annulé.* 4. Comme le vent a forci, *il faut gagner le port au plus vite.* 5. Comme l'orage menace, *ne reste pas dans la forêt.* 6. Comme la mer se retire, *le paysage change complètement.* 7. Parce que l'exercice était trop difficile, *aucun élève n'a eu la moyenne.*
Remarque : l'emploi de la conjonction de subordination *comme* permet de jouer sur une double dimension temporelle et causale (→ Fiche 15, p. 120). La phrase 7 souligne la cause représentée par la proposition subordonnée participiale ; d'où l'emploi de *parce que*.

8 1. *peut* (éventuel). 2. *l'auraient consolée* (irréel du passé). 3. *gagne* (éventuel). 4. *s'effondrait* (potentiel – il est possible que l'immeuble vienne à s'effondrer). 5. *avais su* (irréel du passé). 6. *fait* (éventuel). 7. *faisait* (potentiel car il est possible qu'il fasse beau demain).

9 1. *Quand Armel se leva* : prop. sub. circ. de temps introduite par la conjonction de subordination *quand*, CC temps. 2. *Parce qu'il voulait être en forme* : prop. sub. circ. de cause, introduite par la locution conjonctive *parce que*, CC de cause. 3. *Pour que tout se passe bien* : prop. sub. circ. de but, introduite par la locution conjonctive *pour que*, CC de but. 4. *si bien qu'il ne voulait pas commettre les mêmes erreurs* ; prop. sub. circ. de conséquence, introduite par la locution conjonctive *si bien que*, CC de conséquence. 5. *Après qu'il eut mangé un copieux petit déjeuner* : prop. sub. circ. de temps, introduite par la locution conjonctive *après que*, CC de temps ; *de manière qu'il retrouve une pièce agréable à son retour* : prop. sub. circ. de but, introduite par la locution conjonctive *de manière que*, CC de but.

10 1. *En supposant que le vent soit au rendez-vous* : prop. sub. circ. de condition, introduite par la locution conjonctive *en supposant que*, CC de condition. 2. *comme il en avait l'habitude* : prop. sub. circ. de comparaison introduite par *comme*, CC de comparaison. 3. *dès qu'il serait sur zone* : prop. sub. circ de temps, introduite par la locution conjonctive *dès que*, CC de temps. 4. *L'âge venant* : prop. sub. participiale, pas de mot subordonnant, CC de cause. 5. *Comme il le savait*, prop. sub. circ. de cause, introduite par la conjonction de subordination *comme*, CC de cause. 6. *avant que la nuit tombe* : prop. sub. circ. de temps, introduite par la locution conjonctive *avant que*, CC de temps.

11 Il y a trois propositions subordonnées circonstancielles au subjonctif : 9.3. *Pour que tout se passe bien* ; le but visé n'est pas réalisé, il reste virtuel. 10.1. *En supposant que le vent soit au rendez-vous* : la condition n'est pas encore réalisée. 10.6. *avant que la nuit tombe* : la nuit n'est pas encore tombée, la situation n'est pas encore réalisée.

12 1. *La nuit venant.* 2. et 3. Pas de participiale. 4. *les habitants m'ayant prévenue.* 5. *Une fois la tentation passée.*

Chapitre 1

FICHE 7

Les propositions subordonnées relatives

- *Comment reconnaitre une proposition subordonnée relative ?*
- *Quels sont les différents pronoms relatifs ?*
- *Quels sont les différents types de propositions relatives ?*

LES BASES

1 Qu'est-ce qu'une proposition subordonnée relative ?

La proposition **subordonnée relative** apporte une information complémentaire relative à un nom ou un pronom de la proposition principale. Elle présente deux particularités :

- elle est introduite par un **pronom relatif** ;
- elle **complète** généralement un groupe nominal ou un pronom, nommé **antécédent**, qui se trouve dans la proposition principale.

Homère chante la colère d'Achille qui accabla les Achéens.
Homère chante la colère d'Achille → Proposition principale.
qui accabla les Achéens → Proposition subordonnée relative, introduite par le pronom relatif qui, complément de l'antécédent la colère d'Achille.

Pendant la journée, Pénélope tissait la toile qu'elle défaisait la nuit.
Pendant la journée, Pénélope tissait la toile → Proposition principale.
qu'elle défaisait la nuit → Proposition subordonnée relative, introduite par le pronom relatif qu(e), complément de l'antécédent la toile.

1 ★ **Repérez les propositions subordonnées relatives et donnez leur fonction.**

1. Muse, chante Ulysse, l'homme aux mille ruses qui erra si longtemps avant de revoir son ile. 2. Athéna transforma Ulysse en mendiant dont personne ne se méfierait. 3. Télémaque regrettait le temps où son père Ulysse était avec lui. 4. Homère chanta Achille et Ulysse que l'épopée rendrait éternels. 5. Troie s'appelait aussi Ilion qui donna son nom à l'*Iliade*.

2 Les pronoms relatifs : comment ça marche ?

- Le **pronom relatif** :
  - marque la **subordination** ;
  - **remplace l'antécédent** dans la subordonnée relative ;
  - occupe **sa propre fonction** dans la subordonnée relative qu'il introduit.
- Les **principaux pronoms relatifs** sont :
  - les cinq pronoms relatifs invariables : ***qui, que, quoi, dont, où*** ;
  - le pronom relatif variable ***lequel*** (et ses dérivés formés par l'adjonction des prépositions *à* ou *de* : *auquel, duquel*).

Ils sont choisis suivant la fonction qu'ils occupent dans la subordonnée relative.

Les pronoms relatifs invariables

	Fonctions dans la relative	Exemples
qui	– généralement, sujet du verbe (antécédent animé ou non animé) – COI avec la préposition *à*	Ulysse a un chien [**qui** s'appelle Argos]. Achille est l'enfant [**à qui** Thétis a donné le jour].
que	– COD (antécédent animé ou non animé)	Priam a cinquante fils [**qu**'il chérit].
quoi	Avec un antécédent non animé. Construit indirectement avec une préposition (COI). Très peu utilisé de nos jours et remplacé par *lequel* et ses dérivés.	La mort d'Hector était une funeste nouvelle [à quoi Priam s'attendait]. = La mort d'Hector était une funeste nouvelle [à laquelle Priam s'attendait].
où	– CC de lieu ou – CC de temps	Troie était une ville riche [**où** il y avait de nombreux palais]. Homère parle d'un temps [**où** les Achéens habitaient la Grèce actuelle].
dont	Antécédents animés et inanimés. ❶ complément du nom ❷ complément de l'adjectif ❸ COI	❶ Le roi Ménélas avait une épouse [**dont** il aimait la chevelure blonde]. = *Il aimait la chevelure blonde de l'épouse*. Le GNP de l'épouse est complément du nom chevelure et dont représente l'épouse → dont est complément du nom chevelure. ❷ Les Achéens voient en Achille un roi [dont ils sont fiers]. = *Ils sont fiers du roi*. Roi est compl. de l'adjectif fiers. Dont représente un roi → dont est compl. de l'adjectif fiers. ❸ L'Iliade est une épopée dont j'ai parlé. J'ai parlé *de l'épopée*. Dont représente l'épopée → dont est COI du verbe parler.

Le pronom relatif variable *lequel* et ses dérivés			
Singulier/Pluriel		Fonctions	Exemples
masculin	féminin		
lequel/lesquels	*laquelle/ lesquelles*	sujet	Ulysse avait un chien [**lequel** s'appelait Argos].
duquel/ desquels	*de laquelle/ desquelles*	COI avec la préposition *de*	Ulysse avait un chien [**duquel** il ne se séparait jamais].
auquel/ auxquels	*à laquelle/ auxquelles*	COI avec la préposition *à* CC de lieu	Ulysse avait un chien [**auquel** il était très attaché]. Il naviguait vers l'ile d'Ithaque [**à laquelle** il pensait souvent].

C'EST FACILE ! **Comment identifier la fonction du pronom relatif ?**

Pour identifier cette fonction, il faut généralement partir du verbe ou d'un mot de la subordonnée relative et analyser la fonction du pronom relatif par rapport à lui. La fonction du pronom relatif n'est pas du tout la même que celle de la proposition subordonnée relative.

Homère chante la colère d'Achille qui accabla les Achéens. ➜ Dans cette phrase complexe, qui introduit la subordonnée relative, remplace le GN la colère et est le sujet du verbe accabla.

Pendant la journée, Pénélope tissait la toile qu'elle défaisait la nuit. ➜ Dans cette phrase complexe, que introduit la subordonnée relative, remplace le GN la toile et est le COD du verbe défaisait.

2 ★ **Relevez les propositions subordonnées relatives. Soulignez le pronom relatif et indiquez son antécédent.**

1. Quand Ulysse descendit aux Enfers, il rencontra Achille regrettant une vie qu'on lui avait ôtée trop tôt. 2. Le sable du rivage est mouillé par les larmes que les compagnons de Patrocle versent. 3. Le doux sommeil, qui calme les peines de l'âme, se répand autour d'Achille. 4. Tous les hommes qui avaient vu combattre Patrocle vantaient son courage. 5. Achille pleure devant le bucher où se consume le corps de son ami.

3 ★ **Reliez les deux propositions avec le pronom relatif adéquat.**

1. Euryclée fut la première à reconnaitre Ulysse. Elle était sa servante. 2. Achille avait un ami. Son ami s'appelait Patrocle. 3. C'est une guerre fameuse. Homère l'a chantée. 4. La nymphe Calypso aimait Ulysse. Elle le retint dans son ile. 5. Troie est une ville réelle. On a retrouvé ses ruines. 6. On peut aujourd'hui contempler la plaine. Dans cette plaine, les combats ont eu lieu. 7. Achille avait un bouclier magnifique. Le dieu Héphaïstos l'avait forgé. 8. Priam s'avança sur les remparts. Depuis ces remparts, il voyait toute son armée.

4 ★★ **Relevez les propositions subordonnées relatives. Soulignez le pronom relatif et donnez sa fonction dans la subordonnée relative.**

1. Télémaque est le fils d'Ulysse, qui fut absent de son ile d'Ithaque pendant vingt ans. 2. Le mont Ida surplombe la plaine où Achéens et Troyens vont combattre. 3. La déesse Aphrodite protège le Troyen Énée dont elle est la mère. 4. Le fleuve Scamandre, dans la plaine de Troie, devint rouge du sang de tous les guerriers qui périssaient. 5. Le texte de l'*Iliade* a probablement été composé près de quatre siècles après la période à laquelle les historiens font remonter la bataille mythique de Troie. 6. Le siège de la ville de Troie dura dix ans pendant lesquels de nombreux guerriers moururent. 7. Achille est un héros que tous admirent.

OBJECTIF 0 FAUTE Les accords du participe passé dans la proposition subordonnée relative

Si le pronom relatif est **sujet ou COD** du verbe de la subordonnée relative, veillez aux **accords en genre et en nombre du participe passé employé avec l'auxiliaire *être* ou l'auxiliaire *avoir*** (→ Fiche 28, p. 243).

La déesse, qui est arrivée sur l'Olympe, a supplié Zeus. → Le sujet qui du verbe de la relative construit avec l'auxiliaire *être*, remplace la déesse, le participe passé s'accorde donc en genre et en nombre avec ce sujet : arrivée.

Les dieux obéissaient aux ordres que Zeus avait donnés. → Le COD que remplace les ordres et il est placé avant le participe passé construit avec l'auxiliaire *avoir*, donc il y a **accord en genre et en nombre du participe passé** avec ce COD : donnés.

5 ★ **Accordez comme il convient les participes passés mis entre parenthèses.**

1. Les soldats se noyaient dans le fleuve qu'ils avaient (atteint). 2. Achille pleurait la mort de Patrocle à qui il avait (donné) ses armes. 3. Hector avait été attendri par les pleurs que son fils Astyanax avait (versé). 4. Les élèves lisent encore aujourd'hui les vers qui ont (rendu) Homère célèbre. 5. Priam pleure la chute de la ville qu'il a (perdu). 6. Personne n'avait cru aux prédictions que Cassandre avait (fait). 7. Andromaque qui était (devenu) la femme d'Hector fut prisonnière des Achéens après la chute de Troie.

3 Quels sont les différents types de propositions subordonnées relatives ?

A Les propositions subordonnées relatives adjectives

Ce sont les plus fréquentes. Elles jouent **le rôle d'un adjectif**, épithète ou apposé (→ Fiches 11 et 19, p. 87 et p. 154). Elles **complètent un antécédent** (souligné dans les exemples) qui est un **nom**, un **groupe nominal** ou un **pronom**.

Depuis les remparts de Troie, le vieux Priam regardait la plaine [qui était immense].
Lui, [qui était courageux], pleurait devant sa mort prochaine.
De tous les chars, Énée préférait le sien [qui était le plus solide].

Parmi ces subordonnées relatives adjectives, on distinguera, d'un point de vue sémantique, les relatives déterminatives des relatives explicatives.

- **La proposition relative déterminative** ne peut être supprimée car elle complète la « détermination » de l'antécédent, elle en restreint la signification et l'antécédent en a besoin pour être identifié correctement.

  Tous les soldats qui sont blessés doivent se replier. ➜ Seuls les soldats qui sont blessés doivent se replier, pas tous les soldats. La relative est donc nécessaire pour identifier, pour « déterminer » les soldats concernés par le repli.

- **La proposition relative explicative** ne participe pas à l'identification de l'antécédent, elle apporte un commentaire, une explication accessoire, et **peut être supprimée**.

  Tous les soldats, qui sont blessés, doivent se replier. ➜ Le fait que les soldats sont blessés n'est qu'une indication supplémentaire qui peut être supprimée sans nuire à l'identification de l'antécédent Tous les soldats, qui se suffit à lui-même. Ici, tous les soldats doivent se replier et tous sont blessés.

C'EST FACILE !
La subordonnée relative explicative est très souvent placée entre virgules.

6 ★ **Ces subordonnées relatives adjectives sont-elles déterminatives ou explicatives ?**

1. Zeus, qui est le roi des dieux, aime être obéi. **2.** Les chevaux qui seront blessés seront abattus. **3.** L'*Iliade* est l'un des textes qui m'a le plus marquée. **4.** Les chars, sur lesquels avaient pris place les guerriers, s'étaient élancés. **5.** Agamemnon avait du mal à distinguer les navires qui avaient une voile blanche. 6. Le roi Nestor, qui était le plus vieux des chefs achéens, ne reviendrait pas de la guerre. 7. Priam supplia Achille de lui rendre le corps de son fils Hector, auquel il voulait rendre les derniers honneurs.

B Les propositions subordonnées relatives substantives

- Elles sont très peu nombreuses et ne se comportent pas comme des relatives : elles **n'ont pas d'antécédent** et sont **l'équivalent d'un groupe nominal dont elles peuvent prendre toutes les fonctions.**
(→ Fiches 16, 17, 18 et 20, p. 130, p. 138, p. 147 et p. 163).

  [Qui lit l'épopée d'Ulysse] ne l'oublie pas. → La relative Qui lit l'épopée d'Ulysse est sujet du verbe de la proposition principale.

  Hélène ira [où Pâris ira]. → La relative où Pâris ira est complément essentiel du verbe de la principale.

- Certaines de ces relatives substantives sont introduites par une locution formée de *ce / celui / celle-s / ceux + qui / que* :

  [Celui qui a écrit ce texte] est un grand poète.

7 ★★ **Délimitez dans les phrases suivantes les subordonnées relatives substantives et donnez leur fonction.**

1. Zeus pouvait inviter qui il voulait sur l'Olympe. 2. Poséidon pense à qui tu sais. 3. Cassandre prophétisait à qui voulait écouter. 4. Ce que demandait Achille ne pouvait pas convenir à Agamemnon. 5. Qui désobéit à Zeus risque de le regretter.

OUVRONS L'ŒIL

1 Comment ne pas confondre pronom relatif et pronom interrogatif ?

Le pronom **relatif** a généralement un antécédent qu'il remplace : la proposition qu'il introduit est une expansion d'un **nom** ou d'un **groupe nominal**.

Le pronom **interrogatif** n'a pas d'antécédent et la proposition qu'il introduit dépend d'un **verbe**.

Il demande à Achille [qui est le plus valeureux] de rester sous sa tente.
→ Qui pronom relatif (remplace Achille).

Je me demande [qui est le plus valeureux des Achéens].
→ Qui pronom interrogatif.

→ Fiche 13, p. 103.

2 Comment ne pas confondre *que* pronom relatif et *que* conjonction de subordination ?

Le pronom relatif *que* a un antécédent qu'il remplace alors que la conjonction de subordination *que* n'a pas d'antécédent et introduit une proposition qui complète le verbe (→ Fiche 5 et 15, p. 31 et p. 123).

Le texte [qu'Homère écrivit] est resté célèbre. Que remplace le texte et est COD du verbe écrivit. → Pronom relatif.

On dit [qu'Homère fut aveugle]. Que ne représente rien, il introduit la subordonnée conjonctive complétive. → Conjonction de subordination.

8 ★★ **Identifiez la nature des mots subordonnants soulignés dans les phrases complexes suivantes.**

1. Zeus voulut <u>que</u> les choses se passent ainsi. 2. Héphaïstos forgea le bouclier <u>que</u> Thétis lui avait demandé pour son fils Achille. 3. Patrocle supplia <u>qu'</u>on le laisse combattre à la place d'Achille. 4. Priam n'en voulut pas à Hélène <u>qui</u> avait causé la perte de Troie. 5. Andromaque demanda à Hector <u>qui</u> serait le prochain mort. 6. Hector ne répondit pas à Andromaque <u>qui</u> le suppliait. 7. Achille savait <u>que</u> son destin était de mourir jeune.

3 Quel est le mode des propositions subordonnées relatives adjectives ?

Les propositions subordonnées relatives adjectives sont **le plus souvent à l'indicatif**. Le **subjonctif** peut se rencontrer dans certaines propositions relatives adjectives déterminatives :

- si l'antécédent comporte un superlatif ou un adjectif comme *seul, premier, dernier* ;
- si la proposition principale dont dépend la relative implique une idée d'intention, de doute ou d'hypothèse.

C'est le plus rusé roi [que j'aie jamais rencontré]. → L'antécédent comporte un superlatif.

Achille est le seul homme [qui puisse réussir]. → L'antécédent comporte l'adjectif seul et souligne la virtualité de la réussite.

Thétis voulait pour son fils Achille un bouclier [qui soit le plus beau de tous]. → Le bouclier n'a pas encore été fabriqué, c'est un souhait, un fait envisagé dans la pensée et non considéré dans sa réalité.

Tous souhaitent une navigation [qui soit sans tempête]. → La navigation n'a pas encore eu lieu, c'est une projection.

9 ★ **Mettez les formes verbales des relatives au mode voulu. Justifiez votre réponse.**

1. Le vieux Priam est le seul qui (pouvoir) fléchir la colère d'Achille. 2. Pénélope dans Ithaque pleure depuis vingt ans un époux qui ne (revenir) pas. 3. L'Iliade est l'un des premiers textes qui m'(avoir) bouleversée. 4. La plus belle guerre qui (être) est celle qui (être) finie. 5. Hélène est la plus belle et la plus malheureuse femme qui (avoir existé) sur terre.

S'ENTRAINER

10 ★ **Repérez, dans le texte suivant, les propositions subordonnées relatives et les pronoms relatifs qui les introduisent.**

Normalement, je n'aime pas les épopées guerrières, ces récits qui magnifient des combats que nul pourtant n'aimerait avoir menés. Mais je dois avouer que l'Iliade et l'Odyssée sont deux textes à part, auxquels je suis venue par la volonté d'une mère attentive aux livres que je devais lire ou non. Elle voulait pour sa fille le mieux, à quoi ses propres parents avaient oublié de la préparer, englués dans un quotidien dont ils souffraient pourtant de la médiocrité. *Contes et légendes tirés de l'Iliade et de l'Odyssée* était le titre du livre que je reçus le jour de mes dix ans. Je le lus d'une traite, dans la nuit. Et ces récits homériques ne me quittèrent plus.

11 ★★ **Relevez, dans les vers suivants tirés d'*Andromaque* de Racine, les pronoms relatifs. Indiquez leur antécédent et leur fonction dans les subordonnées relatives.**

1. Je passais jusqu'aux lieux où l'on garde mon fils. 2. Je souffre tous les maux que j'ai faits devant Troie. 3. Excuse un malheureux qui perd tout ce qu'il aime, / Que tout le monde hait, et qui se hait lui-même. 4. Songe, songe, Céphise à cette nuit cruelle / Qui fut pour tout un peuple une nuit éternelle. 5. Andromaque m'arrache un cœur qu'elle déteste.

12 ★★ **Relevez les différents types de subordonnées relatives dans les phrases suivantes. Les relatives adjectives sont-elles explicatives ou déterminatives ?**

1. Qui veut voir disparaitre définitivement Troie doit tuer aussi le fils d'Hector. 2. Epéios construit un cheval géant en bois creux, dans lequel se cache un groupe de soldats menés par Ulysse. 3. Le cheval de Troie permit aux Achéens, qui assiégeaient Troie depuis dix ans, de forcer l'entrée de la ville. 4. La ruse qui fit trouver ce stratagème à Ulysse est une ruse fameuse. 5. Le virus appelé cheval de Troie est un logiciel en apparence légitime, qui contient cependant une fonctionnalité malveillante.

CORRIGÉS

1 1. *qui erra si longtemps avant de revoir son ile*. Complément de l'antécédent *l'homme aux mille ruses*. 2. *dont personne ne se méfierait*. Complément de l'antécédent *mendiant*. 3. *où son père Ulysse était avec lui*. Complément de l'antécédent *le temps*. 4. *que l'épopée rendrait éternels*. Complément de l'antécédent *Achille et Ulysse*. 5. *qui donna son nom à* l'Iliade. Complément de l'antécédent *Ilion*.

2 1. *qu'on lui avait ôtée trop tôt*. Le pron. relatif *qu(e)* a pour antécédent *une vie*. 2. *que les compagnons de Patrocle versent*. Le pron. relatif *que* a pour antécédent *les larmes*. 3. *qui calme les peines de l'âme*. Le pron. relatif *qui* a pour antécédent *le doux sommeil*. 4. *qui avaient vu combattre Patrocle*. Le pron. relatif *qui* a pour antécédent *tous les hommes*. 5. *où se consume le corps de son ami*. Le pron. relatif *où* a pour antécédent *le bucher*.

3 1. Euryclée, qui était sa servante, fut la première à reconnaitre Ulysse.
2. Achille avait un ami qui s'appelait Patrocle
3. C'est une guerre fameuse qu'Homère a chantée.
4. La nymphe Calypso aimait Ulysse qu'elle retint dans son ile.
5. Troie est une ville réelle dont on a retrouvé les ruines.
6. On peut aujourd'hui contempler la plaine où les combats ont eu lieu. On peut aujourd'hui contempler la plaine dans laquelle les combats ont eu lieu.
7. Achille avait un bouclier magnifique que le dieu Héphaïstos avait forgé.
8. Priam s'avança sur les remparts depuis lesquels il voyait toute son armée.

4 1. *qui fut absent de son ile d'Ithaque pendant vingt ans* : le pronom relatif *qui* est sujet du verbe *fut*. 2. *où Achéens et Troyens vont combattre* : le pronom relatif *où* est CC lieu. 3. *dont elle est la mère* : le pronom relatif *dont* est compl. du nom *mère*. 4. *qui périssaient* ; le pronom relatif *qui* est sujet du verbe *périssaient*. 5. *à laquelle les historiens font remonter la bataille mythique de Troie* : le pronom relatif *luquelle* est COI de *faire remonter*. 6. *pendant lesquels de nombreux guerriers moururent* : le pronom relatif *lesquels* est CC de temps. 7. *que tous admirent* : le pronom relatif *que* est COD du verbe *admirent*.

5 1. atteint. 2. donné. 3. versés. 4. rendu. 5. perdue. 6. faites. 7. devenue.

6 1., 4., 6., 7 : explicatives. 2., 3., 5 : déterminatives.

7 1. *qui il voulait sur l'Olympe* : COD de *inviter*. 2. *à qui tu sais* : COI de *penser*. 3. *à qui voulait écouter* : COI de *prophétiser*. 4. *ce que demandait Achille* : sujet de *convenir*. 5. *qui désobéit à Zeus* : sujet de *risquer*.

8 1. Conjonction de subordination 2. Pronom relatif, il représente *le bouclier*. 3. Conjonction de subordination 4. Pronom relatif, il représente *Hélène*. 5. Pronom interrogatif. 6. Pronom relatif, il représente *Andromaque*. 7. Conjonction de subordination.

9 1. *puisse* : subjonctif après l'antécédent *le seul*. 2. *revient* : indicatif car c'est un constat avéré. 3. *ait* : subjonctif après l'antécédent *un des premiers textes*. 4. *soit* : subjonctif après le superlatif *la plus belle* ; *est finie* : indicatif du constat. 5. *ait existé* : subjonctif après le superlatif.

10 *qui magnifient des combats / que nul pourtant n'aimerait avoir menés / auxquels je suis venue par la volonté d'une mère attentive aux livres que je devais lire ou non / à quoi ses propres parents avaient oublié de la préparer, englués dans un quotidien dont ils souffraient pourtant de la médiocrité / que je reçus le jour de mes dix ans.*

11 1. *où*. Antécédent : *aux lieux*, CC de lieu. 2. *que*. Antécédent : *tous les maux*, COD du verbe *faire*. 3. *qui*. Antécédent : *un malheureux*, sujet du verbe *perdre* / *ce que*, antécédent : *tout*, COD du verbe *aimer* ; *que*. Antécédent : *un malheureux*, COD du verbe *haïr* ; *qui*. Antécédent : *un malheureux*, sujet du verbe *se haïr*. 4. *Qui*. Antécédent : *cette nuit cruelle*, sujet du verbe *être*. 5. *Qu'*. Antécédent : *un cœur*, COD du verbe *détester*.

12 1. *Qui veut voir disparaitre définitivement* : relative substantive. 2. *dans lequel se cache un groupe de soldats menés par Ulysse* : relative adjective explicative. 3. *qui assiégeaient Troie depuis dix ans* : relative adjective explicative. 4. *qui fit trouver ce stratagème à Ulysse* : relative adjective déterminative. 5. *qui contient cependant une fonctionnalité malveillante* : relative adjective explicative.

Chapitre 2

Les classes de mots

Chapitre 2

FICHE 8

Les déterminants

- *Pourquoi appelle-t-on ces mots des déterminants ?*
- *Comment différencier tous les déterminants ?*
- *Pourquoi parle-t-on d'articles indéfinis et de déterminants indéfinis ?*

LES BASES

1 Qu'est-ce qu'un déterminant ?

- En français, le déterminant est **un constituant obligatoire du groupe nominal**[1]. Si on le supprime, l'énoncé qui en résulte n'est plus grammaticalement correct :

  La cliente choisit un foulard. / *cliente choisit foulard.

  Certains déterminants sont **cumulables** :

  tous les foulards, les quelques foulards exposés.

- Le déterminant **détermine le nom qu'il précède.**
  - Comme son nom l'indique, sa fonction grammaticale est de déterminer le nom : le foulard ➜ le détermine le nom foulard.
  - Il donne un certain nombre d'**informations sur le nom** : son **genre** (masculin-féminin), son **nombre** (singulier-pluriel) et **s'accorde** donc avec lui.

    un client, une cliente, des clients/clientes ➜ C'est bien le déterminant qui s'accorde avec le nom et pas le contraire !

C'EST FACILE ! Comment le reconnaitre ?

– Il peut toujours être **remplacé par un autre déterminant** :

le foulard / ce foulard / mon foulard / chaque foulard / trois foulards...

– Il est presque toujours placé juste **avant le nom**, à quelques exceptions près :

le grand foulard ➜ L'adjectif grand s'intercale entre le déterminant et le nom.

1. Sauf dans des cas particuliers comme les proverbes (Pierre qui roule n'amasse pas mousse) ou dans certains usages comme un collier en or. Les noms propres (Pierre, Paris, Londres...), qui n'ont généralement pas de déterminant, peuvent en admettre un, dans certains cas : la France, un Paris ensoleillé, un Harpagon (➜ Fiche 9, p. 70).

1 ★ **Relevez les déterminants des noms soulignés.**

Des penseurs très sérieux se sont penchés sur l'art de la mode. Voltaire affirme son gout du faste : « J'aime le luxe, et même la mollesse, tous les plaisirs, les arts de toute espèce, la propreté, le gout, les ornements. Tout honnête homme a de tels sentiments. »

2 Quelles sont les différentes sortes de déterminants ?

Les déterminants	
Articles définis	le, la, les
Article défini élidé	l' (devant une voyelle et un *h* non aspiré)
Articles définis contractés	du (de + le), des (de + les), au (à + le), aux (à + les)
Articles définis partitifs	du (de + le), de la, de l' (devant une voyelle et un *h* non aspiré), des (de + les)
! **Articles** indéfinis	un, une, des, de
Déterminants possessifs	mon, ton, son, ma, ta, sa, mes, tes, ses, notre, votre, nos, vos, leur, leurs
Déterminants démonstratifs Ils commencent tous par c.	ce, ces, cet, cette, avec emploi éventuel de particules ajoutées au nom -ci ou -là
! **Déterminants** indéfinis	chaque, tout(e-s)[2], tous, certain(e-s), quelque(s), plusieurs, divers(e-s), maint(e)s, aucun(e), nul(le), tel(le)s, même(s), autre(s)...
Déterminants numéraux cardinaux. On peut les écrire aussi avec des chiffres.	deux, trois, dix, cent, mille...
Déterminants interrogatifs et exclamatifs	quel, quelle, quels, quelles

! ATTENTION D'où vient le terme « article » ?

Il y a des articles indéfinis et des déterminants indéfinis mais les articles indéfinis sont aussi des déterminants ! Tout vient du fait que les déterminants possessifs, démonstratifs, indéfinis, numéraux et interrogatifs étaient appelés « adjectifs ». Cependant, comme ces mots n'avaient aucune des propriétés syntaxiques des adjectifs, la nomenclature grammaticale de 1975 a

2. À différencier du *tout* adverbe, → Fiche 14, p. 115.

changé leur dénomination pour les appeler « déterminants ». C'est plus juste grammaticalement mais cela crée une confusion puisque c'est le terme générique utilisé pour l'ensemble de la classe et que les articles sont aussi des déterminants. Pour ces derniers, il faut donc toujours spécifier « article » ; c'est suffisant mais vous pourriez ajouter « déterminant ».

un (foulard) → déterminant, article indéfini, détermine le nom foulard.

2 ★ **Soulignez chaque nom commun et analysez son déterminant en vous aidant du tableau récapitulatif de la page 59.**

La galerie ouvrait sur des jardins. La : article défini, féminin singulier, détermine le nom galerie ; des : article indéfini, masculin pluriel, détermine le nom jardins.

1. Les passants se pressaient autour de la vitrine. **2.** Un grand miroir se trouve dans le hall. **3.** Vos avis intéressent les fabricants. **4.** Cent-trente échantillons de tissus sont disponibles dans le catalogue. **5.** Chaque œuvre est unique. **6.** Quelques modèles sont présentés dans la galerie. **7.** Ces tissus sont d'une grande finesse. Quelle beauté !

3 ★ **Relevez tous les déterminants démonstratifs.**

« Que désire Madame ? Ces gants de soie ou ces gants brodés ? », demanda le vendeur avec une certaine insistance à une dame, indécise. Cette cliente s'impatienta et confia tout bas à son amie : « Ah ! Ce vendeur ne me plait pas du tout ! Il me presse trop. S'il croit que je vais prendre ces gants-là, il se trompe ; je prends cet article-ci, moins cher. »

4 ★ **Relevez tous les déterminants possessifs. Indiquez chaque fois la personne et le nombre d'objets possédés.**

Remarque : La consigne demande de donner ces indications car un déterminant possessif varie en fonction de la personne qui possède et du nombre d'objets possédés.

Valentin met ses gants. Ses : une personne (Valentin) et plusieurs objets (gants).

1. Christian Louboutin lance sa marque en 1991. Ses chaussures, avec leur iconique semelle rouge, sont portées par les plus célèbres stars d'Hollywood. **2.** Des journalistes mettent leur talent et leurs qualités à commenter la mode ; tout au long de leur carrière, ils s'emploient à analyser ce phénomène social et favorisent son rayonnement international.

5 ★ **Relevez tous les déterminants numéraux cardinaux.**

« Toutes les ménagères [...], continuellement, tâtaient les « pendus » de l'entrée, un calicot à sept sous, une grisaille laine et coton à neuf sous, surtout un orléans à trente-huit centimes, qui ravageait les bourses pauvres. »

(É. Zola, *Au Bonheur des dames*, chapitre IX)

6 ★★ **Relevez, en les distinguant, tous les articles indéfinis et tous les déterminants indéfinis.**

Remarque : Faites bien la différence entre les articles indéfinis (un, une, des...) et les déterminants indéfinis (chaque, plusieurs, aucun...).

1. La mode est un phénomène universel qui touche tous les pays. **2.** Aucun secteur de l'activité humaine n'y échappe. Chaque domaine peut en dépendre. **3.** Nos choix vestimentaires relèvent parfois d'un désir de distinction mais aussi d'une volonté de conformisme social. **4.** Des chercheurs se sont penchés sur ce phénomène qui concerne tous les humains.

OUVRONS L'ŒIL

1 *Du / des* : article partitif ou article défini contracté ?

L'**article partitif** (*du, de la, de l', des*) est employé, comme son nom l'indique, pour désigner :

- **une partie de quelque chose non comptable**, que l'on ne peut pas quantifier :

  Tu bois du vin en mangeant de la tarte et moi je bois de l'eau en mangeant des rillettes. ➜ Les quatre déterminants soulignés sont des articles partitifs (dans les quatre cas, on ne peut pas préciser la quantité bue ou mangée).

- **un élément abstrait**, qui ne peut être compté :

  Il faut du panache et de l'énergie pour concevoir un défilé.

Des, partitif, est très rare et ne s'emploie en général qu'avec des termes qui ne se trouvent qu'au pluriel : des épinards, des rillettes...

C'EST FACILE ! Comment les différencier ?

– Pour reconnaitre ***du* et *des*, articles définis contractés**, remplacez-les par un **autre déterminant** :

l'emprise du luxe ➜ l'emprise de ce luxe ;

la finesse des dentelles ➜ la finesse de ces dentelles.

Vous pourrez ainsi isoler la préposition *de* qui est difficile à repérer à cause de la contraction.

– Pour reconnaitre ***du* et *des*, partitifs**, devant des noms désignant des choses non comptables, vous pouvez utiliser « **un peu de** » :

Il faut du caviar, des rillettes, du panache.

➜ Il faut un peu de caviar, un peu de rillettes, un peu de panache.

7 ★ Relevez les articles partitifs.

1. Son père lui a promis de lui donner de l'argent pour acheter des vêtements. **2.** Il buvait du vin de Bourgogne. **3.** Il met tout ce qu'il veut comme habits car il a du toupet. **4.** Je mange de la tarte aux pommes. **5.** Tu ajouteras du strass à cette toilette.

8 ★★ Pour chaque *du*, indiquez s'il s'agit d'un article défini contracté ou d'un article partitif et donnez une procédure de remplacement.

Je suis surprise par la fin du film. Du : article défini contracté (➜ la fin de ce film).
Je reprends du rôti. Du : article partitif (➜ je reprends le rôti ; un peu de rôti).

1. Au cours du mois de février, il skia plusieurs fois. **2.** Du début à la fin de chaque séjour, il lui fallut du courage, du travail et du ressort car il faisait partie du groupe des débutants et le temps était glacial. **3.** Il se protégea du froid et mit des gants très chauds. **4.** Le bout du nez a beaucoup souffert.

C'EST FACILE ! Comment différencier *des*, article indéfini, et *des*, article défini contracté ?

- ***des*, article indéfini** peut être remplacé par ***un(e)*** :

Il utilise <u>des</u> tissus colorés. ➜ Il utilise <u>un</u> tissu coloré.

- ***des*, article défini contracté** peut être remplacé par :

  – la forme au singulier ***du/de la*** :

L'imagination <u>des</u> créateurs ➜ L'imagination <u>du</u> créateur.

  – **un autre déterminant** :

L'imagination <u>des</u> créateurs ➜ L'imagination <u>de ces</u> créateurs.

9 ★★ Indiquez la nature précise des mots soulignés et donnez une procédure de remplacement.

Le ressort des matelas. Des : article défini contracté (➜ de ces matelas ou du matelas).
Des femmes s'habillent. Des : article indéfini (➜ une femme s'habille).

1. Les costumes <u>des</u> hommes ont <u>des</u> fonctions particulières : ils renvoient à <u>des</u> codes sociaux de distinction et à <u>des</u> impératifs de mode. **2.** La beauté <u>des</u> apparences prime sur d'autres critères ; la plupart <u>des</u> gens en conviennent. **3.** D'où vient l'ampleur <u>des</u> sensations que me cause la vue <u>des</u> beaux tissus ? **4.** Christian Lacroix a <u>du</u> succès. Son œuvre est une synthèse <u>des</u> différentes influences qui l'ont séduit. **5.** Le 1er juillet 2006, il est devenu président <u>du</u> conseil d'administration <u>du</u> centre national <u>du</u> costume de scène.

2 *De* déterminant ou *de* préposition ?

- ***de*** est généralement **préposition** (→ Fiche 14, p. 112) : le mur de briques.
- ***de*** peut aussi être une **variante de l'article indéfini *des*** quand celui-ci est suivi d'un adjectif ou d'un groupe adjectival : J'achète de beaux foulards.

C'EST FACILE ! Mettez la phrase au singulier

Je n'achète jamais de foulards. → Je n'achète jamais un foulard.

De est remplacé par un, c'est donc bien un déterminant.

- ***de*** peut aussi être une **variante de l'article indéfini *des*** ou de **l'article partitif *du, de la, de l'*** lorsqu'il fait partie d'un GN complément d'un verbe à la forme négative :

  Je n'achète jamais de foulards. Je ne bois pas de champagne.

C'EST FACILE ! Mettez la phrase à la forme affirmative

Je ne bois pas de champagne. → Je bois du champagne.

10 ★★ **Indiquez si le mot souligné est un déterminant ou une préposition. Donnez une procédure de remplacement pour les déterminants.**

Il éprouve de grandes inquiétudes. De : article indéfini (→ une grande inquiétude).

1. Les murs étaient surchargés de dorures et de peintures. **2.** De grands étalages étaient prévus au rez-de-chaussée du magasin. **3.** De superbes pièces de soie brillaient sur de beaux comptoirs cirés. **4.** Elle n'achète jamais de leggings opaques, ni de chaussettes à mi-mollets.

11 ★★ **Donnez la nature des mots soulignés.**

D'abord, ils furent séduits par un arrangement compliqué : en haut, des parapluies, posés obliquement, semblaient mettre un toit de cabane rustique ; dessous, des bas de soie, pendus à des tringles, montraient des profils arrondis de mollets, les uns semés de bouquets de roses, les autres de toutes nuances, les noirs à jour, les rouges à coins brodés, les chairs dont le grain satiné avait la douceur d'une peau de blonde ; enfin, sur le drap de l'étagère, des gants étaient jetés symétriquement, avec leurs doigts allongés, leur paume étroite de vierge byzantine, cette grâce raidie et comme adolescente des chiffons de femme qui n'ont pas été portés.

(É. Zola, *Au Bonheur des dames*, chapitre I)

3 Comment différencier déterminants et pronoms ?

Selon les contextes, certains mots peuvent être déterminants ou pronoms (→ Fiche 12, p. 99).

C'EST FACILE !

Pour bien distinguer les pronoms et les déterminants, concentrez votre attention sur les déterminants : ils accompagnent presque toujours un nom[3]. Aussi, **cherchez le groupe nominal** !

[Tous les amis] sont partis. → tous est un déterminant qui détermine le nom amis.

Tous sont partis. → tous fonctionne tout seul : c'est un pronom indéfini.

12 ★★★ **Indiquez si les mots soulignés sont des déterminants ou des pronoms. Donnez une procédure d'identification.**

Tout homme est libre de partir. Tout (homme) : déterminant indéfini, détermine le nom homme ; peut être remplacé par un autre déterminant : *un* homme.

Chacun est libre de partir. Chacun : pronom mis à la place du GN ; *chaque* homme.

1. Les créations de <u>certains</u> couturiers sont entrées dans les musées d'art. **2.** Parmi les œuvres de cet artiste, <u>certaines</u> sont devenues mondialement célèbres. **3.** <u>Tout</u> artiste est un être sensible. **4.** <u>Tous</u> pensaient la même chose. **5.** <u>Quel</u> mannequin est devenu très célèbre ? **6.** <u>Aucun</u> livre ne m'a intéressé autant que celui-là.

ATTENTION ***le, les, la, l'* peuvent être articles définis ou pronoms personnels**

– [<u>Le</u> champagne] est débouché. → le est un article défini qui détermine le nom champagne et peut être remplacé par un autre déterminant : <u>ce</u> champagne.

Je <u>le</u> bois frais. → le est un pronom personnel et il remplace le champagne.

– [Les bouteilles] sont débouchées. → les est un article défini qui détermine le nom bouteilles et peut être remplacé par un autre déterminant : <u>ces</u> bouteilles.

Je <u>les</u> ai appréciées. → les est un pronom personnel qui remplace les bouteilles.

→ Fiche 12, p. 99.

13 ★★★ **Indiquez si les mots soulignés sont des déterminants ou des pronoms personnels. Donnez une procédure de remplacement.**

<u>Les</u> paysages défilent. Les (paysages) : article (défini) ; peut être remplacé par un autre déterminant : des paysages.

Je <u>les</u> contemple. Les est un pronom personnel (remplace le GN les paysages).

3. Ils peuvent aussi accompagner un pronom : Tous <u>ceux</u> qui viendront seront acceptés.

1. Elle a pris <u>les</u> articles importants et <u>les</u> a rangés sur l'étagère. **2.** <u>L</u>'eau de <u>la</u> source coule sans arrêt et nous <u>l</u>'apprécions chaque été. **3.** Je <u>la</u> revois encore, cette colline ; <u>la</u> lumière du matin <u>la</u> colorait chaudement. **4.** <u>Les</u> grands parcs sont magnifiques ; <u>les</u> randonneurs <u>les</u> parcourent avec ardeur.

S'ENTRAINER

14 Analysez les déterminants soulignés.

★★

L'exemple. l' : article défini élidé, masculin singulier, détermine le nom exemple.

1. À l'occasion de <u>chaque</u> défilé, il faudrait souligner <u>l</u>'importance <u>des</u> « petites mains » que <u>le</u> monde entier envie à la France. **2.** Prenons l'exemple de la Maison Lesage, près <u>du</u> canal de l'Ourcq à Paris. <u>Cet</u> atelier conserve <u>soixante-mille</u> échantillons de broderies artistiques, qui peuvent donner <u>des</u> idées <u>aux</u> créateurs. **3.** <u>Quel</u> beau patrimoine ! Le savoir-faire de <u>ces</u> professionnels est inestimable. Souhaitons-leur <u>du</u> succès.

15 Relevez les déterminants et donnez la nature exacte de chacun d'eux.

★★★

1. Dans la mythologie, Hermès est le messager des dieux, le gardien des routes, des voyageurs et du commerce. **2.** Il conduisait les âmes aux enfers. Mais Hermès est également une société française travaillant dans la maroquinerie de luxe, le domaine du prêt-à-porter et des arts de la table. **3.** Cette entreprise, fondée en 1837 par Thierry Hermès, était, à l'origine, une manufacture qui produisait des harnais et des selles. **4.** Chaque produit était de qualité. Des héritiers du nom la dirigent encore.

16 Mêmes consignes.

★★★

1. Jean-Paul Gaultier est un styliste français, en rupture avec les conventions de la mode. Il propose le corset aux femmes, la jupe aux hommes et fait de la marinière son symbole. **2.** Il conçoit tous ses défilés comme des spectacles et ses mannequins ne sont pas forcément choisis en fonction des canons de la beauté. **3.** Cet esprit frondeur le distingue des autres créateurs. Il a, indéniablement, du savoir-faire. **4.** En 2011, une exposition au Musée des Beaux-Arts de Montréal a permis de revenir sur ses trente-cinq années de création, avec cent-vingt pièces de haute couture.

17 Les termes soulignés sont-ils des déterminants ? Si oui, expliquez comment vous les avez identifiés et donnez-en la nature exacte.

★★★

1. Quelquefois, <u>les</u> coiffures montent insensiblement, et une révolution <u>les</u> fait descendre tout à coup. **2.** Il a été un temps que <u>leur</u> hauteur immense mettait <u>le</u> visage d'une femme au milieu d'elle-même. **3.** Dans un autre,

c'étaient les pieds qui occupaient cette place : les talons faisaient un piédestal qui les tenait en l'air. **4.** Qui pourrait le croire ? **5.** Les architectes ont été souvent obligés de hausser, de baisser et d'élargir leurs portes, selon que les parures exigeaient d'eux ce changement.
(Montesquieu, *Lettres persanes*, 99, « Les Caprices de la mode »)

CORRIGÉS

1 *Des (penseurs)* ; *l'(art)* ; *la (mode)* ; *son (gout)* ; *du (faste)* ; *le (luxe)* ; *la (mollesse)* ; *tous les (plaisirs)* : ici deux déterminants, *tous* et *les* ; *les (arts)* ; *toute (espèce), la (propreté), le (goût), les (ornements)* ; *tout (honnête homme), tels (sentiments).*

2 **1.** *Les passants* : art. déf., masc. plur., détermine le nom *passants* ; *la vitrine* : art. déf., fém. sing., détermine le nom *vitrine*. **2.** *Un miroir* : art. indéf., masc. sing., détermine le nom *miroir* ; *le hall* : art. déf., masc. sing., détermine le nom *hall*. **3.** *Vos avis* : dét. possessif, masc. plur., détermine le nom *avis* ; *les fabricants* : art. déf., masc. plur., détermine le nom *fabricants*. **4.** *Cent-trente échantillons* : dét. numéral cardinal, masc. plur., détermine le nom *échantillons* ; *tissus* n'a pas de déterminant ; *le catalogue* : art. déf., masc. sing., détermine le nom *catalogue*. **5.** *Chaque œuvre* : dét. indéf., fém. sing., détermine le nom *œuvre*. **6.** *Quelques modèles* : dét. indéf., masc. plur., détermine le nom *modèles* ; *la galerie* : art. déf., fém. sing., détermine le nom *galerie*. **7.** *Ces tissus* : dét. démonstratif, masc. plur., détermine le nom *tissus* ; *une finesse* : art. indéf., fém. sing., détermine le nom *finesse* ; *Quelle beauté* : dét. exclamatif, fém. sing., détermine le nom *beauté*.

3 *Ces (gants de soie)* ; *ces (gants brodés)* ; *Cette (cliente)* ; *Ce (vendeur)* ; *ces (gants)-là* ; *cet (article)-ci*. **Remarque :** Dans ces deux dernières occurrences, le déterminant démonstratif est renforcé par une particule d'origine adverbiale, *-là* ou *-ci*.

4 **1.** *sa (marque)* : une seule personne (Louboutin) possède une seule marque ; *ses (chaussures)* : une seule personne (Louboutin) possède plusieurs objets (*chaussures*) ; *leur (semelle)* : il y a plusieurs objets (les chaussures) mais chacun ne possède qu'une semelle. **2.** *leur (talent)* : plusieurs personnes (journalistes) dont chacune possède un seul talent ; *leurs (qualités)* : plusieurs personnes (journalistes) qui possèdent plusieurs qualités ; *leur (carrière)* : plusieurs personnes (journalistes) dont chacune a une seule carrière ; *son (rayonnement)* : un seul élément (le phénomène) qui ne possède qu'un rayonnement.

5 *Sept (sous)* ; *neuf (sous)* ; *trente-huit (centimes).*

6 **1.** *Un (phénomène)* : art. indéf. ; *tous (les pays)* : dét. indéf. **2.** *Aucun (secteur), chaque (domaine)* : deux dét. indéf. **3.** *Un (désir), une (volonté)* : deux art. indéf. **4.** *Des (chercheurs)* : art. indéf. ; *tous (les humains)* : dét. indéf.

7 1. *De l'(argent).* 2. *du (vin de Bourgogne).* 3. *du (toupet).* 4. *de la (tarte).* 5. *du (strass).*

8 1. *du (mois)* : article déf. contracté (= de ce mois). 2. *du (début)* : article déf. contracté (= de ce début) ; *du (courage), du (travail), du (ressort)* : articles partitifs (= un peu de courage, = un peu de travail, = un peu de ressort) ; *du (groupe)* : article déf. contracté (= de ce groupe). 3. *du (froid)* : article déf. contracté (= de ce froid). 4. *du (nez)* : article déf. contracté (= de ce nez).

9 1. *des (hommes)* : art. déf. contracté (= de ces hommes) ; *des (fonctions)* : art. indéf. (= une fonction) ; *des (codes)* : art. indéf. (= à un code) ; *des (impératifs)* : art. indéf. (= à un impératif). 2. *des (apparences)* : art. déf. contracté (= de ces apparences) ; *des (gens)* : art. déf. contracté (= de ces gens). 3. *des (sensations)* : art. déf. contracté (= de ces sensations) ; *des (beaux tissus)* : art. déf. contracté (= de ces beaux tissus). 4. *du (succès)* : art. partitif (= un peu de succès) ; *des (différentes influences)* : art. déf. contracté (= de ces différentes influences). 5. *du (conseil d'administration)* : art. déf. contracté (= de ce conseil d'administration) ; *du (centre national)* : art. déf. contracté (= de ce centre national) ; *du (costume de scène)* : art. déf. contracté (= de ce costume de scène).

10 1. *de (dorures) et de (peintures)* : prép. ; 2. *de (grands étalages)* : art. indéf. (= un grand étalage) ; *(rez)-de-(chaussée)* : prép. 3. *de (superbes pièces)* : art. indéf. (= une superbe pièce) ; *de (soie)* : prép. ; *de (beaux comptoirs)* : art. indéf. (= un beau comptoir). 4. *de (leggings), de (chaussettes)* : art. indéf. (= un legging ; une chaussette).

11 *Un (arrangement)* : art. indéf. ; *des (parapluies)* : art. indéf. ; *de (cabane)* = prép. ; *des (bas)* = art. indéf. ; *des (tringles)* = art. indéf. ; *des (profils)* = art. indéf. ; *de (mollets)* = prép. ; *de (bouquets)* = prép. ; *de (roses)* = prép. ; *de (toutes nuances)* = prép. ; *de (blonde)* = prép. ; *de (l'étagère)* = prép. ; *des (gants)* = art. indéf. ; *leurs (doigts)* : déterminant possessif ; *cette (grâce)* : déterminant démonstratif ; *des (chiffons)* = art. déf. contracté ; *de (femme)* = prép.

12 1. *certains (couturiers)* : dét. (indéf.) ; détermine un nom et peut être remplacé par un autre déterminant (<u>ces</u> couturiers). 2. *certaines (sont devenues)* : pron. (indéf.) car il remplace un GN, *certaines œuvres*. 3. *Tout artiste* : dét. (indéf.) ; détermine un nom et peut être remplacé par un autre déterminant (<u>un</u> artiste). 4. *Tous (pensaient)* : pron. (indéf.) ; mis à la place d'un nom ou d'un groupe nominal (les personnes, les hommes, par exemple). 5. *Quel (mannequin)* : dét. (interrogatif) ; détermine un nom et peut être remplacé par un autre déterminant (<u>un</u> mannequin). 6. *Aucun (livre)* : dét. (indéf.) ; il détermine un nom et peut être remplacé par un autre déterminant (<u>un</u> livre).

13 1. *les (articles importants)* : art. déf. ; détermine un nom et peut être remplacé par un autre déterminant (<u>des</u> articles) ; *les (a rangés)* : pron. pers. (remplace un GN, *les articles*). 2. *L'(eau)* : art. déf. élidé ; détermine un nom et peut être remplacé par un autre déterminant (<u>une</u> eau) ; *la (source)* : art. déf. ; détermine un nom et peut être remplacé par un autre déterminant (<u>cette</u> source) ; *(nous) l'(apprécions)* : pron. pers. (remplace un GN, *la source*). 3. *(Je) la (revois)* : pron. pers. (remplace un GN, *cette colline*) ; *la (lumière)* : art. déf. ; détermine un nom et peut être remplacé par un autre déterminant (<u>une</u> lumière) ;

la (colorait) : pron. pers. (remplace un GN, *cette colline*). **4.** *Les (grands parcs)* : art. déf. ; détermine un nom et peut être remplacé par un autre déterminant (ces grands parcs) ; *les (randonneurs)* : art. déf. ; détermine un nom et peut être remplacé par un autre déterminant (des randonneurs) ; *les (parcourent)* : pron. pers. (remplace un GN, *les parcs*).

14 **1.** *chaque (défilé)* : dét. indéf., masc. sing., détermine le nom *défilé* ; *l'(importance)* : art. déf. élidé, fém. sing., détermine le nom *importance* ; *des (petites mains)* : art. déf. contracté, fém. plur., détermine le nom *mains* ; *le (monde entier)* : art. déf., masc. sing., détermine le nom *monde*. **2.** *du (canal de l'Ourcq)* : art. déf. contracté, masc. sing., détermine le nom *canal*. *Cet (atelier)* : dét. démons., masc. sing., détermine le nom *atelier* ; *soixante-mille (échantillons)* : dét. numéral cardinal, masc. plur., détermine le nom *échantillons* ; *des (idées)* : art. indéf., fém. plur., détermine le nom *idées* ; aux *(créateurs)* : art. déf. contracté, masc. plur., détermine le nom *créateurs*. **3.** *Quel (beau patrimoine)* : dét. exclamatif, masc. sing., détermine le nom *patrimoine* ; *ces (professionnels)* : dét. démons., masc. plur., détermine le nom *professionnels* ; *du (succès)* : art. partitif, masc. sing., détermine le nom *succès*.

15 **1.** *la (mythologie)* : art. déf. ; *le (messager)* : art. déf. ; *des (dieux)* : art. déf. contracté ; *le (gardien)* : art. déf. ; *des (routes)* : art. déf. contracté ; *des (voyageurs)* : art. déf. contracté ; *du (commerce)* : art. déf. contracté. **2.** *les (âmes)* : art. déf. ; *aux (enfers)* : art. déf. contracté ; *une (société)* : art. indéf. ; *la (maroquinerie)* : art. déf. ; *le (domaine)* : art. déf. ; *du (prêt-à-porter)* : art. déf. contracté ; *des (arts)* : art. déf. contracté ; *la (table)* : art. déf. **3.** *Cette (entreprise)* : dét. démons. ; *l'(origine)* : art. déf. élidé ; *une (manufacture)* : art. indéf. ; *des (harnais)* : art. indéf. ; *des (selles)* : art. indéf. **4.** *Chaque (produit)* : dét. indéf. ; *des (héritiers)* : art. indéf. ; *du (nom)* : art. déf. contracté.

16 **1.** *un (styliste)* : art. indéf. ; *les (conventions)* : art. déf. ; *la (mode)* : art. déf. ; *le (corset)* : art. déf. ; *aux (femmes)* : art. déf. contracté ; *la (jupe)* : art. déf. ; *aux (hommes)* : art. déf. contracté ; *la (marinière)* : art. déf. ; *son (symbole)* : dét. poss. **2.** *tous (ses défilés)* : dét. indéf. ; *(tous) ses (défilés)* : dét. poss. ; *des (spectacles)* : art. indéf. ; *ses (mannequins)* : dét. possessif ; *des (canons)* : art. déf. contracté ; *la (beauté)* : art. déf. **3.** *Cet (esprit)* : dét. démons. ; *des (autres créateurs)* : art. déf. contracté ; *(des) autres (créateurs)* : dét. indéf. ; *du (savoir-faire)* : art. partitif. **4.** *une (exposition)* : art. indéf. ; *au (Musée)* : art. déf. contracté ; *des (Beaux-Arts)* : art. déf. contracté ; *ses (trente-cinq années)* : dét. poss. ; *(ses) trente-cinq (années)* : dét. numéral cardinal ; *cent-vingt (pièces)* : dét. numéral cardinal. **Remarque :** Il ne fallait pas relever les prépositions introduisant un GN : *de la mode*, *de la marinière*.

17 **1.** *les (coiffures)* : art. déf. (détermine le nom *coiffures*) ; *les (fait descendre)* : pron. pers. **2.** *leur (hauteur)* : dét. poss. (détermine le nom *hauteur*) ; *le (visage)* : art. déf. (détermine le nom *visage*). **3.** *les (pieds)* : art. déf. (détermine le nom *pieds*) ; *cette (place)* : dét. démons. (détermine le nom *place*) ; *un (piédestal)* : art. indéf. (détermine le nom *piédestal*) ; *les (tenait en l'air)* : pron. pers. **4.** *le (croire)* : pron. pers. **5.** *leurs (portes)* : dét. poss. (détermine le nom *portes*) ; *les (parures)* : art. déf. (détermine le nom *parures*) ; *ce (changement)* : dét. démons. (détermine le nom *changement*).
Remarque : Les pronoms personnels relevés ne déterminent aucun nom, par définition.

Chapitre 2

FICHE

9

Le nom

- *Quelle différence y a-t-il entre un nom et un groupe nominal ?*
- *Pourquoi est-ce utile d'identifier les différentes sortes de noms ?*
- *N'importe quel mot peut-il devenir un nom ?*

LES BASES

1 Comment identifier un nom ?

- **Il est généralement précédé d'un déterminant** (→ Fiche 8, p. 58) :
  une entrée, le rôti, deux desserts, quelques mignardises...
- Il constitue **le noyau du groupe nominal** (abréviation : GN) qui peut être :
  - **minimal** (déterminant + nom) : le plaisir ;
  - **étendu**, grâce à des expansions : le grand plaisir des papilles (→ Fiche 20, p. 163).

Il constitue aussi **le noyau du groupe nominal prépositionnel**, un groupe nominal précédé d'une préposition (→ Fiche 14, p. 116).

- **Il tient son genre de lui-même** : gastronomie est toujours féminin, art est toujours masculin, par exemple.

C'EST FACILE ! Comment différencier un nom et un groupe nominal ?

Comme son nom l'indique, un « groupe » nominal « regroupe » plusieurs mots. Il comprend, au minimum, un déterminant et un nom ; ce nom est le noyau du groupe (d'où le terme « nominal »).

le plaisir est un GN (déterminant + nom) ; plaisir (tout seul, sans déterminant) est un nom.

1 ★ **Soulignez les noms dans les phrases suivantes.**

1. La « nouvelle cuisine » aime les cuissons courtes et les sauces légères.
2. Les cuisiniers qui la pratiquent rejettent les recettes traditionnelles.

3. Ils travaillent les produits du marché. 4. Ils préfèrent la cuisson avec les papillotes ou à la vapeur. 5. Dans un souci diététique, les portions servies sont plus petites que dans la cuisine traditionnelle.

2 ★★ **Soulignez les noms et entourez le groupe nominal minimal (déterminant + nom).**

Remarque : Cet exercice peut vous permettre de réviser la fiche précédente sur les déterminants. Essayez alors d'identifier la nature exacte du déterminant.
[Le repas] : le ➜ article défini.

1. Le « repas gastronomique français » est inscrit sur la liste du patrimoine culturel immatériel de l'humanité, en 2010. 2. Il s'agit d'un repas festif qui célèbre des moments importants de la vie des personnes et de la communauté, comme les naissances, les mariages, les anniversaires, les succès… 3. Quelques composantes : l'excellente qualité des produits ; le mariage étudié entre les mets et les vins ; l'attention portée à la décoration de la table ; des gestes liés à la dégustation (humer et gouter).

2 Quelles sont les différentes sortes de noms ?

A Nom commun et nom propre

- **Le nom commun** gâteau désigne virtuellement tous les gâteaux possibles.
- **Le nom propre** Louis désigne une seule personne ; ce nom lui est donc propre.

Le nom propre n'a généralement pas de déterminant, sauf les noms géographiques (la France, la Loire…) et certains mots : un Saint-Honoré.

- Un groupe nominal peut avoir pour noyau un nom commun ou un nom propre : un macaron ; un Paris-Brest.

C'EST FACILE !

Le nom propre a toujours une **majuscule**, à ne pas confondre avec la majuscule en début de phrase !

3 ★ **a. Relevez les noms propres. b. Entourez le groupe nominal minimal en soulignant le nom noyau.**

Remarque : N'hésitez pas à identifier la nature exacte du déterminant si vous le pouvez pour réviser vos connaissances sur les déterminants (➜ Fiche 8, p. 59).
[la marquise] : la ➜ article défini.

1. La marquise de Sévigné a raconté les conditions de la mort de Vatel à sa fille, la comtesse de Grignan. 2. Le prince de Condé, dont il était le maitre d'hôtel, lui avait confié la tâche d'organiser une fête pour Louis XIV avec trois-mille invités. 3. Mais un jour, un retard dans la livraison du poisson a fait croire à Vatel qu'il ne serait pas livré. 4. Pour ne pas survivre à ce déshonneur, il s'est poignardé. 5. Le poisson est arrivé peu après.

B Nom concret et nom abstrait

- le pain, la fleur, le tissu... → **Nom concret** (le référent est accessible par un des cinq sens).
- la gourmandise, l'appétit, la saveur... → **Nom abstrait** (renvoie à un élément non perceptible).

C Nom animé et nom non animé

- le pâtissier, la cliente, la vache, un chat → **Nom animé** (renvoie à un être vivant humain ou non humain, généralement capable de se nourrir).
- le couteau, le four... → **Nom non animé** (renvoie à une chose).

On distingue noms animés et noms non animés car certains pronoms de reprise les concernant sont différents : *lui, elle(s), leur, eux* (généralement, pour les noms animés), *y* et *en* (pour les noms non animés).

– J'ai parlé de lui. → J'ai parlé d'Arthur, du cuisinier, de mon frère...

J'en avais ramassé. → J'avais ramassé des pissenlits, de l'argent, des feuilles mortes...

– J'y réfléchis. → Je réfléchis au projet, au menu, à l'avenir...

Je pense souvent à elle. → Je pense souvent à Maëva, à ma fille...

– Qui vas-tu voir ? → Raphaël, un professionnel... Qui renvoie obligatoirement à un nom animé.

Que vas-tu manger ? → Des légumes, de la viande... Que renvoie obligatoirement à un nom non animé.

4 ★★ **Remplacez les noms ou GN soulignés par un pronom.**

1. J'ai cueilli cinq fleurs pour agrémenter la table. 2. En Occident, on réserve un espace de table de 60 à 70 cm à chaque convive. 3. On commence le service par les dames et on le termine par le maitre de maison. 4. Les arts de la table se conforment aux traditions. 5. Il est mal vu de discuter de ses problèmes personnels à table. 6. Cette exposition illustre certains aspects des arts de la table.

D Nom comptable et nom non comptable

- **Les noms comptables**, contrairement aux noms non comptables (dits aussi « massifs »), **peuvent se dénombrer**, se mettre au pluriel et être déterminés par un déterminant numéral :

  Je prendrai dix <u>chouquettes</u>. → **Nom comptable** : il peut être mis au pluriel et être quantifié ; dix est un déterminant numéral cardinal.

  Je prendrai du <u>caramel</u>. → **Nom non comptable (massif)** : un peu ou beaucoup de caramel mais il ne peut être quantifié ; du est un article partitif.

- **Seuls les noms non comptables peuvent s'employer avec l'article partitif** (dont le nom indique bien que l'on ne retient qu'une partie de l'élément, → Fiche 8, p. 59 et 61).

Mais dans la phrase Je prendrai trois caramels, le nom caramels (employé au sens de « bonbons au caramel ») est comptable.

5 ★★★ **Indiquez si les noms soulignés sont comptables ou non, selon le contexte de la phrase.**

Remarque : Pour réviser les déterminants, repérez les articles partitifs.

1. Du <u>poisson</u>, du <u>riz</u> ou des <u>nouilles</u> constituent la base de la cuisine japonaise.
2. Les <u>sushis</u> sont des bouchées servies par paire ou en assortiment.
3. Certains plats sont relevés avec du <u>wasabi</u>, une sorte de moutarde.
4. Ils consomment des <u>cacahouètes</u> et des <u>pois</u> de soja vert.
5. Les <u>brochettes</u> yakitori sont grillées.

6 ★★★ **a. Encadrez les GN minimaux en soulignant le nom noyau pour chacun.**
b. Relevez 3 noms abstraits.
c. Relevez 3 noms concrets non comptables.

Lorsque la soupe fumante apparut, la clef du mystère nous fut délicieusement donnée. Ah ! Mes amis, écoutez bien. Des clovisses juteuses, à peine plus grosses qu'une noisette, mélangées à des biscuits de mer émiettés et à du porc salé finement émincé, composaient cette soupe enrichie de beurre et généreusement assaisonnée de sel et de poivre. Un voyage hivernal nous avait aiguisé l'appétit. Queequeg se trouvait devant son plat favori, la soupe était une réussite parfaite. (Herman Melville, *Moby Dick*, XV, traduit par Jean Giono, Lucien Jacques et Joan Smith, 1941 © Gallimard)

3 Quelles sont les marques du genre ?

- **Le genre des noms animés** faisant partie du monde familier **est souvent lié au sexe** (un homme/une femme, un cheval/une jument) mais parfois, il est arbitraire : une baleine, un cachalot ; une sardine, un anchois.
- **Le genre des noms non animés est arbitraire :** il faut le connaitre ou se servir d'un dictionnaire pour utiliser le déterminant adapté.

La distinction masculin-féminin peut se faire notamment par…	Exemples
l'ajout d'un *e* au nom masculin, avec ou sans modification de la prononciation	ami-e ; rival-e… client-e ; marchand-e…
une modification ou un changement du suffixe, très souvent accompagné(e) d'une modification de la prononciation	manuel/manuelle… cuisinier/cuisinière ; champion/championne ; serveur/serveuse ; directeur/directrice…
l'ajout d'un suffixe	hôte/hôtesse ; poule/poulet…
le changement de la consonne finale	sportif/sportive ; loup/louve…
l'emploi de mots différents	monsieur/madame ; la vache/le taureau…
l'emploi du déterminant masculin ou féminin lorsqu'il n'y a qu'un seul mot	un/une secrétaire ; un /une enfant ; un/une gastronome, un/une convive…

- **Certains noms ne sont qu'au masculin :** un gourmet, un successeur, un cafetier… **ou au féminin** : une sage-femme, une lingère…
  C'est parfois lié aux professions anciennement pratiquées soit par des hommes, soit par des femmes.
  La féminisation des métiers a fait couler beaucoup d'encre mais les noms commencent à se féminiser : professeure, auteure, écrivaine, doctoresse…
- **Certains homonymes sont distingués par le genre :**
  la livre/le livre, le moule/la moule…

OBJECTIF 0 FAUTE

Pour les noms et les adjectifs ayant comme suffixes *-ien* et *-(i)on*, doublez le *n* au féminin :

gardien → gardienne ; lion → lionne.

végétarien → végétarienne ; poltron → poltronne.

7 ★ **Donnez le féminin des noms suivants.**

a. artiste – ministre – juge – candidat – couturier – propriétaire – hôte – gagnant – cousin – académicien – traducteur – auteur – cardiologue – patron – prince – ambassadeur – lauréat – maitre – Cambodgien – Turc

b. courtisan – Nippon – poète – réalisateur – officiel – pécheur – oncle – blondinet – prisonnier – meurtrier – droitier – Bourguignon – physicien – chien – traitre – végétarien – âne – frère – musicien – pape

4 Quelles sont les marques du nombre ?

Cas général Pluriel en *-s*	Pluriel en *-x*		Pluriel invariable
	Sans changement morphologique	**Avec changement morphologique : pluriel en -aux**	**Noms se terminant par -s, -x ou -z au singulier**
boisson-s cuisine-s trou-s éventail-s	**Tous les noms en -eau :** fourneau-x ; poireau-x. **Presque tous les noms** **- en -eu** : feu-x ; lieu-x ; Sauf bleus et pneus. **- en -au** : tuyau-x ; noyau-x. Sauf landaus· **8 noms en -ou :** bijou-x, caillou-x, chou-x, hibou-x, genou-x, joujou-x, pou-x, ripou-x.	**La plupart des noms en -al** : animal/animaux. Sauf bal, cal, carnaval, chacal, festival, récital, régal. **9 mots en -ail** : bail, corail, émail, fermail, soupirail, travail, vantail, ventail, vitrail.	une/des souris un/des héros une/des noix un/des nez un/des creux
Remarque : Certains mots ont une forme très différente au pluriel : œil/ yeux ; ail/aulx.			

La langue française distingue **le singulier et le pluriel**.

- **Les noms communs varient en nombre.** Le nombre ne leur est pas inhérent comme le genre, mais il dépend du sens de la phrase, de son contexte, et donc de la référence (Je vois un cheval / deux chevaux). Le nombre est marqué, comme le genre, par les déterminants qui accompagnent le nom.
- **Le singulier** correspond à une quantification strictement inférieure à 2 ; **le pluriel** correspond à une quantification égale ou supérieure à 2 : ainsi, on écrit 1,5 kilomètre au singulier.

8 ★ **Mettez les GN suivants au pluriel.**

a. un neveu - un vassal - un vaisseau - un oiseau - un émeu - un vœu - un boyau - un landau - un joyau - un voyou - un ripou - un manteau - un tripou - un fabliau - un chouchou

b. un genou - un esquimau - un lieu - un pneu - un carnaval - un émail - un caillou - un bocal - un rideau - un festival - un gaz - un corail - un bleu - un matériau - un corbeau

9 ★ **Analysez les mots ou groupes de mots soulignés en donnant leur nature, leur genre et leur nombre.**

hangar : nom commun, masc. sing.

C'était sous le hangar de la charreterie que la table était dressée. Il y avait dessus quatre aloyaux, six fricassées de poulets, du veau à la casserole, trois gigots et, au milieu, un joli cochon de lait, rôti, flanqué de quatre andouilles à l'oseille. (G. Flaubert, *Madame Bovary*)

OUVRONS L'ŒIL

1 Le nom commun est-il toujours précédé d'un déterminant ?

Si la présence du déterminant (→ Fiche 8, p. 58) devant le nom est souvent un moyen d'identification du nom, il existe cependant **plusieurs cas d'absence de déterminant devant le nom** :

- **dans certaines constructions syntaxiques** :
  - locutions verbales comme rendre justice ; avoir soif ; avoir besoin de... ;
  - groupes prépositionnels tels que avec gourmandise, sans inquiétude... ;
  - énumérations : Dans ce plat, s'entassaient macarons, tartelettes et sablés.
- **lorsque le nom ou le GN occupe certaines fonctions comme** :
  - apostrophe : Bonjour, rivages aimés ;
  - attribut : Dominique est musicienne dans un grand orchestre ;
  - complément du nom : un cageot de fruits, une tartine de confiture.
- **dans les titres d'ouvrages ou d'articles de presse, sur les panneaux et affiches, dans les menus, etc. :** Grammaire française ; Menu dégustation.
- **dans des formules proverbiales :** Pierre qui roule n'amasse pas mousse.

10 ★★ **a. Entourez les groupes nominaux minimaux et soulignez le nom commun.**
b. Justifiez l'absence de déterminant quand c'est le cas.

Les proverbes connus : [les proverbes]

1. Les repas de famille ne consistent pas à se manger entre parents. (J. Jouy) **2.** Qu'un potage soit immangeable, cela ne tient parfois qu'à un cheveu. (J. Romains) **3.** Il n'est condiment que d'appétit. (Xénophon) **4.** Le chocolat est bonheur, plaisir, fantaisie. **5.** On devient cuisinier mais on nait rôtisseur. (Brillat-Savarin) **6.** Ventre affamé n'a point d'oreille.

11 ★★ **Mêmes consignes.**

Remarque : Pour réviser la **fiche 8**, p. 58, donnez également la nature des déterminants.

1. Tous les vendredis, cinq caisses d'oranges et de citrons arrivaient de chez un fruitier de New York ; tous les lundis, les mêmes oranges et les mêmes citrons sortaient par la porte de service, en une pyramide de moitiés vidées de leur pulpe. **2.** Dans la cuisine, il y avait un appareil capable d'extraire le jus de deux-cents oranges en une demi-heure, mais il fallait qu'un valet appuyât deux-cents fois sur un bouton avec le pouce.
(Francis Scott Fitzgerald, *Gatsby le magnifique*, traduction Victor Llona, © Éditions Grasset)

2 Tous les mots peuvent-ils devenir des noms ?

Du moment qu'il y a un déterminant, le mot qui suit est généralement un nom. **Des mots appartenant à des classes différentes sont** donc **susceptibles de devenir des noms** :

- **des pronoms :** le moi ;
- **des adjectifs :** un vieux, un complet (costume) ;
- **des verbes :** les dires, un devenir, un va-et-vient ;
- **des adverbes :** le pourquoi et le comment ;
- **des prépositions :** un avant et un après ;
- **des expressions :** le je ne sais quoi et le presque rien ;
- **des acronymes :** l'UNESCO.

C'est ce que l'on appelle une « conversion » ou « une dérivation impropre ».

12 ★★ **Relevez les mots qui sont devenus des noms à la suite d'un changement de classe grammaticale.**

L'aller est gratuit : aller (verbe devenu nom).

1. Les fromages sont de toutes sortes : il y en a des durs, des mous, des secs, des ronds. **2.** J'aime ce qui me nourrit : le boire, le manger, les livres. (E. de la Boétie) 3. Les hommes sont comme le vin. Avec le temps, les bons s'améliorent et les autres s'aigrissent. (Cicéron) 4. L'amer permet de révéler des choses qui en elles-mêmes n'ont que peu de saveur. (Pierre Gagnaire) 5. La cuisine moléculaire est polémique : il y a les pour et les contre.

S'ENTRAINER

13 ★ **Mettez les groupes nominaux suivants au pluriel.**

a. un genou - un animal - une souris - un bleu - un noyau - un essieu - un landau - un adieu - un kangourou - un bijou - un verrou - un festival - un milieu - un nez - une noix

b. un bal - un canal - un vitrail - un éventail - un chandail - un chou - un détail - un hôpital - un lapereau - un ail - le corail - un chacal - un creux - un poteau - un hibou

14 ★★ **a. Soulignez tous les noms et entourez les GN minimaux.**
b. Justifiez l'absence de déterminant quand c'est le cas.
c. Donnez la nature, le genre et le nombre des mots en gras.

1. La **gastronomie** moléculaire fait entrer dans la cuisine des pratiques tirées de la chimie et de la physique, ainsi que l'étude des **transformations** culinaires (macération, caramélisation, doubles cuissons...). 2. Ainsi, de l'**azote** liquide, versé dans une préparation, peut la refroidir très rapidement, avec un effet équivalant à celui d'une sorbetière. 3. **Les analyses** permettent aussi de remplacer certains **produits** : l'œuf, par exemple, qui est un coagulant sensible aux **bactéries** et un agent allergogène peut être utilement remplacé par **de l'agar-agar**, extrait des algues rouges.

15 ★★ **a. Soulignez tous les noms et entourez les GN minimaux.**
b. Relevez les noms non comptables précédés d'un article partitif.
c. Donnez deux mots ayant subi un changement de classe grammaticale.

Le repas gastronomique respecte un ordre codifié : entre l'apéritif et le digestif, il y a au moins quatre plats, à savoir une entrée, du poisson et/ou de la viande avec des légumes, du fromage et un dessert. On y pratique le bien-boire et le bien-manger.

16 ★★ **a. Soulignez tous les noms communs et encadrez les GN minimaux.**
b. Justifiez l'absence de déterminant quand c'est le cas.
c. Justifiez l'emploi des majuscules.

1. Alexandre Dumas était un romancier prolixe, un auteur de théâtre connu pour quelques-unes de ses pièces (*Kean*, *La Tour de Nesle*), un

grand voyageur, un solide gastronome et un cuisinier inventif. 2. Il organisait des repas pantagruéliques ; on connait le menu de celui qu'il a servi le 19 janvier 1864. 3. Rien que la liste des entrées en dit long sur la richesse et le raffinement de l'ensemble : « Poulardes à la Rozolio, Filets de bécasse à la Favorite, Quenelles de rouget au velouté, Chauds-froids d'alouettes. »

CORRIGÉS

1 1. *cuisine* ; *cuissons* ; *sauces*. 2. *cuisiniers* ; *recettes*. 3. *produits* ; *marché*. 4. *cuisson* ; *papillotes* ; *vapeur*. 5. *souci* ; *portions* ; *cuisine*.

2 1. [*Le* « <u>*repas*</u>] *gastronomique français » est inscrit sur* [la <u>*liste*</u>] [*du* <u>*patrimoine*</u>] *culturel immatériel de* [<u>*l'humanité*</u>], *en 2010*. 2. *Il s'agit d'*[*un* <u>*repas*</u>] *festif qui célèbre* [*des* <u>*moments*</u>] *importants de* [*la* <u>*vie*</u>][*des* <u>*personnes*</u>] *et de* [*la* <u>*communauté*</u>], *comme* [*les* <u>*naissances*</u>], [*les* <u>*mariages*</u>], [*les* <u>*anniversaires*</u>], [*les* <u>*succès*</u>]... 3. [*Quelques* <u>*composantes*</u>] : [*l'* (*excellente*) <u>*qualité*</u>][*des* <u>*produits*</u>] ; [*le* <u>*mariage*</u>] *étudié entre* [*les* <u>*mets*</u>] *et* [*les* <u>*vins*</u>] ; [<u>*l'attention*</u>] *portée à* [*la* <u>*décoration*</u>] *de* [*la* <u>*table*</u>] ; [*des* <u>*gestes*</u>] *liés à* [*la* <u>*dégustation*</u>] (*humer et gouter*).

3 a. Noms propres : 1. *Sévigné, Vatel, Grignan*. 2. *Condé, Louis XIV*. 3. *Vatel*.
b. Groupes nominaux minimaux : 1. [*la* <u>*marquise*</u>] (*la* = art. déf.) ; [*les* <u>*conditions*</u>] (*les* = art. déf.) ; [*la* <u>*mort*</u>] (*la* = art. déf.) ; [*sa* <u>*fille*</u>] (*sa* = dét. poss.) ; [*la* <u>*comtesse*</u>] (*la* = art. déf.). 2. [*le* <u>*prince*</u>] (*le* = art. déf.) ; [*le* <u>*maitre*</u>] (*le* = art. déf.) ; [<u>*hôtel*</u>] (sans déterminant) ; [*la* <u>*tâche*</u>] (*la* = art. déf.) ; [*une* <u>*fête*</u>] (*une* = art. indéf.) ; [*trois-mille* <u>*invités*</u>] (*trois-mille* = dét. numéral cardinal). 3. [*un* <u>*jour*</u>] (*un* = art. indéf.) ; [*un* <u>*retard*</u>] (*un* = art. indéf.) ; [*la* <u>*livraison*</u>] (*la* = art. déf.) ; [*du* <u>*poisson*</u>] (*du* = art. déf. contracté). 4. [*ce* <u>*déshonneur*</u>] (*ce* = dét. démons.). 5. [*le* <u>*poisson*</u>] (*le* = art. déf.).

4 1. J'<u>en</u> ai cueilli cinq pour agrémenter la table. 2. On <u>lui</u> réserve un espace de table de 60 à 70 cm. 3. On commence le service par <u>elles</u> et on le termine par <u>lui</u>. 4. Les arts de la table s'<u>y</u> conforment. 5. Il est mal vu d'<u>en</u> discuter à table. 6. Cette exposition <u>en</u> illustre certains aspects.

5 1. *(Du) poisson, (du) riz, (des) nouilles* : trois noms non comptables, précédés par un article partitif (*du* et *des*). 2. *(Les) sushis* : nom comptable car on pourrait compter les sushis. 3. *wasabi* : nom non comptable ; *du* est un article partitif. 4. *(des) cacahouètes* ; *(des) pois* : deux noms non comptables, précédés par un article partitif (*des*). 5. *(Les) brochettes* : nom comptable.

6 a. [*la* <u>*soupe*</u>] ; [*la* <u>*clef*</u>] ; [*du* <u>*mystère*</u>] ; [*Mes* <u>*amis*</u>] ; [*Des* <u>*clovisses*</u>] ; [*une* <u>*noisette*</u>] ; [*des* <u>*biscuits*</u>] ; [<u>*mer*</u>] ; [*du* <u>*porc*</u>] ; [*cette* <u>*soupe*</u>] ; [<u>*beurre*</u>] ; [<u>*sel*</u>] ; [<u>*poivre*</u>] (le *de* devant *beurre*, *sel* et *poivre* est une préposition) ; [*Un* <u>*voyage*</u>] ; [<u>*l'appétit*</u>] ; [*son* <u>*plat*</u>] ; [*la* <u>*soupe*</u>] ; [*une* _réussite_]. **b.** Noms abstraits : *mystère, voyage, appétit, réussite.* **c.** Noms concrets non comptables : *soupe, porc, beurre, sel, poivre.*

7 **a.** une artiste – une ministre – une juge – une candidate – une couturière – une propriétaire – une hôtesse – une gagnante – une cousine – une académicienne – une traductrice – une auteure – une cardiologue – une patronne – une princesse – une ambassadrice – une lauréate – une maitresse – une Cambodgienne – une Turque

b. une courtisane – une Nipponne – une poétesse – une réalisatrice – une officielle – une pécheresse – une tante – une blondinette – une prisonnière – une meurtrière – une droitière – une Bourguignonne – une physicienne – une chienne – une traitresse – une végétarienne – une ânesse – une sœur – une musicienne – une papesse

8 **a.** des neveux – des vassaux – des vaisseaux – des oiseaux – des émeus – des vœux – des boyaux – des landaus – des joyaux – des voyous – des ripoux – des manteaux – des tripous – des fabliaux – des chouchous

b. des genoux – des esquimaux – des lieux – des pneus – des carnavals – des émaux – des cailloux – des bocaux – des rideaux – des festivals – des gaz – des coraux – des bleus – des matériaux – des corbeaux

9 *charreterie* : nom commun, fém. sing ; *aloyaux* : nom commun, masc. plur. ; *six fricassées* : GN, fém. plur. ; *la casserole* : GN, fém. sing. ; *gigots* : nom commun, masc. plur. ; *andouilles* : nom commun, fém. plur. ; *l'oseille* : GN, fém. sing.

10 **1.** [*Les* _repas_] ; [_famille_] : sans déterminant, fonction de complément du nom ; [*entre* _parents_] : gr. prép. sans déterminant. **2.** [*un* _potage_] ; [*un* _cheveu_]. **3.** [_condiment_] ; [_appétit_] : deux noms communs sans déterminant, dans une sorte de sentence proverbiale. **4.** [*Le* _chocolat_] ; [_bonheur_, _plaisir_, _fantaisie_] : trois noms communs sans déterminant car inclus dans une énumération. **5.** [_cuisinier_] ; [_rôtisseur_] : deux noms communs sans déterminant dans une sorte de sentence proverbiale. **6.** [_Ventre_] ; [_oreille_] : deux noms communs sans déterminant car proverbe.

11 **1.** [*tous les* _vendredis_] *tous* = dét. indéf. ; *les* = art. déf. ; [*cinq* _caisses_] *cinq* = dét. numéral cardinal ; _oranges_ : sans déterminant, fonction de complément du nom ; _citrons_ : idem ; [*un* _fruitier_] *un* = art. indéf. ; [*tous les* _lundis_] *tous* = dét. indéf. ; *les* = art. déf. ; [*les mêmes* _oranges_] *les* = art. déf. ; *mêmes* = dét. indéf. ; [*les mêmes* _citrons_] idem ; [*la* _porte_] *la* = art. déf. ; _service_ : pas de déterminant, fonction de complément du nom ; [*une* _pyramide_] *une* = art. déf. ; _moitiés_ : sans déterminant fonction de complément du nom ; [*leur* _pulpe_] *leur* = dét. poss. **2.** [*la* _cuisine_] *la* = art. déf. ; [*un* _appareil_] *un* = art. indéf. ; [*le* _jus_] *le* = art. déf. ; [*deux-cents* _oranges_] *deux-cents* = dét. numéral cardinal ; [*une* _demi-heure_] *une* = art. indéf. ; [*un* _valet_] *un* = art. indéf. ; [*deux-cents* _fois_] *deux-cents* = dét. numéral cardinal ; [*un* _bouton_] *un* = art. indéf. ; [*le* _pouce_] *le* = art. déf.

12 **1.** *(des) durs, (des) mous, (des) secs, (des) ronds* : adj. devenus noms communs. **2.** *(le) boire, (le) manger* : verbes à l'infinitif devenus noms. **3.** *(les) bons* : adj. devenu nom. **4.** *(L') amer* : adj. devenu nom. **5.** *(les) pour* ; *(les) contre* : prépositions devenues noms.

13 a. des genoux – des animaux – des souris – des bleus – des noyaux – des essieux – des landaus – des adieux – des kangourous – des bijoux – des verrous – des festivals – des milieux – des nez – des noix

b. des bals – des canaux – des vitraux – des éventails – des chandails – des choux – des détails – des hôpitaux – des lapereaux – des aulx – les coraux – des chacals – des creux – des poteaux – des hiboux

14 a. b. 1. [*La gastronomie*] ; [*la cuisine*] ; [*des pratiques*] ; [*la chimie*] ; [*la physique*] ; [*l'étude*] ; [*des transformations*] ; *macération*, *caramélisation*, (doubles) *cuissons*... : pas de déterminants pour ces trois noms communs car énumération. 2. [*l'azote*] ; [une *préparation*] ; [*un effet*] ; [*une sorbetière*]. 3. [*Les analyses*] ; [*certains produits*] ; [*l'œuf*] ; *exemple* : pas de déterminant dans le groupe prépositionnel ; [*un coagulant*] ; [*aux bactéries*] ; [*un agent*] ; [*de l'agar-agar*] ; [*des algues*].
c. 1. *gastronomie* : nom commun, fém. sing. ; *transformations* : nom commun, fém. plur. 2. *azote* : nom commun, masc. sing. 3. *Les analyses* : GN, fém. plur. ; *produits* : nom commun, masc. plur. ; *bactéries* : nom commun, fém. plur. ; *de l'agar-agar* : GN, masc. sing. (*de l'* : partitif).

15 a. [*Le repas*] ; [*un ordre*] ; [*l'apéritif*] ; [*le digestif*] ; [*quatre plats*] ; [*une entrée*] ; [*du poisson*] ; [*de la viande*] ; [*des légumes*] ; [*du fromage*] ; [*un dessert*] ; [*le bien-boire*] ; [*le bien-manger*].
b. Noms non comptables : *poisson, viande, légumes, fromage.*
c. Mots ayant subi un changement de classe grammaticale : (*le*) *(bien-)boire*, (*le*) *(bien-) manger* (verbes à l'infinitif devenus noms).

16 a. 1. [*un romancier*] ; [*un auteur*] ; *théâtre* ; [*ses pièces*] ; [*La Tour*] ; [*un (grand) voyageur*] ; [*un (solide) gastronome*] ; [*un cuisinier*]. 2. [*des repas*] ; [*le menu*] ; [*le 19 janvier 1864*]. 3. [*la liste*] ; [*des entrées*] (des est un article défini contracté) ; [*la richesse*] ; [*le raffinement*] ; [*l'ensemble*] ; *Poulardes* ; [*la Rozolio*] ; *Filets* ; *bécasse* (de est une préposition qui ne fait pas partie du GN minimal) ; [*la Favorite*] ; *Quenelles* ; *rouget* (*de* est une préposition) ; [*au velouté*] ; *Chauds-froids* ; *alouettes* (*d'* est une préposition).
b. *théatre* : sans déterminant car fonction de compl. du nom *auteur*. *Poulardes, Filets, Quenelles, Chauds-froids* : exemples de plats dans un menu, généralement dépourvus de déterminants.
c. Les noms propres désignant des personnes : *Alexandre* (prénom) *Dumas* (nom), *Nesle*, *Rozolio* (sans doute un nom de personne), *Favorite* (la majuscule renvoie à une favorite célèbre). Deux titres de pièces : *Kean* et *La Tour de Nesle* (*Nesle* : également le nom de la tour).
Remarque : les règles de l'édition veulent que le 2e mot d'un titre commençant par un déterminant comporte une majuscule (*La Tour*). Noms de plats présentés traditionnellement avec une majuscule : *Poulardes, Filets, Quenelles, Chauds-froids.*

Chapitre 2

FICHE **10**

Le verbe

- *Comment définir et reconnaitre un verbe ?*
- *Quelles sont les différentes constructions du verbe ?*
- *Qu'est-ce qu'un groupe verbal ?*

LES BASES

1 Qu'est-ce qu'un verbe ?

- **Au plan morphologique,** le verbe est **variable** : il change suivant la personne, le nombre, le temps, le mode et la voix (p. 82).
- **Au plan syntaxique,** il est **le noyau du groupe verbal**, qui constitue un groupe fondamental de la phrase (p. 83).
- **Au plan sémantique,** le verbe exprime **l'action réalisée** (La mémoire enregistre des informations) **ou subie par le sujet** (Les informations sont enregistrées) **ou encore un état** (La mémoire est mensongère).

C'EST FACILE ! Comment reconnaitre le verbe ?

– **Faites-le varier en temps et en personne :**

J'apprends par cœur. / J'apprenais par cœur. ➜ variation en temps (utilisez celui que vous maitrisez le mieux).

J'apprends par cœur. / Nous apprenons par cœur. ➜ variation en personne.

– **Mettez la phrase à la forme négative :** dans la grande majorité des cas, le verbe peut être encadré par la négation *ne... pas*.

La mémoire n'est pas fidèle.

1 ★ **Repérez les verbes conjugués du texte suivant à l'aide de deux procédures de reconnaissance (changement de temps + encadrement avec *ne... pas*).**

1. Quand on veut souligner la bonne mémoire d'une personne, on la compare à celle de l'éléphant. **2.** La mémoire de cet animal se rapproche en effet de celle des dauphins, des grands singes et de l'homme. **3.** Il n'oublie pas un congénère, même s'il l'a croisé il y a une vingtaine d'années. **4.** Il retrouve aussi les pistes qu'il a empruntées. **5.** Son cerveau pèse de 4 à 6 kilogrammes, ce qui apparait comme un poids considérable.

2 Quelles sont les différentes formes du verbe ?

A Plusieurs voix, modes et temps

D'un point de vue morphologique, le verbe apparait complexe car il varie beaucoup.

- **3 voix :**
  - La voix **active**, qui est, par défaut, celle de tous les verbes : L'enfant apprend la leçon.
  - La voix **passive**, qui inverse les rapports posés par la voix active (→ Fiches 2 et 24, p. 12 et 201) : La leçon est apprise par l'enfant.
  - La voix **pronominale**, appelée généralement forme pronominale (→ Fiche 25, p. 209).
- **5 modes** (→ Fiche 23, p. 190) :
  - 3 modes personnels conjugués à plusieurs personnes : indicatif, subjonctif et impératif (→ Fiches 26 et 27, p. 215 et 229)
  - 2 modes non personnels, l'infinitif, qui permet au verbe d'exercer les fonctions du nom, et le participe, qui permet au verbe d'exercer les fonctions de l'adjectif (→ Fiche 28, p. 239), tout en conservant des emplois verbaux.
- De multiples **temps simples** et **composés**. Les temps composés sont formés avec un auxiliaire, *être* ou *avoir* + le verbe au participe passé :

  (J') ai appris : ai + appris ; (je) suis allé : suis + allé

À chaque temps « simple » correspond un temps composé.

- Une forme verbale se décompose en deux parties : le **radical**, appelé **base**, qui peut varier parfois dans le même temps (je veu-x / nous voul-ons / ils veul-ent) + la **terminaison**, qui change suivant les temps, les modes et les 6 personnes (je veu-x / je voul-ais / que je veuill-e) (→ Fiche 23, p. 190).

Un verbe peut présenter un nombre très important de formes mais les **régularités** sont telles que l'on peut ramener tous les temps à des terminaisons faciles à identifier (→ Fiches 26 et 27, p. 215 et 229).

B Deux classes

Les grammaires traditionnelles distinguaient **3 groupes** à partir de l'infinitif seulement mais la plupart des grammairiens (et les programmes de 2016 pour l'école élémentaire) proposent de les abandonner. Aujourd'hui, on tient compte de l'infinitif et des formes produites au présent de l'indicatif pour distinguer **2 classes**, en suivant **les terminaisons aux trois premières personnes du présent de l'indicatif** :

- **les verbes en *-er*** qui se terminent par ***-e, -es, -e*** ;
- **les verbes en *-ir*** (finir, courir), **en *-re*** (mettre), **en *-oir*** (savoir) qui se terminent par ***-s, -s, -t*** (mais aussi, de manière exceptionnelle, *-x, -x, -t*). (→ Fiche 23, p. 190)

2 ★ **Triez les verbes suivants en deux classes, à partir des terminaisons des trois premières personnes du présent.**

courir - douter - conduire - manger - divertir - dormir - pouvoir - dompter - écraser - fleurir - étendre - excuser - feindre - évaluer - faire

→ Chapitre 4 les exercices sur les voix, les modes, les temps, ainsi que sur les terminaisons dans les fiches correspondantes, p. 190 et suiv.

3 Quelles sont les différentes constructions du verbe ?

- Le verbe conjugué est l'élément fondamental du **groupe verbal**.
  - Il peut en être le seul constituant : Les enfants (GN sujet) apprennent. (GV (le verbe seul))
  - Il peut être associé à des compléments **(verbe + ses compléments essentiels)** (→ Fiche 17, p. 138) :
    L'apprentissage systématique (GN sujet) profite aux enfants. (GV (le verbe + un complément, ici un COI))
- Plusieurs **constructions syntaxiques** sont possibles :

Constructions syntaxiques possibles		Exemples
INTRANSITIVE	Pas de complément d'objet	Le film commence. Il glisse.
TRANSITIVE (→ Fiche 17, p. 138)	**Directe :** avec un COD	Il commence un cours.
	Indirecte : avec un complément introduit par une préposition (COI)	Il commence à comprendre.
	Double complément : COD ou COI + COS (Complément d'objet second)	Il rend le livre (COD) à son ami (COS). Il parle du livre (COI) à son ami (COS).

Constructions syntaxiques possibles		Exemples
ATTRIBUTIVE (➜ Fiche 18, p. 147)	Avec les verbes être, paraitre, devenir, rester, sembler... Attribut du sujet : accord entre un sujet et son attribut	Maëva est intelligente. (intelligente ➜ attribut du sujet Maëva)
	Attribut de l'objet : accord entre un objet et son attribut	Caroline trouve sa fille intelligente. (intelligente ➜ attribut du COD sa fille)

! ATTENTION

Il est bien question de compléments essentiels et non de compléments circonstanciels.
Le film commence : le verbe est intransitif car il n'a ni COD, ni COI.
Le film commence dans le bruit : le verbe est toujours intransitif car dans le bruit est un complément circonstanciel.

➜ Fiches 17 et 21, p. 138 et p. 171.

3 ★ **Soulignez chaque verbe conjugué, précisez sa construction syntaxique et entourez le groupe verbal.**

Remarque : Les compléments du verbe seront revus en détail dans la Fiche 17, p. 138. Si vous avez des difficultés à faire ces exercices, travaillez d'abord cette fiche.

Il [renonce à comprendre] ➜ renonce : construction transitive indirecte (COI).

1. On utilise de multiples stratégies pour encoder efficacement les nouvelles connaissances. **2.** Par exemple, on associe le mot « mûre » à la catégorie des fruits. **3.** Stocker des informations revient à les maintenir dans la mémoire. **4.** Mais la consolidation des informations est nécessaire. **5.** Plus on sollicite une information, plus son souvenir reste vivace. **6.** L'être humain mémorise parfois inconsciemment.

4 ★★ **Soulignez chaque verbe conjugué et précisez sa construction syntaxique.**

1. Le sommeil est important pour la mémoire. Il restaure les circuits neuronaux endommagés : le cerveau encodera et stockera ainsi d'autres informations efficacement. **2.** Mais le sommeil permet aussi la consolidation et le retraitement des acquis. Un élève qui apprend ses leçons le soir, révise, en quelque sorte, de manière inconsciente. **3.** La phase de sommeil paradoxal correspondrait à l'ancrage des savoir-faire et le sommeil profond consoliderait les connaissances. **4.** Le sommeil permettrait une sorte de tri.

S'ENTRAINER

5 ★★★ **Repérez les verbes conjugués en utilisant une procédure de reconnaissance. Précisez leur construction (transitive, intransitive, attributive) ?**

1. Un terrible évènement provoque un état de stress post-traumatique. **2.** La personne, sans cesse, se souvient de certains détails, dans une sorte d'hypermnésie. **3.** Le souvenir persiste, sans s'atténuer. Certains éléments déclencheurs renvoient la personne à la scène vécue. **4.** Cette persistance proviendrait d'une distorsion de l'encodage. **5.** Celui-ci est associé à la production d'une hormone du stress dans l'hippocampe.

6 ★★★ **Soulignez chaque verbe conjugué, précisez sa construction syntaxique et entourez le groupe verbal.**

1. Un hôpital de Lima a créé une « cérébrothèque ». **2.** Elle expose trois-cents cerveaux affectés par des maladies nerveuses. **3.** Les deux hémisphères du cerveau ressemblent à d'énormes noix. **4.** On peut séparer les couches de méninges de la masse encéphalique. **5.** Cet institut présente ces organes aux chercheurs et aux visiteurs car ils ont un grand intérêt scientifique.

7 ★★★ **Mêmes consignes.**

1. Des milliards de neurones donnent d'infinies possibilités de mémorisation au cerveau. **2.** Le cerveau et le monde extérieur ont des échanges incessants. **3.** Mais l'influx nerveux passe d'un neurone à un autre. Il ne progresse pas assez vite. **4.** L'être humain n'arrive pas à gérer des données trop nombreuses. **5.** Il a conçu des ordinateurs pour faire les calculs les plus compliqués.

CORRIGÉS

1 **Remarque :** Pour la variation en temps, l'imparfait et le plus-que-parfait ont été utilisés systématiquement ici mais d'autres temps peuvent convenir.

1. *veut* : on voulait // on (ne) veut (pas) ; *compare* : on la comparait // on (ne) la compare (pas). **2.** *se rapproche* : La mémoire se rapprochait // La mémoire (ne) se rapproche (pas). **3.** *oublie* : Il n'oubliait pas ; *a croisé* : il l'avait croisé // il (ne) l'a (pas) croisé ; il y avait // il (n') y a (pas). **4.** *retrouve* : Il retrouvait // il (ne) retrouve (pas) ; *a empruntées* : qu'il avait empruntées // qu'il (n') a (pas) empruntées. **5.** *pèse* : Son cerveau pesait // Son cerveau (ne) pèse (pas) ; *apparait* : ce qui apparaissait // ce qui (n') apparait (pas).

2 1re classe : *douter, manger, dompter, écraser, excuser, évaluer*. 2e classe : *courir, conduire, divertir, dormir, pouvoir, fleurir, étendre, feindre, faire*.

3 **1.** [*utilise de multiples stratégies*] : construction transitive directe (COD). **2.** [*associe le mot « mûre » / à la catégorie des fruits*] : double complément (COD / COS). **3.** [*revient à les maintenir*] : construction transitive indirecte (COI). Attention : *dans la mémoire* est un compl. essentiel de *maintenir*. **4.** [*est nécessaire*] : construction attributive (*nécessaire* : attribut du sujet *la consolidation*). **5.** [*sollicite une information*] : construction transitive directe (COD) ; [*reste vivace*] : construction attributive (*vivace* : attribut du sujet *son souvenir*) **6.** *mémorise* : construction intransitive.

4 **1.** *est (important)* : construction attributive (*important* : attribut du sujet *le sommeil*) ; *restaure* : construction transitive directe (*les circuits neuronaux endommagés* : COD) ; *encodera* et *stockera* : construction transitive directe (*d'autres informations* : COD). **2.** *permet* : construction transitive directe (*la consolidation et le retraitement des acquis* : COD) ; *apprend* : construction transitive directe (*ses leçons* : COD) ; *révise* : construction intransitive (car *en quelque sorte* et *de manière inconsciente* ne sont pas des compl. du verbe). **3.** *correspondrait* : construction transitive indirecte (*à l'ancrage des savoir-faire* : COI) ; *consoliderait* : construction transitive directe (*les connaissances* : COD). **4.** *permettrait* : construction transitive directe (*une sorte de tri* : COD).

5 **1.** *provoque*/provoquait/ne provoque pas : construction transitive directe (*un état… post-traumatique* : COD). **2.** *se souvient*/se souvenait/ne se souvient pas : construction transitive indirecte (*de certains détails* : COI). **3.** *persiste*/persistait/ne persiste pas : construction intransitive ; *renvoient*/renvoyaient/ne renvoient pas : construction transitive, double complément (*la personne* : COD + *à la scène vécue* : COS). **4.** *proviendrait*/provenait/ne proviendrait pas : construction transitive indirecte (*d'une distorsion de l'encodage* : COI). **5.** *est associé*/était associé/n'est pas associé : construction transitive indirecte (*à la production… hippocampe* : COI).

6 **1.** [*a créé une cérébrothèque*] : construction transitive directe (COD). **2.** [*expose trois-cents cerveaux affectés par des maladies nerveuses*] : construction transitive directe (COD). **3.** [*ressemblent à d'énormes noix*] : construction transitive indirecte (COI). **4.** [*peut séparer les couches de méninges / de la masse encéphalique*] : construction transitive, double complément (COD / COS). **5.** [*présente ces organes / aux chercheurs et aux visiteurs*] : construction transitive, double complément (COD / COS) ; [*ont un grand intérêt scientifique*] : construction transitive directe (COD).

7 **1.** [*donnent d'infinies possibilités de mémorisation / au cerveau*] : construction transitive, double complément (COD / COS). **2.** [*ont des échanges incessants*] : construction transitive directe (COD). **3.** [*passe d'un neurone / à un autre*] : construction transitive, double complément (COI / COS) ; *progresse* : construction intransitive. **4.** [*n'arrive pas à gérer des données trop nombreuses*] : construction transitive indirecte (COI). **5.** [*a conçu des ordinateurs*] : construction transitive directe (COD). **Remarque :** *pour faire les calculs les plus compliqués* est un groupe infinitif prép. compl. circ. de but ; il n'y a donc pas de double complément avec COS.

Chapitre 2

FICHE

11

L'adjectif qualificatif

- *Comment reconnaitre un adjectif qualificatif ?*
- *Pourquoi parle-t-on de degrés de l'adjectif ?*
- *Qu'est-ce qu'un groupe adjectival ?*

LES BASES

1 Qu'est-ce qu'un adjectif qualificatif ?

A Les caractéristiques de l'adjectif

- L'adjectif qualificatif **varie en genre** (masculin/féminin) **et en nombre** (singulier/pluriel). Il prend ses marques de genre et de nombre du terme, généralement un nom ou un pronom, auquel il se rapporte :

  de beaux cheveux/une belle chevelure

  Il est fier./Elle est fière.

En effet, étymologiquement, *adjectif* signifie « qui est joint à, adjoint », ce qui souligne cette relation de dépendance et induit les **quatre fonctions de l'adjectif : épithète liée au nom, apposé au nom ou au pronom** (ou épithète détachée)**, attribut du sujet, attribut du COD** (→ Fiche 19, p. 155).

- Traditionnellement, il est défini comme un élément qui permet de **caractériser le référent** (personne, objet, animal, notion...) désigné par le nom ou le pronom : des fleurs bleues ; de longues marches ; ils étaient vieux.

1 ★ **Relevez les adjectifs qualificatifs, déterminez leur genre et leur nombre, puis précisez de quel mot chacun dépend.**

1. Il habite une maison basse, au toit pentu et aux murs crayeux. 2. Si sa demeure est banale, son jardin multicolore est splendide. 3. Il y a planté des arbres aux feuillages légers, des arbustes foisonnants et des fleurs aux couleurs chatoyantes. 4. La pelouse descend en pente douce vers une petite rivière qui coule, tranquille, au milieu des champs avoisinants.

OBJECTIF 0 FAUTE **Comment orthographier les adjectifs ?**

- **L'orthographe des adjectifs au féminin et au pluriel suit celle des noms**, notamment pour le doublement de certaines consonnes au féminin (*-en, -on, -et, -ot // -enne, -onne, -ette, -otte*) et pour le pluriel en *-x* des adjectifs en *-eau* et *-au* (→ Fiche 9, p. 73).
- **Les adjectifs de couleur**, comme les autres adjectifs, **s'accordent généralement en genre et en nombre avec le nom ou le pronom dont ils dépendent** : des feuilles blanches ; des fleurs bleues ; des cahiers verts.

Toutefois, certains sont **invariables** :

– **lorsqu'ils sont issus d'un nom :** des vestes marron, orange et cerise (= de la couleur du marron, de l'orange, de la cerise).

Mais *rose, écarlate, mauve, pourpre* et *fauve* s'accordent : des robes roses, écarlates... ;

– **lorsqu'ils sont composés et indiquent une nuance :** des yeux vert clair, des feutres bleu foncé, des blés jaune pâle, des jupes bleu vif.

- **Les adjectifs dérivés de noms propres** désignant des habitants ou des dynasties ne prennent pas de majuscule : le Grec, les Carolingiens (noms, donc majuscule) / le parlement grec ; les rois carolingiens (adjectifs, donc minuscule).

2 ★★ **Accordez correctement les adjectifs de couleur.**

1. Son accoutrement était fort bariolé : elle portait des chaussures (noir), des chaussettes (rouge pomme), une jupe (jaune foncé), une chemise (pastel) et des lunettes curieusement (rose). **2.** Elle aimait aussi porter des vêtements (orange) qu'elle agrémentait d'accessoires (rouge, vert, jaune citron, bleu clair), voire (bleu ciel) et (écarlate). **3.** Il lui arrivait d'assortir une casquette (orangé) à des gants (pourpre) ou (marron).

B Les participes employés comme adjectifs

- On parle de « **participes passés à valeur adjectivale** » quand :

– les participes sont employés sans auxiliaire : des cheveux frisés ;

– ils sont employés avec un auxiliaire, dans certains cas. Pour les repérer, ajoutez un adverbe marquant un degré : elle est (très) fatiguée → participe passé à valeur adjectivale (contrairement à *elle est (très) arrivée).

- **Les participes présents** peuvent aussi dépendre d'un nom ou d'un pronom sans avoir de rôle comme verbes. Ils sont appelés **adjectifs verbaux** (→ Fiche 28, p. 240) : Il aimait les champs environnants.

3 ★★ **Relevez les adjectifs et les participes passés à valeur adjectivale, puis précisez de quel(s) mot(s) chacun dépend.**

1. Il avait des yeux bleus, des cheveux ondulés et des dents blanches éclatantes. Sa peau hâlée lui donnait l'air d'un bel Espagnol, alors qu'il était d'origine berrichonne. Séduites par son sourire charmeur et par sa voix calme et posée, les jeunes filles se pâmaient devant lui. 2. J'avais un joli pied, la jambe fine, l'air dégagé, la physionomie animée, la bouche mignonne, les sourcils et les cheveux noirs, les yeux petits et même enfoncés. (J.-J. Rousseau, *Les Confessions*, I, 2) 3. Notre maison était une bonne vieille maison périgourdine à toit aigu, bâtie sur la pente du coteau. On y accédait par une rampe pavée de gros cailloux de rivière. (E. le Roy, *Le Moulin du Frau*)

4 ★★ **Relevez les adjectifs verbaux dans les phrases proposées en exercice 1.**

2 Comment identifier les degrés de l'adjectif qualificatif ?

La qualité exprimée par certains adjectifs peut varier en degré de deux façons :

- **en degré d'intensité** forte, moyenne ou faible, si la qualité exprimée par l'adjectif est évaluée **sans référence à un élément extérieur** : Il est très/peu/moyennement intelligent.
- **en degré de comparaison, si un élément extérieur sert de référence :**
  - **au comparatif** de supériorité : Jean est plus grand que Pierre, d'infériorité : Jean est moins grand que Pierre, d'égalité : Jean est aussi grand que Pierre).
  - **au superlatif** : Jean est le plus/le moins grand des élèves de sa classe.

5 ★ **Indiquez quel est le degré auquel sont employés les adjectifs qualificatifs soulignés.**

1. Elle était plus mince que sa sœur. 2. Elle était très mince. 3. Elle était même la plus mince de toute la famille. 4. C'est là un des horizons les plus magnifiques qui soient au monde. 5. Ici la flèche de la cathédrale, le plus haut sommet des monuments humains ; et là-bas, la « Pompe à feu » de la « Foudre », sa rivale presque aussi démesurée, et qui passe d'un mètre la plus géante des pyramides d'Égypte. (Guy de Maupassant, *Un Normand*)

3 Qu'est-ce qu'un groupe adjectival ?

Comme le nom, l'adjectif qualificatif peut être **le noyau d'un groupe**, appelé alors « **groupe adjectival** ».

Dans ce cas, **la fonction de l'adjectif qualificatif** (épithète liée, apposé ou épithète détachée, attribut du sujet, attribut du COD) **s'étend au groupe adjectival** (→ Fiche 19, p. 155).

L'adjectif peut être complété par...	Exemples
un adverbe, en particulier d'intensité ou de comparaison	Un homme [très grand], [peu agréable], [complètement fou].
un groupe prépositionnel	Il est [heureux de ta venue] et [décidé à t'aider].
une proposition subordonnée conjonctive complétive	Il est [ravi que tu viennes].

6 ★★ **Relevez les adjectifs qualificatifs et les participes à valeur adjectivale, soulignez les groupes adjectivaux.**

1. Sa peau, parfaitement unie, approchait de la teinte du cuivre. Ses yeux étaient obliques, mais admirablement fendus ; ses lèvres, un peu fortes, mais bien dessinées laissaient voir des dents plus blanches que des amandes sans leur peau. Ses cheveux, un peu gros, étaient noirs, à reflets bleus comme l'aile de corbeau, longs et luisants. (D'après P. Mérimée, *Carmen*)

2. – Ah ! fit le petit prince... Et il se sentit très malheureux. Sa fleur lui avait raconté qu'elle était seule de son espèce dans l'univers. Et voici qu'il en était cinq mille, toutes semblables, dans un seul jardin !
(Antoine de Saint-Exupéry, *Le Petit Prince*, © Gallimard)

OUVRONS L'ŒIL

1 Un adjectif peut-il devenir un nom ?

S'il est accompagné d'un déterminant, l'adjectif qualificatif peut devenir un nom (Le vert te va bien). Il revêt alors une des fonctions du nom ou du GN (le vert est sujet du verbe aller).

C'EST FACILE ! Comment le reconnaitre ?

Regardez si **l'adjectif est accompagné d'un déterminant et ne dépend ni d'un nom ni d'un pronom** : Pour les Grecs anciens, le beau et le bon vont de pair.

7 ★★ **Relevez les adjectifs et soulignez ceux qui sont employés comme noms.**

1. Il mélange le blanc et le rouge sur la palette. **2.** L'essentiel est invisible pour les yeux. (Antoine de Saint-Exupéry, *Le Petit Prince* © Gallimard) **3.** L'odieux est la porte de sortie du ridicule. (V. Hugo, *Tas de pierres*) **4.** Le bon sens est le propre de l'homme. **5.** L'inspecteur était perplexe : il lui fallait distinguer le vrai du faux. **6.** Molière a écrit de nombreuses pièces de théâtre : *Les Précieuses ridicules, Le Malade imaginaire, L'Étourdi, Le Misanthrope, L'Avare…*

2 Comment savoir quand un adjectif est utilisé comme un adverbe ?

C'EST FACILE ! Comment le reconnaitre ?

L'adjectif employé comme adverbe ne **dépend** ni d'un nom ni d'un pronom, mais **d'un verbe ou d'un adjectif** ; il est généralement **invariable** : il chantait faux/elle chantait faux (et non *elle chantait fausse).

Il est souvent employé dans des **expressions figées** : couter cher, chanter faux/juste, filer doux, parler bas/haut, peser lourd, sentir bon/mauvais, tenir bon, travailler dur, voir clair, voler bas/haut…

8 ★ **Dans les phrases ci-dessous, relevez les adjectifs et soulignez ceux qui sont employés comme adverbes.**

1. Un oiseau volait haut, comme s'il voulait frôler le ciel étoilé. **2.** Vexé, il coupa court à la conversation. **3.** Il mourut jeune, car il travaillait dur. **4.** Il était fin prêt. **5.** Le bouquet sentait fort bon.

S'ENTRAINER

9 ★★ **Relevez les adjectifs et les participes à valeur adjectivale. Indiquez, éventuellement, leur degré.**

1. Les rives du lac de Bienne sont plus sauvages et romantiques que celles du lac de Genève, mais elles ne sont pas moins riantes. **2.** Il y a aussi des contrastes plus fréquents et des accidents plus rapprochés. **3.** Comme il n'y a pas sur ces heureux bords de grandes routes commodes pour les voitures, le pays est peu fréquenté par les voyageurs. **4.** Ce beau bassin d'une forme ronde enferme dans son milieu deux petites iles, l'une habitée et cultivée, d'environ une lieue de tour, l'autre plus petite, déserte et en friche.
(D'après J.-J. Rousseau, *Les Rêveries du promeneur solitaire*)

10 ★★ **Relevez les adjectifs et analysez chacun de façon détaillée (genre, nombre, degré et groupe adjectival éventuels).**

1. Mon teint est brun mais assez uni, le front est élevé et d'une raisonnable grandeur, les yeux sont noirs, petits et enfoncés, et les sourcils noirs et épais, mais bien tournés. **2.** Mon nez n'est ni camus ni aquilin, ni gros, ni pointu, au moins à ce que je crois. Tout ce que je sais, c'est qu'il est plutôt grand que petit. **3.** Ma bouche est grande, mes lèvres sont assez rouges et ni bien ni mal taillées. **4.** Mes cheveux sont noirs, naturellement frisés, assez épais et assez longs. (D'après F. de La Rochefoucauld, *Recueil des portraits et éloges*)

11 ★★ **Mêmes consignes.**

À Mademoiselle Yvonne M.

Yvonne sérieuse au visage pâlot /A pris du papier blanc et des couleurs à l'eau / Puis rempli ses godets d'eau claire à la cuisine. / Yvonnette aujourd'hui veut peindre. Elle imagine / De quoi serait capable un peintre de sept ans. / Ferait-elle un portrait ? Il faudrait trop de temps / Et puis la ressemblance est un point difficile / À saisir, il vaut mieux peindre de l'immobile / Et parmi l'immobile inclus dans sa raison / Yvonnette a fait choix d'une belle maison / Et la peint toute une heure en enfant douce et sage (...).

(G. Apollinaire, « Aquarelliste », *Alcools*)

CORRIGÉS

1 **1.** *basse* : fém. sing., dépend de *maison* ; *pentu* : masc. sing., dépend de *toit* ; *crayeux* : masc. plur., dépend de *murs*. **2.** *banale* : fém. sing., dépend de *demeure* ; *multicolore, splendide* : masc. sing., dépendent de *jardin*. **3.** *légers* : masc. plur., dépend de *feuillages* ; *foisonnants* : masc. plur., dépend de *arbustes* ; *chatoyantes* : fém. plur., dépend de *couleurs*. **4.** *douce* : fém. sing., dépend de *pente* ; *petite, tranquille* : fém. sing., dépendent de *rivière* ; *avoisinants* : masc. plur., dépend de *champs*.

2 **1.** *(des chaussures) noires, (des chaussettes) rouge pomme, (une jupe) jaune foncé, (une chemise) pastel, (des lunettes) roses.* **2.** *(des vêtements) orange, (d'accessoires) rouges, verts, jaune citron, bleu clair, bleu ciel, écarlates.* **3.** *(une casquette) orangée, (des gants) pourpres ou marron.*

3 Les noms dont dépendent les adjectifs sont entre parenthèses. **1.** (*yeux*) *bleus*, (*cheveux*) *ondulés*, (*dents*) *blanches éclatantes*. (*peau*) *hâlée*, *bel* (*Espagnol*), (*origine*) *berrichonne*. *Séduites*, *jeunes* (*filles*), (*sourire*) *charmeur*, (*voix*) *calme*, *posée*.
2. *joli* (*pied*), (*jambe*) *fine*, (*air*) *dégagé*, (*physionomie*) *animée*, (*bouche*) *mignonne*, (*sourcils, cheveux*) *noirs*, (*yeux*) *petits*, *enfoncés*.

3. *bonne, vieille, périgourdine, bâtie (maison), (toit) aigu, (rampe) pavée, gros (cailloux).*

4 3. *foisonnants ; chatoyantes.* 4. *avoisinants.*

5 1. *(plus) mince (que sa sœur)* : comparatif de supériorité. 2. *(très) mince* : intensité forte. 3. *(la plus) mince (de toute la famille)* : superlatif. 4. *(les plus) magnifiques (qui soient)* : superlatif. 5. *(le plus) haut (sommet des monuments humains)* : superlatif ; *(aussi) démesurée* : comparatif d'égalité ; *(la plus) géante (des pyramides)* : superlatif.

6 1. *parfaitement unie ; obliques, admirablement fendus ; un peu fortes, bien dessinées, plus blanches que des amandes sans leur peau ; un peu gros, noirs, bleus, longs, luisants.* 2. *Petit, très malheureux, seule de son espèce dans l'univers toutes semblables, seul.*

7 1. *(le) blanc, (le) rouge.* 2. *(L') essentiel, invisible.* 3. *(L') odieux, (du) ridicule.* 4. *bon, (le) propre.* 5. *perplexe, (le) vrai, (du) faux.* 6. *nombreuses, (Les) Précieuses ridicules, (Le) Malade imaginaire, (L') Étourdi, (Le) Misanthrope, (L') Avare.*

8 1. *(volait) haut, étoilé.* 2. *vexé, (coupa) court.* 3. *jeune, (travaillait) dur.* 4. *fin prêt.* 5. *(sentait) fort bon.*

9 1. *(plus) sauvages, romantiques (que celles du lac de Genève)* : comparatifs de supériorité ; *(moins) riantes* : comparatif d'infériorité. 2. *(plus) fréquents, (plus) rapprochés* : comparatifs de supériorité. 3. *heureux, grandes, commodes* : pas de degré ; *(peu) fréquenté* : intensité faible. 4. *beau, ronde, petites, habitée, cultivée, déserte* : pas de degré ; *(plus) petite* : comparatif de supériorité.

10 Les adjectifs sont soulignés dans les groupes adjectivaux.

1. *brun* : masc. sing. ; *assez uni* : masc. sing., intensité moyenne ; *élevé* : masc. sing. ; *raisonnable* : fém. sing. ; *noirs, petits, enfoncés* : masc. plur. ; *noirs, épais* : masc. plur. ; *bien tournés* : masc. plur. 2. *camus, aquilin, gros, pointu* : masc. sing. ; *plutôt grand que petit* : masc. sing., comparatif de supériorité ; *petit* : masc. sing.
3. *grande* : fém. sing. ; *assez rouges* : fém. plur., intensité moyenne ; *ni bien ni mal taillées* : fém. plur.
4. *noirs* : masc. plur. ; *naturellement frisés* : masc. plur. ; *assez épais, assez longs* : masc. plur., intensité moyenne.

11 Les adjectifs sont soulignés dans les groupes adjectivaux.

sérieuse : fém. sing. ; *pâlot* : masc. sing. ; *blanc* : masc. sing. ; *claire* : fém. sing., *de quoi... capable* : masc. sing., *difficile à saisir* : masc. sing., *(l') immobile* (2 fois) : adj. employé comme nom, masc. sing. ; *inclus* : masc. sing. ; *belle* : fém. sing. ; *douce, sage* : fém. sing.

Chapitre 2

FICHE

12

Les pronoms personnels

- *Qu'est-ce qu'un pronom personnel ?*
- *Quelles sont ses principales fonctions ?*
- *Quels sont les emplois spécifiques de certains pronoms personnels ?*

LES BASES

1 Qu'est-ce qu'un pronom personnel ?

Le pronom (excepté les pronoms de 1re et de 2e personnes) **remplace ou reprend** généralement un autre élément de l'énoncé.

- Un **nom**, comme l'indique son étymologie (*pro-* signifiant en latin « à la place de ») :

  Jean court car il a peur. ➜ Le pronom il remplace ou reprend le nom Jean.

- Un **groupe nominal**, le plus souvent :

  Ce jeune garçon a besoin d'aide. Il risque de se noyer. ➜ Le pronom il reprend le GN Ce jeune garçon.

- Un **adjectif** :

  Sympathique, Jean l'est à coup sûr ! ➜ Le pronom l' reprend l'adjectif sympathique.

- Une **proposition** ou même une **phrase entière** :

  Les loups ne mangent pas les enfants, Pierre le savait. ➜ Le pronom le reprend la proposition Les loups ne mangent pas les enfants.

1 ★ **Transformez les phrases suivantes en remplaçant les mots ou groupes soulignés par le pronom personnel adéquat.**

1. L'école avait toujours plu à Sophie. **2.** Sophie aimait retrouver sa maitresse, parler à ses amis et jouer avec ses amis. **3.** Mais, surtout, la jeune fille voulait tout savoir. **4.** Sophie admettait que ce serait difficile, mais sa soif d'apprendre était sans borne. **5.** C'est pourquoi ses parents avaient offert des livres à Sophie. **6.** Elle regardait ces livres sans cesse, et considérait ces livres comme des trésors.

2 Quels sont les différents pronoms personnels ?

<table>
<tr><th></th><th colspan="4">Formes conjointes</th><th>Formes disjointes</th></tr>
<tr><th>Personnes</th><th>Sujet</th><th>Complément direct</th><th colspan="2">Complément indirect</th><th></th></tr>
<tr><td>1re personne du singulier (P 1)</td><td>je</td><td colspan="3">me, m'</td><td>moi</td></tr>
<tr><td>2e personne du singulier (P 2)</td><td>tu</td><td colspan="3">te, t'</td><td>toi</td></tr>
<tr><td rowspan="2">3e personne du singulier (P 3)</td><td rowspan="2">il, elle, on</td><td>le, l', la, les</td><td>lui</td><td>en, y</td><td>lui, elle, lui-même, elle-même</td></tr>
<tr><td colspan="2">se, s'</td><td>–</td><td>soi (-même)</td></tr>
<tr><td>1re personne du pluriel (P 4)</td><td colspan="5">nous</td></tr>
<tr><td>2e personne du pluriel (P 5)</td><td colspan="5">vous</td></tr>
<tr><td rowspan="2">3e personne du pluriel (P 6)</td><td rowspan="2">ils, elles</td><td>les</td><td>leur</td><td>en, y</td><td rowspan="2">eux, elles, eux-mêmes, elles-mêmes</td></tr>
<tr><td colspan="2">se, s'</td><td>–</td></tr>
</table>

2 ★ **Relevez les pronoms personnels.**

1. Sa mère accompagnait Pierre chaque matin. Elle le tenait fermement, de peur qu'il ne tombe. **2.** Tu as vu cette grande bâtisse quand tu avais quatre ans ; elle t'avait impressionné. **3.** Je me souviens de ce jour où l'enseignante m'attacha la main parce que j'étais gauchère. **4.** Une très forte amitié nous liait depuis que nous étions au collège. **5.** Et vous ? Quel souvenir gardez-vous des années lycée ?

La forme des pronoms personnels varie suivant **plusieurs critères**.

- **La personne** : je chante, tu chantes, il chante.
- **Le nombre** : je parle/nous parlons ; il parle/ils parlent ; je le vois/je les vois.
- **Le genre**, pour ceux de troisième personne : *il/elle* ; *ils/elles* ; *le/la*.
- **La fonction** : il chante/je le vois/je lui parle.
- **La place** :

  Il me parle. ➜ Il et me sont des formes **conjointes**, placées juste avant le verbe.

  D'autres formes conjointes peuvent se trouver après le verbe, notamment à l'impératif : Donne-le.

  Il parle avec moi. ➜ moi est ici une forme **disjointe**, introduite par une **préposition**.

Il existe également des **pronoms réfléchis** (➜ Fiche 25, p. 209), qui renvoient au sujet : je me lave/il se lave/tu te laves.

3 ★★ **a. Relevez les pronoms personnels ; donnez leur personne, leur nombre et, éventuellement, leur genre.**
b. Classez-les en pronoms conjoints ou disjoints.

1. Les enfants se tournèrent vers l'enseignant. Ils ne comprenaient pas pourquoi il leur avait donné cet exercice. Une élève lui lança : « Nous ne voyons pas ce que vous voulez de nous ! »
2. Un jour, à la piscine, j'ai cru que j'allais me noyer. Mais, heureusement, le maitre nageur a vu le problème ; il a sauté dans l'eau et s'est précipité vers moi.
3. Vous croyez vraiment que cet exercice de grammaire est trop difficile pour vous ?
4. Jean pria Julie de lui rendre sa feuille ; comme elle refusait, il la lui arracha des mains.

3 Quelles sont les principales fonctions des pronoms personnels ?

Étant donné que le pronom personnel est généralement l'équivalent d'un nom ou d'un GN, il peut revêtir **toutes les fonctions du nom ou du GN** :

- **sujet du verbe** : Il cherchait son nom sur les listes d'élèves affichées.
- **COD du verbe** : Le maitre l'appela.
- **COI du verbe** : Le maitre lui parla d'une voix douce.
- **COS du verbe** : Il lui demanda son nom.
- **attribut du sujet** : Anxieux, l'élève l'était assurément !
- **complément circonstanciel** : Alors, il avança avec nous.

→ Fiches 16, 17, 18 et 21, p. 130, 138, 147 et p. 171.

4 ★★ **Indiquez la fonction des pronoms personnels.**

1. Je le regardais. Je le voyais approcher peu à peu.
2. Il était nouveau et ne savait donc pas dans quelle classe nous l'avions affecté.
3. Je lui ai parlé pour le rassurer.
4. « Vous êtes gentil, Monsieur ! Je veux rester à côté de vous ! »
5. « Gentil, je le suis peut-être, mais je ne peux pas te prendre dans ma classe, car tu es trop âgé ! »

OUVRONS L'ŒIL

1 Quels sont les emplois spécifiques de certains pronoms personnels ?

A Le pronom *il*

Le pronom *il* est appelé **pronom impersonnel** lorsqu'il ne reprend pas de nom ou de GN et n'a donc **pas de contenu sémantique** (Fiche 2, p. 10). Il joue juste le rôle de **sujet du verbe** :

Il pleut ; il faut partir ; il arrive toujours des choses bizarres dans cette école.

Dans le dernier exemple, il est considéré comme sujet apparent ou grammatical et le GN des choses bizarres est considéré comme sujet logique ou réel, non comme COD (Fiche 16, p. 134).

5 ★ **Dans les phrases suivantes, le pronom *il* est-il impersonnel ?**

1. Il est nécessaire de trouver le verbe pour analyser les phrases. **2.** Prends ton gouter, il est nécessaire à ton bien-être ! **3.** Daniel Pennac raconte les expériences qu'il a vécues comme élève, puis comme enseignant. Il parait qu'il était un élève médiocre. **4.** Il faisait froid et Pierre voyait la neige couvrir la cour. Il en était heureux. **5.** Il est arrivé trois nouveaux élèves, ce matin. Le maitre les a invités à s'installer là où il leur semblait bon.

B Le pronom *on*

Le pronom *on*, appelé **pronom personnel indéfini**, est toujours **sujet**. Il peut renvoyer :

- à une ou plusieurs personne(s) à l'identité inconnue :
  On a sonné. On a toujours besoin d'un plus petit que soi.
- au pronom *nous*, très souvent : On est parti en classe de mer.
- à un autre pronom : Qu'on est sage aujourd'hui ! ➜ *Tu* ou *vous*.
  On fait aller. ➜ *Je*.

C Les pronoms *nous* et *vous*

- **Nous** peut désigner :
  - **l'énonciateur associé à d'autres personnes :**
    Nous y allons ? ➜ *Je + tu* ou *vous* ;
    Ma sœur et moi sommes allés nous promener. ➜ *Je + elle* ;
    Mes frères et moi sommes allés nous promener. ➜ *Je + ils* ;

– **l'énonciateur seul :**

Nous commencerons ce chapitre par l'histoire d'un jeune écolier. ➜ *Nous* de modestie ou d'auteur ;

Nous, roi de Navarre... ➜ *Nous* de majesté.

- **Vous** peut désigner :

– **plusieurs interlocuteurs ou un interlocuteur associé à une autre ou à d'autres personnes :**

Levez-vous, les enfants ! Jean et toi, vous avez toujours détesté l'école !

– **l'interlocuteur seul :**

Asseyez-vous, Monsieur l'Inspecteur. ➜ *Vous* de politesse.

6 ★★ **Précisez à quel référent renvoient les pronoms personnels *on, nous* et *vous*.**

1. Mes amis et moi sommes partis nous baigner. On a bien ri. **2.** Dans une première partie, nous traiterons du rôle de l'enseignant. **3.** Vous êtes invité au spectacle scolaire. **4.** Chers parents, vous êtes invités au spectacle scolaire. **5.** On n'apprend pas à un vieux singe à faire la grimace.

D Les pronoms *en* et *y*

Les pronoms *en* et *y*, souvent appelés **pronoms adverbiaux**, remplacent ou reprennent généralement un **groupe prépositionnel (GP)**.

- ***y* = GP introduit par *à* ou *dans* :**

Je vais à l'école ; j'y ai plein d'amis. ➜ y est CC de lieu (y = dans l'école).

J'aime ce livre ; j'y pense souvent. ➜ y est COI (y = à ce livre).

- ***en* = GP introduit par *de* :**

Je les retrouve là-bas et je m'en réjouis. ➜ en est COI (en = de les retrouver là-bas).

J'en sors. ➜ en est complément essentiel du verbe, exprimant le lieu.

La cour de cette école embaume. J'en aime le parfum. ➜ en est complément du nom parfum (en = de la cour de cette école).

J'en suis fier. ➜ en est complément de l'adjectif (er = de cela).

Des livres, j'en ai lu. ➜ en est COD (en = des livres).

C'EST FACILE ! **Comment différencier *en* pronom personnel et *en* préposition ?**

***En* pronom personnel** remplace un groupe prépositionnel et fonctionne seul : J'en parle (= je parle de ce sujet), alors que ***en* préposition** introduit un groupe prépositionnel : Il a un stylo en métal doré ; il chante en marchant.

7 ★★ **Relevez les pronoms *en* et *y*. Donnez leur fonction.**

1. Jean pensait à sa récitation : il y pensait tous les soirs et en rêvait la nuit. **2.** En sortant de l'école, Pierre pensa qu'il s'y sentait vraiment bien. **3.** Des billes, il en gagnait beaucoup ! Il en parlait à tous, tant il en était heureux. **4.** Il avait réussi à gagner une bille en verre multicolore, en était ravi, mais en voulait encore.

8 ★★ **Mêmes consignes.**

1. Il en avait fait, des kilomètres, pour arriver à son école ! **2.** Il en voyait, enfin, la cour, là, devant lui : des enfants y jouaient, en attendant la sonnerie. **3.** L'école embaumait ; il en sentait le parfum de loin. **4.** Il pensa à la première fois où il était venu ; il s'en souvenait parfaitement : sa mère l'y avait presque trainé ! **5.** Et maintenant, il était tellement heureux d'y être, d'en profiter pour apprendre et grandir.

2 *le, la, les, l'* et *leur* : pronoms personnels ou déterminants ?

Lorsqu'ils sont **déterminants**, *le*, *la*, *les*, *l'*, et *leur* **précèdent un nom** ; lorsqu'ils sont **pronoms**, ils **remplacent ou représentent un nom, un GN ou une proposition** (→ Fiche 8, p. 64).

Je cherche la maitresse... Je la vois enfin !

Le premier la est un déterminant ; le second est un pronom personnel.

Les enfants prennent leur stylo. Le maitre leur dit d'écrire la date.

Le premier leur est déterminant, puisqu'il dépend de stylo ; le second est pronom personnel (et ne prend jamais de -s) puisqu'il remplace le GN les enfants.

→ Fiche 8, exercices 13 et 14, p. 64 et p. 65.

9 ★★ **Relevez les pronoms personnels *le, la, l', les* et *leur*. Justifiez votre réponse.**

1. Pierre et Julie appréciaient leur école et cherchaient comment la rendre encore plus accueillante. **2.** Les enfants aimaient pratiquer la musique ; leur maitre les entrainait à chanter en duo et leur permettait de choisir leur partenaire. **3.** Le soir, les élèves donnaient leur production écrite à l'enseignant qui la leur rendait le lendemain matin, les pages souvent zébrées d'encre rouge. **4.** La sage Éloïse cherchait l'amitié de Sabine et de Sophie, mais elle ne savait comment le leur dire et elles la repoussaient. **5.** Elle les voyait se moquer d'elle, ce qui l'attristait au plus haut point.

S'ENTRAINER

10 ★ **Transformez les phrases suivantes en remplaçant les mots ou groupes soulignés par le pronom personnel adéquat.**

1. Jeanne cherchait son cartable partout. **2.** Quelle joie lorsque les enseignants proposaient des jeux et des sorties aux enfants ! **3.** Jean n'arrivait pas à oublier cela. **4.** Julie ne pouvait nier que les leçons étaient longues, mais elle gardait un bon souvenir de ces moments. **5.** Philippe parle souvent à son ami de leurs souvenirs d'enfance. **6.** Il rappelle les bons moments vécus ensemble et évoque les bonbons qu'il partageait avec son ami.

11 ★★★ **Relevez les pronoms personnels ; précisez leur personne, leur nombre, éventuellement leur genre, et leur fonction.**

1. Mon grand-père avait décidé de m'inscrire au Lycée Montaigne. **2.** Un matin, il m'emmena chez le proviseur et lui vanta mes mérites : je n'avais que le défaut d'être trop avancé pour mon âge. **3.** Le proviseur donna les mains à tout : on me fit entrer en huitième et je pus croire que j'allais fréquenter les enfants de mon âge. **4.** Mais non : après la première dictée, mon grand-père fut convoqué en hâte par l'administration ; il revint enragé, tira de sa serviette un méchant papier couvert de gribouillis, de taches et le jeta sur la table : c'était la copie que j'avais remise. **5.** On avait attiré son attention sur l'orthographe – « le lapen çovache ême le ten », et tenté de lui faire comprendre que ma place était en dixième préparatoire.

(Jean-Paul Sartre, *Les Mots* © Éditions Gallimard)

12 ★★★ **Relevez et analysez les pronoms personnels (personne, nombre, genre, fonction, emploi). Vérifiez le corrigé entre chaque série.**

a. 1. Donc, j'étais un mauvais élève. Chaque soir de mon enfance, je rentrais à la maison poursuivi par l'école. **2.** Mes carnets disaient la réprobation de mes maitres. Quand je n'étais pas le dernier de ma classe, c'est que j'en étais l'avant-dernier. (Champagne !) [...] **3.** – Tu comprends ? Est-ce que seulement tu comprends ce que je t'explique ? **4.** Je ne comprenais pas. Cette inaptitude à comprendre remontait si loin dans mon enfance que la famille avait imaginé une légende pour en dater les origines : mon apprentissage de l'alphabet. **5.** J'ai toujours entendu dire qu'il m'avait fallu une année entière pour retenir la lettre *a*.

b. 1. – Ah ! Terribles sentinelles, les majuscules ! Il me semblait qu'elles se dressaient entre les noms propres et moi pour m'en interdire la fréquentation [...]. **2.** Halte là, s'exclamait la majuscule, on ne franchit pas la porte de ce nom, il est trop propre, on n'en est pas digne, on est un crétin !

(Daniel Pennac, *Chagrin d'école* © Éditions Gallimard)

CORRIGÉS

1 **1.** *lui (avait plu).* **2.** *Elle (aimait), la (retrouver), leur (parler), (avec) eux.* **3.** *Elle (voulait).* **4.** *Elle l' (admettait).* **5.** *lui (avaient offert).* **6.** *Elle les (regardait), les (considérait).*

2 **1.** *Elle, le, il.* **2.** *Tu* (2 fois), *elle, t'.* **3.** *Je, me, m', j'.* **4.** *Nous* (2 fois). **5.** *Vous* (2 fois).

3 **a. 1.** *se (tournèrent)* : pron. réfléchi, 3e pers., masc. plur. ; *ils (ne comprenaient pas)* : 3e pers., masc. plur. ; *il (leur avait)* : 3e pers., masc. sing. ; *leur (avait)* : 3e pers., masc. plur. ; *lui (lança)* : 3e pers., masc. sing. ; *nous* (2 fois : *voyons, de nous*) : 1re pers., masc. plur. ; *vous (voulez)* : 2e pers., masc. plur. **2.** *J'* (2 fois : *ai cru, allais*), *(vers) moi* : 1re pers. sing. ; *me (noyer)* : pron. réfléchi, 1re pers. sing. (impossible de connaitre le genre) ; *il (a sauté)* : 3e pers., masc. sing. ; *s'(est précipité)* : pron. réfléchi, 3e pers., masc. sing. **3.** *Vous* (2 fois : *vous croyez, pour vous*) : 2e pers. plur. (impossible de connaitre le genre). **4.** *lui (rendre)* : 3e pers., masc. sing. ; *elle (refusait)* : 3e pers., fém. sing. ; *il (la lui arracha)* : 3e pers., masc. sing. ; *la (lui arracha)* : 3e pers., fém. sing ; *lui (arracha)* : 3e pers., fém. sing.

b.

Pronoms personnels conjoints	Pronoms personnels disjoints
1. *se, ils, il, leur, lui, nous (voyons), vous.* **2.** *j'* (2 fois), *me, il, s'.* **3.** *vous (croyez).* **4.** *lui* (2 fois), *elle, il, la.*	**1.** *(de) nous.* **2.** *(vers) moi.* **3.** *(pour) vous.*

4 **1.** *Je* : sujet de *regarder* ; *le* : COD de *regarder* ; *je* : sujet de *voir* ; *le* : sujet de *approcher* (*Le approcher peu à peu* est une prop. sub. infinitive → **Fiche 5**, p. 79). **2.** *Il* : sujet de *être* et de *savoir* ; *nous* : sujet d'*affecter* ; *l'* : COD d'*affecter*. **3.** *Je* : sujet de *parler* ; *lui* : COI de *parler* ; *le* : COD de *rassurer*. **4.** *vous (êtes)* : sujet de *être* ; *je* : sujet de *vouloir* ; *(à côté de) vous* : noyau du gr. prép. compl. essentiel de lieu. **5.** *je* : sujet de *être* ; *le* : attribut du sujet *je* ; *je* : sujet de *pouvoir* ; *te* : COD de *prendre* ; *tu* : sujet de *être*.

5 **1.** Oui. **2.** Non, car *il* reprend le GN *ton gouter*. **3.** *Il (a vécues), il (était)* : non, car *il* reprend *Daniel Pennac* ; *il (parait)* : oui .**4.** *Il (faisait)* : oui ; *il (était)* : non, car reprend le nom *Pierre*. **5.** *Il (est arrivé), il (semblait)* : oui.

6 **1.** *nous, on = mes amis et moi.* **2.** *nous* = je. **3.** *Vous* renvoie à un seul interlocuteur, masculin, comme le montre l'accord du participe passé *invité.* **4.** *vous* : renvoie à plusieurs interlocuteurs, comme le montrent l'apostrophe *chers parents* et le participe passé *invités.* **5.** *On* renvoie à une ou plusieurs personne(s) à l'identité inconnue, comme le montre la forme proverbiale de l'énoncé.

7 **1.** *y (pensait)* : COI de *penser* ; *en (rêvait)* : COI de *rêver*. **2.** *y (sentait)* : CC de lieu. **3.** *en (gagnait)* : COD de *gagner* ; *en (parlait)* : COI de *parler* ; *en (était heureux)* : compl. de l'adjectif *heureux*. **4.** *en (était ravi)* : compl. de l'adjectif *ravi* ; *en (voulait)* : COD de *vouloir*.
Remarque : Dans *En sortant* et *en verre*, *en* est une préposition et non un pronom.

8 1. *en (avait fait)* : COD de *faire*. 2. *en (voyait)* : compl. du nom *cour* ; *y (jouaient)* : CC de lieu. 3. *en (sentait)* : compl. du nom *parfum*. 4. *en (souvenait)* : COI de *se souvenir* ; *y (avait)* : CC de lieu. 5. *y (être)* : compl. essentiel exprimant le lieu ; *en (profiter)* : COI de *profiter*.
Remarque : Dans *en attendant*, *en* est une préposition et non un pronom.

9 1. *la (rendre)* : reprend le GN *leur école*. 2. *les (entrainait), leur (permettait)* : reprennent le GN *les enfants*. 3. *la (rendait)* : reprend le GN *leur production écrite* ; *leur (rendait)* : reprend le GN *les élèves*. 4. *le (dire)* : reprend la proposition *La sage Éloïse cherchait l'amitié de Sabine et de Sophie* ; *leur (dire)* : reprend les noms *Sabine* et *Sophie* ; *la (repoussaient)* : reprend le GN *La sage Éloïse*. 5. *les (voyait)* : reprend les noms *Sabine* et *Sophie* ; *l' (attristait)* : reprend le GN *La sage Éloïse*.
Remarque : Dans la phrase 5, le pronom personnel constitue le sujet de la prop. sub. infinitive [*les se moquer d'elle*].

10 1. *Elle le (cherchait)*. 2. *ils leur (proposaient)*. 3. *l' (oublier)*. 4. *le (nier)* ; *en (gardait)*. 5. *Il lui en (parle)*. 6. *les (rappelle)* ; *(avec) lui*.

11 1. *m' (inscrire)* : 1re pers., masc. sing. (comme le montre *avancé* dans la phrase suivante), COD d'*inscrire*. 2. *il (m'emmena)* : 3e pers., masc. sing., sujet d'*emmener* ; *m' (emmena)* : 1re pers., masc. sing., COD d'*emmener* ; *lui* : 3e pers., masc. sing., COS de *vanter* ; *je* : 1re pers., masc. sing., sujet d'*avoir*. 3. *on* : 3e pers., masc. sing., sujet de *faire entrer* ; *me* : 1re pers., masc. sing., COD de *faire entrer* ; *je* : 1re pers., masc. sing., sujet de *pouvoir* ; *j'* : 1re pers., masc. sing., sujet de *fréquenter*. 4. *il* : 3e pers., masc. sing., sujet de *revenir, tirer* et *jeter* ; *le* : 3e pers., masc. sing., COD de *jeter* ; *j'* : 1re pers., masc. sing., sujet de *remettre*. 5. *On* : 3e pers., masc. sing., sujet d'*attirer* et *tenter* ; *lui* : 3e pers., masc. sing., COS de *faire comprendre*.

12 a. 1. *j'* : 1re pers., masc. sing. (comme le montrent le déterminant *un* et le participe *poursuivi*), sujet de *être*, désigne le narrateur ; *je* : 1re pers., masc. sing., sujet de *rentrer*, désigne le narrateur. 2. *je* et *j'* : 1re pers., masc. sing., sujet de *être*, désignent le narrateur ; *en* : 3e pers. sing., remplace le GN *la classe*, compl. de l'adj. employé comme nom *dernier*. 3. *tu* (2 fois) : 2e pers., masc. sing., sujet de *comprendre*, désigne l'interlocuteur ; *je* : 1re pers., sing., sujet d'*expliquer* ; désigne le locuteur, impossible de déterminer le genre ; *t'* : 2e pers., masc. sing., COS d'*expliquer*, désigne l'interlocuteur. 4. *Je* : 1re pers., masc. sing., sujet de *comprendre*, désigne le narrateur ; *en* : 3e pers. sing., compl. du nom *origines*, reprend *cette inaptitude à comprendre*. 5. *J'* : 1re pers., masc. sing., sujet d'*entendre*, désigne le narrateur ; *il* : pron. impersonnel, 3e pers., neutre, sujet de *falloir* ; *m'* : 1re pers., masc. sing., COI de *falloir*, désigne le narrateur.
b. 1. *Il* : pron. impersonnel, 3e pers., neutre, sujet de *sembler* ; *me* : 1re pers., masc. sing., COI de *sembler*, désigne le narrateur ; *elles* : 3e pers., fém. plur., sujet de *se dresser*, renvoie au GN *les majuscules* ; *se* : pron. réfléchi, fém. plur. (puisqu'il renvoie au sujet *elles*), COD de *dresser* ; *moi* : 1re pers., masc. sing., forme disjointe, fait partie du CC de lieu *entre les noms propres et moi*, désigne le narrateur ; *m'* : 1re pers., masc. sing., COS d'*interdire*, désigne le narrateur ; *en* : 3e pers., masc. plur., compl. du nom *fréquentation*, reprend le GN *les noms propres*. 2. *s'* : pron. réfléchi, COD de *exclamer* ; *on* : 3e pers. sing., sujet de *franchir*, mis probablement pour *tu* ; *il* : 3e pers., masc. sing., sujet de *être*, reprend le GN *ce nom* ; *on* (2 fois) : 3e pers. sing., sujet de *être*, mis probablement pour *tu*.

Chapitre 2

FICHE 13

Les pronoms autres que personnels

- *Comment identifier les pronoms autres que les pronoms personnels ?*
- *Comment distinguer les pronoms des déterminants ?*
- *Quelles peuvent être les fonctions de ces pronoms ?*

LES BASES

1 Quels sont les pronoms autres que personnels ?

pronoms possessifs	le(s) mien(s), le(s) tien(s), le(s) sien(s), le(s) nôtre(s), le(s) vôtre(s), le(s) leur(s), la/les mienne(s), la/les tienne(s), la/les sienne(s), la nôtre, la vôtre, la leur, au mien, du mien...
pronoms démonstratifs	celui, celle, ceux, celles, celui-ci/-là, celle(s)-ci/-là, ceux-ci/-là, ceci, cela, ce, ça.
pronoms indéfinis	tous, tout(e-s), tout le monde, l'un(e), les un(e)s, un(e) autre, d'autres, l'autre, les autres, aucun(e), certain(e-s), tel(le)(s), même(s), nul(le), quelqu'un(e), quelques-un(e)s, quelque chose, personne, autrui, d'aucuns, chacun(e), grand-chose, autre chose, n'importe qui/quoi/lequel, plusieurs, rien, pas un(e), beaucoup, peu, la plupart...
pronoms interrogatifs	qui, que, quoi, à/de qui, de/en/par quoi, lequel, auquel, duquel, (à/de) laquelle, lesquel(le)s, auxquel(le)s, desquel(le)s, qui est-ce qui, qu'est-ce qui, qu'est-ce que.
pronoms relatifs	qui, que, quoi, dont, où, lequel, auquel, duquel, (à/de) laquelle, lesquel(le)s, auxquel(le)s, desquel(le)s (→ Fiche 7, p. 47).

Il existe **plusieurs sortes de pronoms** autres que les pronoms personnels. Ils équivalent généralement à un GN constitué du déterminant correspondant au pronom et d'un nom.

Chaque élève prend son stylo. / Chacun écrit « Dictée ». → Chacun est un **pronom indéfini**.

Cet enfant a peur. / Celui-là est confiant. → Celui-là est un **pronom démonstratif**.

Mon stylo est bleu ; le tien est vert. → Le tien est un **pronom possessif**.

Ils peuvent aussi reprendre un nom ou un GN :

J'aime ce texte qui évoque un monde inconnu. ➜ qui est un **pronom relatif**, qui reprend le GN ce texte.

1 ★ **Relevez les pronoms autres que personnels et précisez leur catégorie.**

1. Ces élèves sont bons en orthographe, ceux-là un peu moins. **2.** À l'annonce « Dictée ! », tes lèvres tremblent et les miennes deviennent sèches. **3.** Que veut le professeur ? **4.** Je cherche l'orthographe de ce mot qui m'a toujours posé problème. **5.** Votre travail est plein d'erreurs ; le nôtre est correct. **6.** Quelques élèves ont réussi, quelques-uns ont eu des difficultés et plusieurs ont eu des hésitations.

2 ★★ **Mêmes consignes.**

1. Tous levèrent la tête, effrayés à l'idée d'une dictée. **2.** Certains avaient peur de ne se souvenir de rien, d'autres cherchaient à échapper au regard de l'enseignant : personne n'était rassuré. **3.** Ils avaient peur d'écrire n'importe quoi et chacun regardait l'autre d'un air navré. **4.** Tout le monde était époustouflé par Bernard qui écrivait sans réfléchir : « Ça, c'est extraordinaire ! Comment fait-il ? » **5.** Tout le monde finit par souffler quand le maitre dit : « Point final ! » et ajouta : « Mais qu'est-ce qui vous prend d'être aussi angoissés ? Ce n'est rien qu'un petit exercice de révision ! »

C'EST FACILE ! Pronom ou déterminant ?

Le pronom fonctionne seul et peut être remplacé par un GN, alors que **le déterminant dépend d'un nom et le précède** (➜ Fiche 8, p. 58).

Chacun chante. ➜ pronom indéfini / Chaque adulte chante. ➜ déterminant indéfini.

Ce doit être vrai. ➜ pronom démonstratif (= cette chose doit être vraie) / ce chien ➜ déterminant démonstratif.

mon chien ➜ déterminant possessif / le mien ➜ pronom possessif (= mon chien).

3 ★ **Transformez les GN soulignés en pronoms.**

1. Tous les élèves avaient aimé ces exercices d'orthographe. **2.** Aucun élève n'a commis d'erreurs grossières, même si plusieurs élèves ont trouvé des difficultés à accorder les verbes. En effet, quelques verbes présentaient des particularités. **3.** Ton fils a-t-il eu des problèmes ? Mes fils, non. Quels problèmes a-t-il eus ? **4.** L'élève que tu vois ici est très concentré, alors que l'élève qui est là-bas semble moins attentif. **5.** Quel élève est votre fils ? Notre fils est l'élève qui porte un pull rouge.

4 ★★ **Les termes soulignés sont-ils des pronoms ? Expliquez pourquoi et précisez la catégorie de chacun.**

1. Plusieurs écrivains ont des problèmes en orthographe. Beaucoup le reconnaissent, la plupart le cachent.

2. Une éditrice raconte que cela l'horripile de recevoir des manuscrits truffés d'erreurs. Ceci dit, elle admet que nul n'est parfait et que certaines fois, elle commet aussi des erreurs de toutes sortes, comme les auteurs de ces manuscrits, aussi impardonnables que les leurs.

3. Quelques-uns ont raconté leurs déboires, quand, élèves, ils étaient confrontés à cette torture qu'était pour eux la dictée.

4. Nathalie Sarraute écrit, dans *Enfance* : « Les mots de la dictée semblent être des mots choisis pour leur beauté, leur pureté parfaite. Chacun se détache avec netteté, sa forme se dessine comme jamais celle d'aucun mot de mes livres. »

2 Quelles sont les principales fonctions des pronoms autres que personnels ?

Comme les pronoms personnels, les autres pronoms peuvent revêtir **les fonctions d'un nom ou d'un GN**, puisqu'ils en sont généralement les équivalents. Les principales sont :

- **sujet du verbe :** Tous sont contents de leur écrit.
  Qui veut relire son texte ?
- **COD du verbe :** Il regardait celui-là avec sévérité.
- **COI du verbe :** Je ne pensais pas à ça.
- **COS du verbe :** Il donna une feuille à chacun.

5 ★★ **Relevez les pronoms autres que personnels ; précisez leur catégorie et leur fonction.**

1. Beaucoup avaient tout révisé. **2.** Ils se demandaient : « Que faire pour réussir cet exercice ? » **3.** L'enseignant, lui, ne savait plus quoi faire pour aider Max en orthographe. S'il savait comment soutenir la plupart, il s'arrachait les cheveux sur le cas de celui-ci. **4.** Alors que Jules savait corriger ses erreurs, Max ne réussissait pas à voir les siennes. **5.** « Cela ne doit pas être difficile, pourtant ! », telles étaient les pensées de M. Gil, que tourmentait le sort de Max. **6.** Il décida de demander l'aide d'autrui et s'adressa à quelqu'un qu'il considérait comme plus compétent que lui.

S'ENTRAINER

6 ★ **Relevez les pronoms autres que personnels et précisez leur catégorie.**

1. Plusieurs avaient tout essayé. **2.** Tout le monde voulait prendre sa place. **3.** Mais rien n'y faisait : pas un n'y arrivait. Celui qui essayait de tout apprendre par cœur n'avait pas plus de succès que celle qui copiait les mots sur une antisèche. **4.** Michel les surpassait tous, dès qu'il s'agissait d'écrire n'importe quoi. **5.** Qu'est-ce qui pouvait expliquer cette « bosse de l'orthographe » ? Personne ne le savait. **6.** Ce qui était sûr, c'est que ses notes étaient toujours excellentes, alors que les leurs étaient souvent proches de zéro.

7 ★★ **Donnez la catégorie et la fonction des pronoms autres que personnels.**

1. Chacun de nous, petits et grands, avait un respect sacré pour la dictée et pour les élèves qui faisaient cet exercice.[...] **2.** Dans l'école, c'était l'heure du recueillement. Personne n'avait plus envie de sortir pour pisser ou satisfaire quelque autre besoin. Ceux du cours préparatoire épelaient leur b-a ba à voix basse.[...] **3.** Personne n'essayait de souffler ou de demander que quelqu'un lui souffle : ça méritait une raclée.

(D'après M. Torga, *La Création du monde*, © Flammarion, coll. « GF »)

8 ★★★ **Relevez tous les pronoms et précisez leur catégorie.**

Remarque : Vous pouvez vous aider de la Fiche 12, p. 94.

1. Dans *Le Champ de personne*, D. Picouly raconte comment chacune des dictées qu'il effectuait en classe était, pour lui, un combat. **2.** Il lui semblait livrer bataille aux homophones qu'il voyait comme une armée d'Indiens, dont le but était de le piéger. **3.** Pourtant, écrit-il, « Chaque fois que le maitre rend les copies, je vois bien qu'il ne comprend pas comment je peux, avec une telle orthographe, écrire les meilleures rédactions de la classe. Pas toujours, mais souvent. **4.** – Il y a tellement de fautes que parfois tes histoires disparaissent. On les sent, mais on ne les voit plus. **5.** Des histoires avec une odeur, c'est déjà pas mal. Les fautes, je n'y peux rien. Pourtant, j'essaie de me guérir de cette gentille maladie inconnue, mais dès la première dictée je rechute. Un jour, ils m'ont même fait passer une visite médicale à l'école. »

(D. Picouly, *Le Champ de personne*, © Éditions J'ai lu)

9 ★★★ **Relevez tous les pronoms, donnez leur catégorie et leur fonction.**

1. Je flotte dans les airs comme un albatros, plus confiant encore que Delac qui ne fait jamais aucune faute, à aucun mot. Il attend, serein, son porte-plume levé comme une lance de chevalier de la Table ronde avant l'assaut. **2.** C'est l'Ivanhoé de l'imparfait du subjonctif. En plus, il le parle couram-

ment, même à la récréation. « Il me serait agréable que tu me rendisses mon gouter. » Il peut toujours courir. 3. – Cette dictée est extraite d'un livre de Marcel Grimaud, *Le Paradis des autres*, qui est dans notre bibliothèque. 4. Le maitre désigne l'armoire vitrée au fond de la classe. Tout le monde se retourne comme s'il s'inquiétait qu'elle ait disparu.
(D. Picouly, *Le Champ de personne*, © Éditions J'ai lu)

CORRIGÉS

1 1. *ceux-là* : pron. démons. 2. *les miennes* : pron. poss. 3. *que* : pron. interro. 4. *qui* : pron. relatif. 5. *le nôtre* : pron. poss. 6. *quelques-uns*, *plusieurs* : pron. indéf.

2 1. *Tous* : pron. indéf. 2. *Certains, rien, d'autres, personne* : pron. indéf. 3. *n'importe quoi, chacun, l'autre* : pron. indéf. 4. *Tout le monde* : pron. indéf. ; *qui* : pron. relatif ; *Ça, c'* : pron. démons. 5. *Tout le monde, rien* : pron. indéf. ; *qu'est-ce qui* : pron. interr. ; *Ce* : pron. démons.

3 1. Tous. 2. Aucun, plusieurs, quelques-uns. 3. Les miens, Lesquels. 4. Celui, celui. 5. Lequel, Le nôtre, celui.

4 1. Plusieurs : non, dét. indéf., car il se trouve devant le nom *écrivains* ; beaucoup, la plupart : oui, pron. indéf., ils ne se trouvent pas devant un nom et remplacent respectivement les GN *beaucoup d'écrivains* et *la plupart des écrivains*.
2. cela : oui, pron. démons., ne se trouve pas devant un nom et remplace le groupe infinitif *de recevoir des manuscrits truffés d'erreurs* ; Ceci : oui, pron. démons., ne se trouve pas devant un nom et remplace la proposition *cela l'horripile de recevoir des manuscrits truffés d'erreurs* ; nul : oui, pron. indéf., car il ne se trouve pas devant un nom et remplace le GN *nul individu* ; certaines : non, dét. indéf., se trouve devant le nom *fois* ; toutes : non, dét. indéf., se trouve devant le nom *sortes* ; ces : non, dét. démon., se trouve devant le nom *manuscrits* ; *les leurs* : oui, pron. poss., ne se trouve pas devant un nom et remplace le GN *leurs erreurs*.
3. Quelques-uns : oui, pron. indéf., ne se trouve pas devant un nom et remplace le GN *quelques auteurs* ; leurs : non, dét. poss., se trouve devant le nom *déboires* ; cette : non, dét. démons., se trouve devant le nom *torture*.
4. leur (2 fois) : non, dét. poss., se trouvent devant les noms *beauté* et *pureté* ; Chacun : oui, pron. indéf., ne se trouve pas devant un nom et remplace le GN *chaque mot* ; celle : oui, pron. démons., ne se trouve pas devant un nom et remplace le GN *cette forme* ; aucun : non, dét. indéf., se trouve devant le nom *mot* ; mes : non, dét. poss., se trouve devant le nom *livres*.

5 1. *Beaucoup* : pron. indéf., sujet de *réviser* ; *tout* : pron. indéf., COD de *réviser*. 2. *Que* : pron. interro., COD de *faire*. 3. *quoi* : pron. interro., COD de *faire* ; *la plupart* : pron. indéf., COD de *soutenir* ; *celui-ci* : pron. démons., compl. du nom *cas*. 4. *les siennes* : pron. poss., COD de *voir*. 5. *Cela* : pron. démons., sujet de *devoir* ; *telles* : pron. indéf., sujet de *être* ; *que* : pron. relatif, COD de *tourmenter*. 6. *autrui* : pron. indéf., compl. du nom *aide* ; *quelqu'un* : pron. indéf., COI de *s'adresser* ; *qu'* : pron. relatif, COD de *considérer*.

6 1. *Plusieurs*, *tout* : pron. indéf. 2. *Tout le monde* : pron. indéf. 3. *rien*, *pas un*, *tout* : pron. indéf. ; *celui qui*, *celle qui* : locutions relatives formées du pron. démons. *celui/celle* et du pron. relatif *qui*. 4. *tous*, *n'importe quoi* : pron. indéf. 5. *Qu'est-ce qui* : pron. interro ; *Personne* : pron. indéf. 6. *Ce qui* : locution relative formée du pron. démons. *Ce* et du pron. relatif *qui* ; *c'* : pron. démons. ; *les leurs* : pron. poss.

7 1. *Chacun* : pron. indéf., sujet de *avoir* ; *qui* : pron. rel., sujet de *faire*. 2. *c'* : pron. démons., sujet de *être* (avec lequel il forme un présentatif) ; *personne* : pron. indéf., sujet de *avoir* ; *ceux* : pron. démons., sujet de *épeler*. 3. *Personne* : pron. indéf., sujet de *essayer* ; *quelqu'un* : pron. indéf., sujet de *souffler* ; *ça* : pron. démons., sujet de *mériter*.

8 1. *personne*, *chacune* : pron. indéf. ; *qu'* : pron. relatif ; *il*, *lui* : pron. pers. 2. *il (lui semblait)* : pron. impersonnel ; *lui* : pron. pers. ; *qu'* : pron. relatif ; *il* (*voyait*) : pron. pers. ; *dont* : pron. relatif ; *le (piéger)* : pron. pers. 3. *(écrit)-il* : pron. pers. ; *je (vois)* : pron. pers. ; *il (ne comprend)* : pron. pers. ; *je (peux)* : pron. pers. 4. *Il (y a)* : pron. impersonnel ; *y* : pron. pers. ; *on* (2 fois) : pron. pers. ; *les* (2 fois) : pron. pers. 5. *c'* : pron. démons. ; *je (n'y peux)* : pron. pers. ; *y (peux)* : pron. pers. ; *rien* : pron. indéf. ; *j'(essaie)* : pron. pers ; *me (guérir)* : pron. pers. réfléchi ; *je (rechute)* : pron. pers. ; *ils* : pron. pers. ; *m'(ont fait passer)* : pron. pers.

9 1. *Je* : pron. pers., sujet de *flotter* ; *qui* : pron. relatif, sujet de *faire* ; *il* : pron. pers., sujet du verbe *attendre*. 2. *C'* : pron. démons., sujet du verbe *être* (avec lequel il forme un présentatif) ; *il* : pron. pers., sujet de *parler* ; *le* : pron. pers., COD de *parler* ; *il* : pron. impersonnel, sujet grammatical (ou apparent) du verbe *être* ; *me* : pron. pers., COI de *être agréable* ; *tu* : pron. pers., sujet de *rendre* ; *me* : pron. pers., COS de *rendre* ; *Il* : pron. pers., sujet de *pouvoir*. 3. *autres* : pron. indéf., compl. du nom *Paradis* ; *qui* : pron. relatif, sujet du verbe *être*. 4. *Tout le monde* : pron. indéf., sujet de *se retourner* ; *se* : pron. pers. réfléchi, COD de *retourner* ; *il* : pron. pers., sujet de *s'inquiéter* ; *s'* : pron. pers. réfléchi, COD d'*inquiéter* ; *elle* : pron. pers., sujet de *disparaitre*.

Chapitre 2

FICHE 14

Les adverbes et les prépositions

- *Comment reconnaitre un adverbe et une préposition ?*
- *Comment différencier les adverbes des prépositions ?*
- *Qu'est-ce qu'un groupe nominal prépositionnel ?*

LES BASES

1 Qu'est-ce qu'un adverbe ?

De prime abord, la classe des adverbes parait difficile car elle regroupe **des éléments très différents les uns des autres**. C'est sans compter sur **plusieurs critères ou tests** qui vous permettront de les repérer.

- À l'exception de *tout* (→ Fiche 14, p. 115), **l'adverbe est invariable**, ce qui le différencie de l'adjectif qualificatif.
- Un adverbe **dépend généralement d'un autre élément** de la phrase qu'il modifie (→ Fiche 22, p. 179) :
  - un verbe : Ce bébé a beaucoup **changé** ;
  - un adjectif : Il est très **beau** ;
  - un autre adverbe : il grandit trop **vite** ;
  - une préposition : Il se blottit tout **contre** moi ;
  - un déterminant : Il a presque **six** mois ;
  - une proposition entière : Maintenant, **il tient assis.**
- Lorsqu'il y a plusieurs mots, on parle de « **locution adverbiale** » : tout à coup, d'ores et déjà, tout de suite, en général, par ailleurs, d'ailleurs, tout à fait, en vain, peu à peu…

Les classements des très nombreux adverbes sont parfois différents selon les grammaires. Traditionnellement, on les répartit sur la base du **sens**, de la manière suivante (mais attention ! il s'agit bien de catégories sémantiques et non de fonctions – Fiche 22, p. 179) :

Manière	Vite, bien, mal, ensemble, exprès, volontiers, ainsi, incognito, gratis mais aussi beaucoup d'adverbes en *-ment* (calmement, gentiment...) ou de locutions adverbiales (à tort, de travers, à la va-vite...).
Temps	Aujourd'hui, maintenant, aussitôt, (avant-)hier, auparavant, autrefois, naguère, jadis, désormais, dorénavant, quelquefois, souvent, demain, alors, toujours, longtemps, déjà, depuis, bientôt, tôt, tard, d'abord, enfin, ensuite...
Lieu	Ici, ailleurs, loin, (au-)dessus/dessous, (au-)devant/derrière, autour, alentour, partout, où, près, loin, là(-bas/-haut)...
Degré, intensité	Plus, moins, aussi, autant, beaucoup, peu, presque, assez, quasi, davantage, à peine, tout à fait, un peu, à demi, trop, complètement, suffisamment...
Interrogation	Pourquoi, combien, comment, quand...
Commentaire	Oui, peut-être, sans doute, probablement, soit, vraiment, certes, vraisemblablement, apparemment, probablement, en vérité...
Liens logiques	Pourtant, cependant, toutefois, néanmoins, bref...
Négation	Non, ne... pas/plus/guère/point, ne... que...

Certains adverbes, en relation avec la conjonction *que*, forment une locution conjonctive (aussitôt que, alors que, encore que, sitôt que...) (→ Fiche 15, p. 120), parfois dans un système corrélatif (plus/moins/autant... que, trop/assez... pour que, si/tellement... que, tant... que) (→ Fiche 6, p. 39).

C'EST FACILE ! Comment reconnaitre un adverbe ?

– **Dans l'immense majorité des cas, il n'est pas suivi d'un complément,** contrairement à la préposition.

– **Vous pouvez le supprimer** (quand il est complément de phrase et quand il modifie un verbe, un adjectif ou un autre adverbe, → Fiche 22, p. 179), même si le sens de la phrase est parfois un peu modifié :

Il est <u>trop</u> petit. → Il est petit. Il dort <u>tranquillement</u>. → Il dort.

– **Vous pouvez le déplacer** quand il est complément de phrase :

Il devrait naitre, demain. ➜ Demain, il devrait naitre.

– **Vous pouvez souvent le remplacer par un autre adverbe** (essayez avec un adverbe en *-ment*, très facile à repérer) :

Il grandit vite. ➜ Il grandit rapidement.

1 ★★ **a. Utilisez le test de la suppression pour identifier les adverbes présents dans les phrases suivantes. b. Précisez quel élément l'adverbe modifie.**

1. Un bébé réagit précocement, dès l'utérus, aux bruits entendus. 2. La science est désormais capable de détecter la perception qu'il a du langage. 3. Dans une des expériences, on habitue progressivement le fœtus à entendre des paroles en français. 4. Si, tout à coup, la maman parle en anglais, le rythme cardiaque du fœtus et ses mouvements s'accélèrent, parfois beaucoup : il a très nettement perçu une différence. 5. Cette méthode, vraiment intéressante, permet de contrôler finement la réactivité du fœtus.

➜ les exercices Fiche 22, p. 179.

2 Comment sont formés les adverbes ?

- **Les plus nombreux** (près de 1 400) sont créés **par dérivation, avec le suffixe *-ment*.** Ils sont les plus faciles à reconnaitre.
  - **Le plus souvent, le suffixe est ajouté à la forme féminine de l'adjectif**, en conservant l'orthographe de ce dernier : claire/clairement ; généreuse/généreusement, officielle/officiellement, initiale/initialement... ;
  - Parfois, la forme au masculin et au féminin est la même : calme/calmement, avide/avidement...
  - Parfois, certains ont un suffixe en *-ément* : énormément, précisément... mais le [e], bien marqué à l'oral, se repère aisément ;
- Certains sont hérités du latin : plus, souvent, loin...
- D'autres sont créés par composition : toujours ➜ tous + jours ; c'est le cas de toutes les **locutions adverbiales**.
- Parfois, il s'agit d'un adjectif utilisé comme adverbe : sentir bon, chanter faux... (➜ Fiche 11, exercice 8, p. 91).

OBJECTIF 0 FAUTE **Comment bien transformer les adjectifs en *-ant* et *-ent* en adverbes ?**

Ajoutez le suffixe *-ment* au radical :

– si l'adjectif se termine par *-ant*, on garde le *a* ; le *n* se transforme en *m* : brill**ant**/brill**amm**ent. *-ant* ➜ *-amment*

– si l'adjectif se termine par *-ent*, on garde le *e* ; le *n* se transforme en *m* : évid**ent**/évid**emm**ent. *-ent* ➜ *-emment*

2 ★ **Formez des adverbes à partir des adjectifs suivants.**

a. affectueux – actuel – confidentiel – fou – audacieux – paresseux – précieux – machinal – bruyant – courant – suffisant – ferme – galant

b. conscient – décent – constant – éminent – élégant – moyen – autoritaire – étonnant – excellent – adroit – obligeant – plaisant – fréquent – rare

3 Qu'est-ce qu'une préposition ?

- Les prépositions font partie, comme les adverbes, des mots **invariables**.
- Ce sont des **mots de liaison** qui permettent de lier deux éléments :

Les chaussons de Diane. ➜ La préposition de lie l'élément qui précède (chaussons) à celui qui suit (Diane).

- Il y a **plusieurs types de prépositions**. **Les plus utilisées** sont ***à***, ***de***, ***en***, ***par*** et ***pour***.

! ATTENTION

Repérez bien certaines formes particulières de *de* et *à* :

– ***de*** peut être élidé : le manque d'attention ;

– ***à* et *de*** peuvent être inclus dans les formes contractées de l'article défini (➜ Fiche 8, p. 61) : au mois de mai (au = à + le) ; aux champs (aux = à + les) ; le sommeil du/des bébé(s) (du = de + le ; des = de + les).

- **D'autres prépositions ont des sens plus affirmés** :
  - la manière : avec, sans...
  - le lieu : dans, devant, derrière, sur, sous, parmi, chez, vers, hors, près, proche de...
  - le temps : avant, après, depuis, durant, pendant, vers, dès...
  - l'opposition : contre, malgré...

– le but : pour, envers...

– l'exception : sauf, excepté...

Des locutions prépositionnelles (avec plusieurs mots) :
à l'aide de, par rapport à, vis-à-vis de, à cause de, à côté de, afin de, au milieu de, au-dessus/dessous de, en dépit de, grâce à, quant à, à l'égard de...

C'EST FACILE ! **Comment reconnaitre une préposition ?**

– Comme son nom l'indique, une « pré-position » **se situe toujours avant un complément**. Elle n'est jamais seule ! **Elle introduit toujours un groupe**.

– Contrairement aux adverbes, **on ne peut pas la supprimer** ; la phrase deviendrait agrammaticale :

Avant la naissance, on s'inquiète. ➜ *La naissance, on s'inquiète.

Il se promène avec son bébé. ➜ *Il se promène son bébé.

Les prépositions n'ont pas de fonction à proprement parler **; elles introduisent des groupes prépositionnels :**

Préposition + GN ➜ Groupe nominal prépositionnel (GNP) : depuis cinq jours, excepté le dimanche, derrière la maternité, parmi les invités...

Préposition + verbe à l'infinitif ➜ Groupe infinitif prépositionnel : après avoir mangé, avant de langer le bébé, (il commence) à s'affairer...

La dénomination est claire : « groupe » car il s'agit d'un ensemble de mots, « nominal » ou « infinitif » car le nom ou l'infinitif est le noyau de ce groupe, « prépositionnel » car il est introduit par une préposition.

3 ★★ **a. Repérez les prépositions dans les phrases suivantes en utilisant le critère de la suppression. b. Entourez les groupes prépositionnels.**

Remarque : Certaines prépositions se trouvent incluses dans un article défini contracté.

1. Il y a quelques décennies, les parents découvraient les traits et le sexe de leur bébé lors de l'accouchement. **2.** Dans leur tête, il y avait un bébé imaginaire, fantasmé par eux. **3.** De nos jours, la grossesse se concrétise grâce à la technologie : avec elle est arrivé le concept de « bébé virtuel ». **4.** L'embryon, le fœtus puis le bébé sont visibles sur les écrans, au moyen de l'échographie en 3 D. **5.** Devenir parents consiste à passer de ce bébé virtuel au bébé réel, au moment de la naissance.

4 ★★ **Mêmes consignes.**

1. Jean Vautrin, dans *Baby Boom*, a écrit des pages étonnantes sur « les sculpteurs de la vie ».

2. Ceux-ci proposent aux parents des bébés conçus sur demande. **3.** Mais le tri génétique est permis sous certaines conditions, pour permettre notamment la naissance d'enfants non atteints par des maladies génétiques. **4.** Dans un futur très proche, il sera possible, en dépit de la difficulté technique et malgré l'avis de certains scientifiques, d'établir les prédispositions d'un fœtus à certaines maladies, mais aussi la stature, la couleur de ses yeux, de ses cheveux et de sa peau.

OUVRONS L'ŒIL

1 Comment bien différencier les adverbes des prépositions ?

Le test de la suppression fonctionne, dans l'immense majorité des cas : **on ne peut pas supprimer la préposition** alors qu'**on peut supprimer l'adverbe.**

Le mode d'alimentation donné à un nouveau-né a **souvent** une incidence sur le lien avec la mère.

Les mots soulignés sont impossibles à supprimer : *Le mode alimentation donné un nouveau-né a **souvent** une incidence le lien la mère.

En revanche, la suppression de l'adverbe souvent, en gras, n'enlève rien au sens général de la phrase. Vous pouvez aussi le remplacer par un autre adverbe : toujours, jamais, récemment...

! ATTENTION

Certains mots peuvent avoir tantôt des emplois de préposition (s'ils sont suivis d'un complément), tantôt d'adverbe (quand ils ne sont pas suivis d'un complément) :

Il a placé le berceau derrière/devant le paravent. ➜ Prépositions faisant partie du GNP.

Il se place derrière/devant. ➜ Adverbes.

5 ★★ **a. Identifiez les adverbes et les prépositions. b. Relevez les groupes prépositionnels.**

Remarque : Certaines prépositions se trouvent incluses dans un article défini contracté.

1. Aujourd'hui, en France, les pères assistent, généralement, aux accouchements. **2.** Les peuples ancestraux n'acceptaient pas la présence des hommes, lors de l'enfantement. **3.** D'ailleurs, les femelles des animaux accouchent hors de la présence des mâles. **4.** Mais dans les années 1970, la présence des pères s'est généralisée, malgré l'aspect parfois traumatisant de l'acte. **5.** Elle n'est pas toujours souhaitée par les mères mais la plupart des femmes apprécient leur participation à ce moment exceptionnel.

6 ★★ **Mêmes consignes.**

1. Désormais, l'Asie compte une centaine de millions de femmes en moins que d'hommes ; généralement, l'élimination se fait avant la naissance. **2.** En Inde, en Chine et dans d'autres pays asiatiques, des préjugés anciens font malheureusement considérer la naissance d'une petite fille comme un déshonneur. **3.** Financièrement, elles constitueraient un poids pour la famille qui, lors de son mariage, doit lui concéder une dot. **4.** L'infanticide est encore pratiqué dans des régions reculées, marginalement, en dépit de l'horreur de ces meurtres.

2 *Tout* adverbe

A *Tout* peut s'accorder

***Tout* varie suivant l'adjectif qu'il modifie.** Il s'accorde en genre et en nombre uniquement si l'adjectif est au féminin et commence par une consonne (elle est <u>toute</u> menue) ou un *h* aspiré (elles sont <u>toutes</u> hâlées).

C'EST FACILE ! *h* aspiré ou *h* muet ?

Pensez au nom correspondant à l'adjectif (quand il y en a un) : si vous pouvez mettre les articles *le* et *la* en entier devant le nom, celui-ci commence par un *h* aspiré, tout comme l'adjectif.

La haine/toutes haineuses ; la honte/toutes honteuses ; le hâle/toutes hâlées. ➜ *h* aspiré donc accord.

L'hésitation/tout hésitantes ; l'habileté/tout habiles ; l'humiliation/tout humiliées. ➜ *h* muet donc pas d'accord.

Il y a beaucoup plus de mots commençant par un *h* aspiré que par un *h* muet.

B Comment reconnaitre *tout* adverbe ?

***Tout* adverbe peut se remplacer par très, entièrement, totalement, complètement.** Ne le confondez pas avec :

- le déterminant indéfini *tout-e-s* (➜ **Fiche 8**, p. 64) : <u>Toutes</u> les filles dansent. <u>Tous</u> les garçons aussi.
- le pronom indéfini *tout-e-s* (➜ **Fiche 13**, p. 104) : <u>Toutes</u> sont ravies.

Dans Elles sont <u>toutes</u> ravies, toutes peut être un adverbe (Elles sont <u>complètement</u> ravies) ou un pronom indéfini (<u>Toutes</u>, elles sont ravies).

7 ★★★ **Remplacez les pointillés par la forme qui convient : *tout, toute, tous, toutes.***

1. Des personnes ... hagardes, ... hideuses, ... hargneuses. **2.** Des vues ... hivernales, ... humides. **3.** Des fillettes ... agitées et ... énervées. **4.** Des arbres ... en fleurs. **5.** Des filles ... bronzées. **6.** Des femmes ... puissantes. **7.** Des spectatrices ... haletantes, ... intriguées et ... surprises. **8.** ... les livres. **9.** Des faïences ... abimées. **10.** Des allures ... hautaines et ... hardies. **11.** Des voutes ... étoilées et ... belles. **12.** ... sont vendues.

3 Quelles sont les différentes fonctions d'un GNP ?

Le GNP (groupe nominal prépositionnel) peut avoir plusieurs fonctions dans une phrase :

- **COI :** Je pense aux enfants ; je me souviens de ma première robe.
- **COS :** J'ai donné le fruit au bébé.
- **complément circonstanciel :** J'ai cueilli des fruits dans le verger. ➜ CC de lieu
- **complément du nom :** la tétine de Tiloulou ; les habits du dimanche.
- **complément de l'adjectif :** Il est fou de ce sport. Je suis ravi par cette rencontre.

➜ Fiches 17, 21 et 22 p. 138, p. 171 et p. 179.

8 ★★★ **Soulignez les GNP et donnez la fonction de chacun d'eux.**

Remarque : Au besoin, aidez-vous des fiches citées ci-dessus.

1. Le record du monde du plus grand nombre d'enfants aurait été attribué à une Russe qui aurait eu, entre 1725 et 1765, 69 enfants. **2.** En juillet 1971, un obstétricien a retiré du ventre d'une maman italienne 15 fœtus. **3.** En décembre 2013, des obstétriciens ont découvert un fœtus de 32 semaines dans le ventre d'une octogénaire ; il s'était fossilisé depuis 40 ans. **4.** En janvier 2014, est né aux États-Unis un bébé qui pesait 7 kg. **5.** En novembre 2008, une Indienne a donné naissance à son premier enfant, à 70 ans.

S'ENTRAINER

9 ★★ **Repérez les adverbes et dites quel mot chacun modifie.**

1. Aujourd'hui, on pratique des expériences, avec des nouveau-nés, en contrôlant plutôt la succion. **2.** En suçant plus ou moins fort, ils peuvent déclencher soit la voix de la maman, soit la voix d'une autre personne. **3.** Le bébé est très sensible à ces différences. **4.** On peut ainsi constater le stimulus qu'il préfère car il adapte alors son comportement pour entendre la voix de sa mère. **5.** Évidemment, ces expériences montrent que le bébé accorde une attention très vive à son environnement.

10 ★★★ **Repérez les adverbes et les prépositions du texte. Entourez les groupes prépositionnels.**

Contre les langes trop serrés. « Ainsi l'impulsion des parties internes d'un corps qui tend à l'accroissement trouve un obstacle insurmontable aux mouvements qu'elle lui demande. L'enfant fait continuellement des efforts inutiles qui épuisent ses forces ou retardent leur progrès. Il était moins à l'étroit, moins gêné, moins comprimé dans l'amnios qu'il n'est dans ses langes ; je ne vois pas ce qu'il a gagné de naitre. » (J.-J. Rousseau, *Émile ou De l'éducation*)

11 ★★★ **Mêmes consignes.**

« On doit s'attendre à de grandes oppositions de la part des nourrices, à qui l'enfant bien garroté donne moins de peine que celui qu'il faut veiller incessamment. D'ailleurs sa malpropreté devient plus sensible dans un habit ouvert ; il faut le nettoyer plus souvent. Enfin la coutume est un argument qu'on ne réfutera jamais en certains pays, au gré du peuple de tous les États. » (J.-J. Rousseau, *Émile ou De l'éducation*)

12 ★★★ **Mêmes consignes.**

1. Étonnamment, le choix d'un prénom pour un bébé dépend parfois de la mode. **2.** Le prénom Léa, peu choisi dans les années 1950 à 1970, a été régulièrement donné au cours du XXe siècle et connait un grand succès à partir des années 1990. **3.** Maëva se répand vers 1990 ; il signifie « bienvenue » en polynésien. **4.** Le prénom Claire atteint son apogée en 1984 puis décroit régulièrement. Il est moins fréquent aujourd'hui. **5.** Dans certaines familles, le prénom reste de père en fils et remonte même jusqu'aux ancêtres.

CORRIGÉS

1 Tous les adverbes qui suivent sont supprimables. **1.** *précocement* : modifie le verbe *réagir.* **2.** *désormais* : modifie la phrase. **3.** *progressivement* : modifie le verbe *habituer.* **4.** *tout à coup* : modifie le sens de la phrase ; *parfois* : modifie l'autre adverbe *beaucoup* et non le verbe *accélérer*, bien séparé de l'adverbe par une virgule ; *beaucoup* modifie le sens du verbe *accélérer* ; *très* : modifie le sens de l'adverbe *nettement* ; *nettement* modifie le verbe *percevoir.* **5.** *vraiment* modifie l'adjectif *intéressante* ; *finement* modifie le verbe *contrôler.*

2 **a.** affectueusement – actuellement – confidentiellement – follement – audacieusement – paresseusement – précieusement – machinalement – bruyamment – couramment – suffisamment – fermement – galamment.

b. consciemment – décemment – constamment – éminemment – élégamment – moyennement – autoritairement – étonnamment – excellemment – adroitement – obligeamment – plaisamment – fréquemment – rarement.

Remarque : Dans les corrigés des exercices 3 et 4, la suppression des prépositions ou locutions prépositionnelles qui suivent rendrait la phrase agrammaticale. Les groupes prépositionnels sont entre crochets.

3 **1.** [*de (leur bébé)*] ; [*lors de (l'accouchement)*] : *lors de* est une locution prépositionnelle. **2.** [*Dans (leur tête)*] ; [*par (eux)*]. **3.** [*De (nos jours)*] ; [*grâce à (la technologie)*] : *grâce à* est une locution prépositionnelle ; [*avec (elle)*] ; [*de (« bébé virtuel »)*] **4.** [*Sur (les écrans)*] ; [*au moyen de (l'échographie)*] : *au moyen de* est une locution prépositionnelle ; [*en (3 D)*]. **5.** [*à (passer... réel)*] : gr. inf. prép. ; [*de (ce bébé virtuel)*] ; [*au (bébé réel)*] (au = *à le*) ; [*au moment de (la naissance)*] (*au = à le*) : *au moment de* est une locution prépositionnelle.

4 **1.** [*dans (*Baby Boom*)*] ; [*sur (les sculpteurs)*] ; [*de (la vie)*]. **2.** [*aux (parents)*] (*aux* = à les) ; [*sur (demande)*]. **3.** [*sous (certaines conditions)*] ; [*pour (permettre la naissance... génétiques)*] : gr. inf. prép. ; [*d'(enfants non atteints)*] ; [*par (des maladies génétiques)*]. **4.** [*Dans (un futur très proche)*] ; [*en dépit de (la difficulté technique)*] : *en dépit de* est une locution prépositionnelle ; [*malgré (l'avis)*] ; [*de (certains scientifiques)*] ; [*d'(établir les prédispositions... de sa peau)*] : gr. inf. prép. ; [*d'(un fœtus)*] ; [*à (certaines maladies)*] ; [*de (ses yeux)*], [*de (ses cheveux)*], [*de (sa peau)*].

Remarque : Dans les corrigés des exercices 5 et 6, les adverbes ou locutions adverbiales sont en gras. Les autres mots sont des prépositions ou locutions prépositionnelles et parfois des articles définis contractés incluant une préposition, introduisant des GP entre crochets.

5 **1.** ***Aujourd'hui*** ; [*en (France)*] ; ***généralement*** ; [*aux (accouchements)*] *aux* = à les. **2.** [*des (hommes)*] *des* = de les; [*lors de (l'enfantement)*]. **3.** ***D'ailleurs*** ; [*des (animaux)*] *des* = de les ; [*hors de (la présence)*] ; [*des (mâles)*] *des* = de les. **4.** [*dans (les années 1970)*] ; [*des (pères)*] *des* = de les ; [*malgré (l'aspect parfois traumatisant de l'acte)*] ; ***parfois*** ; [*de (l'acte)*]. **5.** ***n'... pas*** ; ***toujours*** ; [*par (les mères)*] ; [*des (femmes)*] *des* = de les ; [*à (ce moment exceptionnel)*].

6 **1.** ***Désormais*** ; [*de (millions)*] ; [*de (femmes)*] ; ***en moins*** ; [*d'(hommes)*] ; ***généralement*** ; [*avant (la naissance)*]. **2.** [*En (Inde)*] ; [*en (Chine)*] ; [*dans (d'autres pays asiatiques)*] ; ***malheureusement*** ; [*d'(une petite fille)*] ; [*comme (un déshonneur)*]. **3.** ***Financièrement*** ; [*pour (la famille)*] ; [*lors de (son mariage)*]. **4.** ***encore*** ; [*dans (des régions reculées)*] ; ***marginalement*** ; [*en dépit de (l'horreur)*] ; [*de (ces meurtres)*].

7 **1.** Des personnes toutes hagardes, toutes hideuses, toutes hargneuses. **2.** Des vues tout hivernales, tout humides. **3.** Des fillettes tout agitées et tout énervées. **4.** Des arbres tout en fleurs. **5.** Des filles toutes bronzées. **6.** Des femmes toutes puissantes. **7.** Des spectatrices toutes haletantes, tout intriguées et toutes surprises. **8.** Tous les livres (dét. indéf.). **9.** Des faïences tout abimées. **10.** Des allures toutes hautaines et toutes hardies. **11.** Des voutes tout étoilées et toutes belles. **12.** Toutes sont vendues (pron. indéf.).

8 1. *du monde* : compl. du nom *record* ; *du plus grand nombre* : compl. du GN *Le record du monde* ; *d'enfants* : compl. du nom *nombre* ; *à une Russe* : COI du verbe *attribuer* ; *entre 1725 et 1765* : compl. de phrase, circ. de temps.
2. *En juillet 1971* : compl. de phrase, circ. de temps ; *du ventre* : compl. essentiel du verbe *retirer* ; *d'une maman italienne* : compl. du nom *ventre*.
3. *En décembre 2013* : compl. de phrase, circ. de temps ; *de 32 semaines* : compl. du nom *fœtus* ; *dans le ventre* : compl. circ. de lieu ; *d'une octogénaire* : compl. du nom *ventre* ; *depuis 40 ans* : compl. de phrase, circ. de temps.
4. *En janvier 2014* : compl. de phrase, circ. de temps ; *aux États-Unis* : compl. de phrase, circ. de lieu.
5. *En novembre 2008* : compl. de phrase, circ. de temps ; *à son premier enfant* : COS du verbe *donner* ; *à 70 ans* : compl. de phrase, circ. de temps.

9 Tous les adverbes qui suivent sont supprimables.
1. *Aujourd'hui* modifie la phrase ; *plutôt* modifie *la succion*. 2. *plus* et *moins* modifient l'adjectif *fort*. 3. *très* modifie l'adjectif *sensible*. 4. *ainsi* modifie le verbe *constater* ; *alors* le verbe *adapter*. 5. *Évidemment* modifie le sens de la phrase ; *très* modifie le sens de l'adjectif *vive*.

Remarque : Dans les corrigés des exercices 10, 11 et 12, les adverbes ou locutions adverbiales sont en gras ; les autres mots sont des prépositions ou locutions prépositionnelles et parfois des articles définis contractés incluant une préposition, introduisant des GP entre crochets.

10 [*Contre (les langes)*] ; ***trop*** (serrés). ***Ainsi*** ; [*des (parties internes)*] *des* = de les ; [*d'(un corps)*] ; [*à (l'accroissement)*] ; [*aux (mouvements)*] *aux* = à les ; ***continuellement*** ; ***moins*** (3 fois) ; [*à (l'étroit)*] ; [*dans (l'amnios)*] ; ***n'***(est) adverbe de négation ; [*dans (ses langes)*] ; ***ne... pas*** adverbe de négation ; [*de (naitre)*].

11 [*à (de grandes oppositions)*] ; [*de (la part)*] ; [*des (nourrices)*] *des* = de les ; [*à (qui)*] ; **bien** (garroté) ; **moins** adverbe en corrélation avec *que* ; [*de (peine)*] ; ***incessamment***. ***D'ailleurs*** ; **plus** (sensible) ; [*dans (un habit ouvert)*] ; **plus** (souvent) ; **souvent**. **Enfin** ; ***ne... jamais*** ; [*en (certains pays)*] ; [*au (gré)*] *au* = à le ; [*du (peuple)*] *du* = de le ; [*de (tous les États)*].

12 1. ***Étonnamment*** ; [*d'(un prénom)*] *d'* = de le ; [*pour (un bébé)*] ; ***parfois*** ; [*de (la mode)*]. 2. **peu** ; [*dans (les années 1950)*] ; [*à (1970)*] ; ***régulièrement*** ; [*au (cours)*] *au* = à le ; [*du (xx*e *siècle)*] *du* = de le ; [*à partir des (années 1990)*]. 3. [*vers (1990)*] ; [*en (polynésien)*]. 4. [*en (1984)*] ; ***puis*** ; ***régulièrement*** ; ***moins*** ; ***aujourd'hui***. 5. [*Dans (certaines familles)*] ; [*de (père)*] ; [*en (fils)*] ; ***même*** ; [*jusqu'(aux ancêtres)*].

Chapitre 2

FICHE

15 Les conjonctions

- *Comment distinguer les conjonctions de coordination et de subordination ?*
- *Comment identifier les différentes natures de* que, si *et* comme *?*

LES BASES

1 Qu'est-ce qu'une conjonction ?

- Comme son nom l'indique (con-jonction), elle permet de **lier deux éléments**.
- Elle n'a **aucune fonction** dans la phrase.
- Elle est **invariable**.

2 Quelles sont les principales conjonctions ?

A Les conjonctions de coordination

- La liste est simple, limitée ; on peut l'apprendre par cœur : ***mais, ou, et, donc, or, ni, car***.
- Chacune introduit une relation sémantique différente.
- La plus polyvalente est ***et*** (addition, succession, conséquence...). ***Mais*** et ***or*** indiquent une relation d'opposition, ***ou*** d'équivalence, ***donc*** de conséquence, ***car*** de cause, ***ni*** introduit un lien de négation.

B Les conjonctions de subordination

La liste est beaucoup plus longue et hétérogène. Il y a des **conjonctions simples** (que, quand...) ou des **locutions conjonctives** (afin que, parce que...).

Elles introduisent les propositions subordonnées conjonctives complétives par *que* et les propositions subordonnées circonstancielles de :

- **Temps :** quand, lorsque, comme, alors que, depuis que, pendant que, avant/après que, tandis que, jusqu'à ce que, sitôt que, tant que, une fois que...
- **Cause :** parce que, puisque, comme, étant donné que, vu que, du fait que, attendu que...

- **Conséquence :** si/tant/tellement... que, de sorte que, de manière que, à tel point que...
- **Comparaison :** comme, ainsi que, de même que...
- **Opposition/concession :** quoique, bien que, quelque... que, encore... que..., alors que, tandis que, même si...
- **Condition :** si, au cas où, à condition que, à moins que, dans la mesure où...
- **But :** pour que, afin que, de peur que...

→ Fiche 6, p. 39.

3 Quelles différences entre les conjonctions de coordination et de subordination ?

Elles ont quelques propriétés communes mais ont des emplois différents.

A Les conjonctions de coordination

Elles **coordonnent deux éléments de la même classe grammaticale et/ou ayant la même fonction** :

- deux **noms** : la dyslexie <u>et</u> la dysorthographie ;
- deux **adjectifs** : dyslexique <u>donc</u> dysorthographique ;
- deux **verbes** : boire <u>ou</u> conduire ;
- deux **adverbes** : Il ne faut aller <u>ni</u> vite ni loin ;
- deux **propositions** : Il compense son handicap <u>car</u> il est intelligent ;
- deux éléments différents de **même fonction** : Un enfant [très dyslexique] <u>et</u> [qui présente aussi des troubles du langage] doit être suivi de près.

Et coordonne un adjectif et une prop. sub. relative, les deux étant des expansions du nom enfant.

→ Fiche 3, p. 19.

B Les conjonctions de subordination

Elles ne relient que des propositions.

Elles créent **un rapport de hiérarchie** entre les propositions et **introduisent des propositions subordonnées** (conjonctives, complétives, circonstancielles).

Un enfant dyslexique a des difficultés [<u>quand</u> il apprend à lire].

[<u>Puisqu</u>'il est en difficulté], il faut l'aider.

Il se demande [<u>si</u> tu progresseras].

→ Fiche 3, p. 20.

1 ★ **Indiquez si les mots soulignés sont des conjonctions de coordination ou des conjonctions de subordination (ou locutions conjonctives).**

1. <u>Puisque</u> vous comprenez bien la leçon, vous ferez cet exercice <u>et</u> le suivant. **2.** <u>Mais</u> les derniers seront plus difficiles <u>car</u> il faut trouver soi-même les conjonctions. **3.** <u>Bien que</u> l'ensemble soit simple, il faut être <u>ni</u> inattentif <u>ni</u> trop rapide. **4.** <u>Quand</u> vous arriverez à bien différencier les différents emplois de « que », vous aurez gagné. **5.** <u>Or</u>, rappelez-vous <u>que</u> cette question vous posait problème <u>et</u> <u>qu</u>'elle reste malgré tout délicate.

2 ★ **Même consigne.**

1. <u>Comme</u> les troubles de la famille des « dys- » renvoient à la classification internationale des maladies, ils concernent tous les personnels <u>de sorte que</u> les enseignants <u>et</u> les professionnels de la santé sont concernés. **2.** <u>Mais</u> les parents <u>et</u> l'environnement familial sont aussi touchés. **3.** <u>Lorsqu'</u>un enfant est porteur d'une dyslexie <u>ou</u> d'une dysphasie, il doit s'appuyer sur tous. **4.** <u>Mais</u> le trouble doit être détecté <u>dès que</u> c'est possible. **5.** <u>Or</u>, ce n'est pas toujours le cas <u>car</u> certains troubles sont compensés <u>et</u> sont diagnostiqués plus tardivement.

3 ★★ **Relevez les conjonctions de coordination et de subordination.**

1. Parce que les neurosciences et la psychologie cognitive ont progressé, on en connait davantage sur des troubles comme la dyslexie mais la dysphasie et la dyspraxie ont aussi été étudiées. **2.** Quand un enfant a certains troubles de la parole, on parle de dysphasie mais il ne faut pas y assimiler de simples retards car ceux-ci sont facilement rattrapables. **3.** Si le milieu socio-culturel des parents est favorable et dès lors que les capacités cognitives de l'enfant sont bonnes, le retard est vite comblé. **4.** Les chercheurs nous apprennent que les dysphasies sont congénitales ou acquises très tôt dans le développement. **5.** Ne sont en cause ni un déficit phonatoire ou auditif, ni une insuffisance intellectuelle.

OUVRONS L'ŒIL

1 Comment distinguer *que* conjonction de subordination de ses autres emplois ?

A *Que* conjonction de subordination ou pronom relatif ?

Appuyez-vous essentiellement sur le critère de la **fonction** de *que* pour les distinguer.

Que conjonction de subordination	*Que* pronom relatif
Je crois qu'il faut le tester. – que ne représente rien ; – que n'a aucune fonction dans la phrase. ➜ [qu'il faut le tester] est **une subordonnée conjonctive complétive.** ➜ Fiche 5, p. 29	Le test que Léa a subi prouve sa bonne forme. – que est un pronom car il représente un GN, son antécédent (Le test). – que a une fonction dans la phrase, le plus souvent COD. Ici, que est COD du verbe subir. ➜ [que Léa a subi] est une **proposition subordonnée relative adjective**. ➜ Fiche 7, p. 46

4 ★ **Dans les phrases suivantes, indiquez si *que* est conjonction de subordination ou pronom relatif et justifiez votre réponse.**

Remarque : Si vous rencontrez des difficultés à faire cet exercice, reportez-vous aux Fiche 5, exercice 3 et Fiche 7, exercice 8 p. 31 et p. 52.

1. Le tableau que tu regardes est de Rembrandt. **2.** Un faussaire pense qu'il peut le reproduire. **3.** J'adore les bijoux que tu as achetés. **4.** La défaite qu'il a subie l'affecte beaucoup. **5.** J'attends que tu m'envoies des livres.

5 ★★ **Mêmes consignes.**

1. Tout geste suppose qu'une certaine coordination s'établisse. Des gestes très simples que la plupart des gens font naturellement constituent un problème pour les dyspraxiques. **2.** Leur entourage s'étonne qu'ils soient aussi maladroits, alors qu'ils font leur possible. **3.** Les dessins qu'ils réalisent sont malhabiles et on trouve que leurs écrits sont peu lisibles. **4.** On sait que la dysgraphie est associée à la dyspraxie. **5.** Les enseignants pensent qu'il faut leur apprendre à écrire avec un ordinateur.

B Les autres emplois de *que*

- Un élément d'une **locution conjonctive** (afin que, tandis que...) introduisant une **proposition subordonnée circonstancielle** (➜ Fiche 6 et ses exercices, p. 38) : Je lui téléphone pour qu'il vienne.
- Un **adverbe exclamatif** : Qu'il est beau !
- Un élément de la **locution adverbiale de négation** exprimant la restriction *ne... que* : Il ne retient que le meilleur de toute chose.
- Un **pronom interrogatif** avec une fonction dans la phrase : Que veux-tu ? (Que ➜ COD du verbe vouloir)
- Un **marqueur du subjonctif**. On le trouve, à ce titre, dans les tableaux de conjugaison du subjonctif. Il exprime aussi l'ordre : Qu'il y aille !

6 ★ **Quel est l'emploi de *que* dans les phrases suivantes ?**

1. Qu'il sorte ! **2.** Que prendras-tu au petit déjeuner ? **3.** Il veut que tout aille vite. **4.** Il ne retient que quelques vers. **5.** Que c'est ennuyeux ! **6.** Il croit que l'ascension sera facile. **7.** Qu'ils se taisent. **8.** Je pense qu'il renoncera. **9.** Que penses-tu lui dire pour le convaincre ? **10.** Il ne fera que quelques mètres.

2 *Si* : conjonction de subordination ou adverbe ?

- ***Si* est conjonction de subordination** lorsqu'il introduit :
  - une proposition subordonnée de condition (→ Fiche 6, p. 40) :
    [Si tu me le donnes], je le garderai ;
  - une proposition subordonnée interrogative indirecte (→ Fiche 5, p. 29) :
    Je me demande [s'il me le donnera].
- ***Si* est adverbe** :
  - s'il peut être remplacé par un autre adverbe (tellement, près) :
    Il dort si/très/tellement profondément !
  - quand il correspond à une réponse : Mais si, j'ai raison.
  - lorsqu'il est en corrélation avec *que* et introduit une proposition subordonnée de conséquence (→ Fiche 6, p. 39) :
    L'eau est si limpide qu'on voit bien les poissons.

7 ★ **Quelle est la nature de *si* dans les phrases suivantes ? Quand il est dans un emploi de conjonction, quelle proposition introduit-il ?**

1. Il a été si maladroit ! **2.** Si, la feuille est si mince que le stylo a fait un trou. **3.** S'il venait nous voir, je serais contente. **4.** J'ignore s'il a vraiment compris la situation. **5.** Il m'a regardé si sévèrement !

3 *Comme* : adverbe, préposition ou conjonction de subordination ?

Adverbe exclamatif	Comme l'eau est belle ! Comme le temps passe vite ! Comme vous courez vite !
Préposition	Il est rouge comme une pivoine. Je le considère comme un ami.

Conjonction de subordination, peut introduire : ❶ une prop. sub. circ. de cause (*comme* = *parce que*) ❷ une prop. sub. circ. de temps (*comme* = *quand*) ❸ une prop. sub. circ. de comparaison → **Fiche 6**, p. 39-40	❶ Comme il a des difficultés, il s'exclut du groupe. ❷ Comme il arrivait, le magasin ferma. (Quand il arriva, le magasin ferma). ❸ Il joue le morceau comme le ferait un virtuose.

8 ★ **Indiquez la nature de *comme* dans les phrases qui suivent et donnez, selon le cas, le type de subordonnée qu'il introduit.**

1. Il chante comme un rossignol. **2.** Comme tu es calme ! **3.** Comme le champion arrivait, les applaudissements retentirent. **4.** Il travaille comme son chef le lui demande. **5.** Comme il sortait, il se mit à bruiner. **6.** Comme il fait très froid à New York, nous partirons plutôt en mai.

S'ENTRAINER

9 ★★★ **a. Donnez la nature des mots ou groupes de mots soulignés.**
b. S'il s'agit d'une conjonction de subordination, isolez la subordonnée et donnez sa nature.

1. Depuis qu'en 1895 un ophtalmologue a décrit le cas, si curieux, d'un enfant qui n'arrivait ni à bien lire, ni à bien écrire, le trouble a été largement étudié.
2. On a observé que bien d'autres enfants partageaient ce profil : quoiqu'ils soient intelligents, ils peinent à surmonter des difficultés liées à l'écriture et à la lecture.
3. Or, bien qu'ils soient difficiles, ces apprentissages sont accessibles au plus grand nombre.

10 ★★★ **Mêmes consignes.**

1. On sait que ces troubles affectent les enfants de tous les pays et de toutes les langues. **2.** Comme la dyslexie est génétique, elle peut toucher plusieurs enfants de la même famille. La moyenne irait de 3 % à 7 % mais les chiffres varient peu, selon les sources. **3.** Parce que ces troubles sont parfois très sévères, le Ministère a décidé qu'il créerait des aides spécifiques, pour que ces élèves soient accompagnés, pendant leur scolarité.

11 ★★★ **Identifiez les conjonctions de subordination (ou locutions conjonctives) et dites quel type de subordonnée chacune introduit.**

Remarque : Si vous rencontrez des difficultés à faire cet exercice, reportez-vous aux **Fiches 5** et **6**, p. 29 et p. 38.

1. La communauté scientifique reconnait que l'origine de la dyslexie est essentiellement d'ordre génétique et biologique. **2.** Lorsqu'on examine le cerveau d'une personne dyslexique, on voit qu'il est particulier. **3.** Alors qu'une zone appelée « planum temporale » est asymétrique dans le cerveau des normo-lecteurs, celui des dyslexiques présente une certaine symétrie. **4.** Le corps calleux qui relie les deux hémisphères est plus épais parce qu'il y a des amas de cellules non détruites. **5.** Si on demande à une personne dyslexique de lire, on peut constater que certaines zones sont activées d'une manière moindre ou différente.

12 ★★★ **Indiquez la nature de *si* et de *comme* dans les phrases suivantes et donnez, quand c'est nécessaire, le type de subordonnée introduit.**

a. 1. On cherche à savoir si l'instrument est bien accordé. **2.** Si c'est le cas, je pourrai jouer. **3.** Cette musique est si belle que je suis ému. **4.** Si, il te rejoindra comme il l'a promis. **5.** Il faudra savoir si cette année-là était bissextile.

b. 1. Il ment comme il respire. **2.** Vous êtes arrivée comme je partais. **3.** Comme il y a des rats dans le grenier, il faut acheter des pièges. **4.** Il agit comme je lui ai dit de le faire. **5.** Vous êtes parti comme la danse commençait. **6.** Il considère cette promotion comme un honneur.

CORRIGÉS

1 **1.** *Puisque* : conj. de sub. ; *et* : conj. de coord. **2.** *Mais* : conj. de coord. ; *car* : conj. de coord. **3.** *Bien que* : locution conjonctive ; *ni... ni* : conj. de coord. **4.** *Quand* : conj. de sub. **5.** *Or* : conj. de coord. ; *que* ; conj. de sub. ; *et* : conj. de coord. ; *qu'* : conj. de sub.

2 **1.** *Comme* : conj. de sub. ; *de sorte que* : locution conjonctive ; *et* : conj. de coord. **2.** *Mais* : conj. de coord. ; *et* : conj. de coord. **3.** *Lorsqu'* : conj. de sub. ; *ou* : conj. de coord. **4.** *Mais* : conj. de coord. ; *dès que* : locution conjonctive. **5.** *Or* : conj. de coord. ; *car* : conj. de coord. ; *et* : conj. de coord.

3 **1.** *Parce que* : locution conjonctive ; *et (la psychologie)* : conj. de coord. ; *mais* : conj. de coord. ; *et (la dyspraxie)* : conj. de coord. **2.** *Quand* : conj. de sub. ; *mais* : conj. de coord. ; *car (ceux-ci)* : conj. de coord. **3.** *Si* : conj. de sub. ; *et (dès lors que)* : conj. de coord. ; *dès lors que* : locution conjonctive. **4.** *que (les dysphasies)* : conj. de sub. ; *ou (acquises)* : conj. de coord. **5.** *ni... ni* : conj. de coord ; *ou (auditif)* : conj. de coord.

4 1. *que* (*tu regardes*) est un pronom relatif car il a une fonction dans la phrase (COD du verbe *regarder*) ; il représente le GN *le tableau* ; il introduit donc une prop. sub. relative.
2. *qu'(il peut le reproduire)* est une conj. de sub. qui n'a aucune fonction dans la phrase et qui introduit une prop. sub. conj. complétive.
3. *que* (*tu as achetés*) est un pronom relatif car il a une fonction dans la phrase (COD du verbe *acheter*) et il représente le GN *les bijoux* ; il introduit donc une prop. sub. relative.
4. *qu'*(*il a subie*) est un pronom relatif car il a une fonction dans la phrase (COD du verbe *subir*) et il représente le GN *la défaite ;* il introduit donc une prop. sub. relative.
5. *que* (*tu m'envoies des livres*) *: que* est une conj. de sub. qui n'a aucune fonction dans la phrase et qui introduit une prop. sub. conjonctive complétive.

5 1. *qu'(une certaine coordination s'établisse)* : conj. de sub. sans aucune fonction dans la phrase, introduisant une prop. sub. conjonctive complétive ; *que (la plupart des gens font naturellement)* : *que* est un pronom relatif car il a une fonction dans la phrase (COD du verbe *faire*) et il représente le GN *des gestes très simples* ; il introduit une prop. sub. relative.
2. *qu'(ils soient aussi maladroits)* : conj . de sub. sans aucune fonction dans la phrase, introduisant une prop. sub. conjonctive complétive ; *alors qu'(ils font leur possible)* : locution conjonctive sans aucune fonction dans la phrase, introduisant une prop. sub. circ. d'opposition.
3. *qu'(ils réalisent)* : *que* est un pronom relatif car il a une fonction dans la phrase (COD du verbe *réaliser*) et il représente le GN *les dessins* ; il introduit une prop. sub. relative ; *que (leurs écrits sont peu lisibles)* : *que* est conj. de sub. sans aucune fonction dans la phrase, introduisant une prop. sub. conjonctive complétive.
4. *que (la dysgraphie est associée à la dyspraxie)* : *que* est conj. de sub. sans aucune fonction dans la phrase, introduisant une prop. sub. conjonctive complétive.
5. *qu'(il faut leur apprendre à écrire avec un ordinateur)* : conj. de sub. sans aucune fonction dans la phrase, introduisant une prop. sub. conjonctive complétive.

6 1. Marqueur du subjonctif pour un ordre. 2. Pronom interrogatif. 3. Conj. de sub. 4. Élément de la locution adverbiale de négation. 5. Adverbe exclamatif. 6. Conj. de sub. 7. Marqueur du subjonctif pour un ordre. 8. Conj. de sub. 9. Pronom interrogatif. 10. Élément de la locution adverbiale de négation.

7 1. *si* : adverbe modifiant l'adjectif *maladroit*. 2. *Si* : adverbe correspondant à une réponse ; *si (mince)* que *(le stylo a fait un trou)* : locution conjonctive introduisant une prop. sub. circ. de conséquence. 3. *S'(il venait nous voir)* : conj. de sub. introduisant une prop. sub. circ. de condition. 4. *s'(il a vraiment compris la situation)* : conj. de sub. introduisant une prop. sub. interrogative indirecte. 5. *si* : adverbe modifiant l'adverbe *sévèrement.*

8 1. Préposition. 2. Adverbe exclamatif. Des phrases 3. à 6., *comme* est une conj. de sub. introduisant des prop. sub. circonstancielles différentes : 3. Prop. sub. circ. de cause. 4. Prop. sub. circ. de comparaison. 5. Prop. sub. circ. de temps. 6. Prop. sub. circ. de cause.

9 1. [*Depuis qu'(en 1895 un ophtalmologue... un enfant)*] : locution conj., introduisant une prop. sub. circ. de temps ; *si (curieux)* : adverbe ; *ni (à bien lire)* : conj. de coord. 2. [*que (bien d'autres enfants partageaient ce profil)*] : conj. de sub., introduisant une prop. sub. conjonctive complétive ; [*quoiqu'(ils soient intelligents)*] : conj. de sub. introduisant une prop. sub. circ. d'opposition ; *et (à la lecture)* : conj. de coord. 3. *Or* : conj. de coord. ; [*bien qu'(ils soient difficiles)*] : locution conj. introduisant une prop. sub. circ. d'opposition.

10 1. [*que (ces troubles affectent les enfants de tous les pays et de toutes les langues)*] : conj. de sub. introduisant une prop. sub. conjonctive complétive. 2. [*Comme (la dyslexie est génétique)*] : conj. de sub. introduisant une prop. sub. circ. de cause ; *mais* : conj. de coord. 3. [*Parce que (ces troubles sont parfois très sévères)*] : locution conj. introduisant une prop. sub. circ. de cause ; [*qu'(il créerait des aides spécifiques)*] : conj. de sub. introduisant une prop. sub. conjonctive complétive ; [*pour que (ces élèves soient accompagnés, pendant leur scolarité)*] : locution conj. introduisant une prop. sub. circ. de but.

11 1. [*que (l'origine de la dyslexie... génétique et biologique)*] : prop. sub. conjonctive complétive par *que*. 2. [*Lorsqu'(on examine... dyslexique)*] : prop. sub. circ. de temps ; [*qu'(il est particulier)*] : prop. sub. conjonctive complétive par *que*. 3. [*Alors qu'(une zone appelée... normo-lecteurs)*] : prop. sub. circ. d'opposition. 4. [*parce qu'(il y a des amas de cellules non détruites)*] : prop. sub. circ. de cause. 5. [*Si (on demande à une personne dyslexique de lire)*] : prop. sub. circ. de condition ; [*que (certaines zones sont activées de façon moindre ou différente)*] : prop. sub. conjonctive complétive par *que*.

12 a. 1. *si (l'instrument est bien accordé)* : conj. de sub. introduisant une prop. sub. interrogative indirecte. 2. *Si (c'est le cas)* : conj. de sub., introduisant une prop. sub. circ. de condition. 3. *si (belle) que (je suis ému)* : locution conj. introduisant une prop. sub. circ. de conséquence. 4. *Si* : adverbe ; *comme* : conj. de sub. introduisant une prop. sub. circ. de comparaison. 5. *si (cette année-là était bissextile)* : conj. de sub. introduisant une prop. sub. interrogative indirecte.

b. Des phrases 1. à 5., *comme* est une conj. de sub. qui introduit une :
1. prop. sub. circ. de comparaison. 2. prop. sub. circ. de temps. 3. prop. sub. circ. de cause.
4. prop. sub. circ. de comparaison. 5. prop. sub. circ. de temps. 6. Préposition.

Chapitre 3

Les principales fonctions

Chapitre 3

FICHE

16

La fonction sujet

- *Comment identifier et délimiter un sujet ?*
- *Quels mots peuvent être sujets ?*
- *Quel est le sujet d'un verbe impersonnel ?*

LES BASES

1 Qu'est-ce que le sujet ?

Le sujet est un **constituant obligatoire de la phrase** et il **ne peut pas être supprimé** (sauf à l'impératif).

C'EST FACILE ! **3 tests pour reconnaitre le sujet**

– **Remplacez le sujet par un pronom :**

Tous les touristes admirent le lagon de Bora-Bora.

→ Ils admirent le lagon de Bora-Bora.

L'idée de nager avec des requins m'affole. → Cela m'affole.

– **Utilisez la formule *c'est... qui* pour encadrer le sujet :**

C'est les touristes qui admirent le lagon de Bora-Bora.

ou Ce sont les touristes qui admirent le lagon de Bora-Bora.

Pour *je*, *tu*, *il*, l'extraction entraine la forme disjointe du pronom personnel :

C'est **moi** qui admire, **toi** qui admires, **lui** qui admire.

– **Transformez la phrase à la forme passive quand c'est possible** (elle doit avoir un verbe à la voix active et un COD). Le sujet devient complément d'agent et le complément d'agent devient sujet (→ Fiche 24, p. 201).

Tous les touristes admirent *le lagon de Bora-Bora*.

→ *Le lagon de Bora-Bora* est admiré par les touristes.

ATTENTION **La question « Qui est-ce qui... ? »**

Traditionnellement, on conseillait également de poser la question « qui est-ce qui ? » (être animé) et « qu'est-ce qui ? » (être inanimé). La réponse = le sujet.

Tous les touristes admirent le lagon de Bora-Bora. Qui est-ce qui admire le lagon de Bora-Bora ? Les touristes.

Le tiaré est l'emblème de la Polynésie française. Qu'est-ce qui est l'emblème de la Polynésie française ? Le tiaré.

Mais ce test, d'ordre sémantique, peut créer des confusions dans l'identification. Il vaut mieux utiliser les 3 premiers tests.

1 ★ **Utilisez plusieurs tests pour identifier le sujet des phrases suivantes.**

1. Depuis l'Antiquité, l'ile a nourri l'imaginaire occidental. **2.** Elle exerce une puissante fascination. **3.** Le triple concept de l'origine, du paradis et de l'utopie expliquerait cette attraction. **4.** Au XVIe siècle, l'auteur anglais Thomas Moore imagina l'ile d'Utopia comme la perfection. **5.** De tout temps, les désirs d'aventure et les fantasmes se projettent sur les iles.

2 ★ **Même consigne.**

1. La Polynésie française est une collectivité d'outre-mer de la République française. **2.** Cent-dix-huit iles forment ses cinq archipels. **3.** Elle se trouve dans le sud de l'Océan pacifique. **4.** L'ile de Tahiti concentre l'essentiel de l'activité économique de l'ensemble de l'archipel. **5.** Le mont Orohena, qui est le plus haut sommet de l'ile, culmine à 2 241 mètres.

2 Quels mots peuvent être sujets ?

Nature	Exemples
Un nom commun **Un nom propre** **Un GN** plus ou moins étendu	Vitesse ne veut pas dire précipitation. Bora Bora est connu pour son lagon. L'ile est un monde clos. La plus grande ile de Polynésie française est Tahiti.
Un pronom – personnel – démonstratif – possessif – interrogatif – indéfini – le pronom relatif *qui*	 J'aime partir en voyage. C'est mon loisir préféré. Le tien est plus sédentaire. Qui t'a accompagné ? Quelques-uns m'ont rejoint. L'archipel qui m'attire est celui des Marquises.
Un verbe à l'infinitif ou un groupe infinitif	Voyager constitue un extraordinaire loisir. Se rendre dans une ile est une belle expérience.
Une proposition subordonnée relative substantive (→ Fiche 7, p. 51).	Qui veut partir loin doit préparer son voyage.

Nature	Exemples
Une proposition subordonnée conjonctive complétive (→ **Fiche 5**, p. 31)	Que tu partes avec moi me fait un bien fou.

3 ★ **Identifiez la nature des sujets dans les phrases suivantes et donnez-en la fonction. Vérifiez le corrigé entre chaque série.**

a. 1. Tahiti et les autres iles du Vent voisines sont situées sur un point océanique. **2.** L'effet de marée y est pratiquement nul. **3.** Cultiver des perles dans cet endroit est donc possible. **4.** Cela permet aussi, dans ces eaux peu profondes, d'installer des bungalows en bordure des lagons. **5.** Qui a séjourné dans un de ces bungalows a eu de la chance.

b. 1. Nager avec des requins n'est pas impossible à Moorea. **2.** Que vous puissiez caresser une grande raie est également chose courante. **3.** Les requins à pointes noires sont inoffensifs pour l'homme, en principe. **4.** Qui ne serait pas tenté par une expérience de ce type ? **5.** Les personnes qui hésitent à le faire sont quand même nombreuses.

4 ★★ **Mêmes consignes.**

1. Apprécier les perles de Tahiti est normal. **2.** Elles sont superbes. **3.** Que tu aies eu envie d'en acheter plusieurs est compréhensible. **4.** Pour pratiquer la greffe, un petit morceau d'épithélium provenant du manteau d'une autre huitre et parfois un nucléus en nacre sont insérés dans l'animal. **5.** Quelque chose me dit que tu retourneras en Polynésie.

OBJECTIF 0 FAUTE **L'accord du verbe avec le sujet**

Le verbe s'accorde toujours en genre, en nombre et en personne avec le sujet.

Mais certains accords peuvent être difficiles :

– Le sujet **inversé** : Où se trouvent les spots de plongée ?

– Les sujets **multiples** :

L'archipel des Australes et celui des Marquises méritent d'être visités.

– Les sujets **inversés et multiples** :

Comme le disent Gauguin et Brel, la Polynésie est une région fantastique.

– **Un même sujet pour plusieurs verbes** : Des passes rompent la barrière corallienne et permettent des entrées d'eau froide.

– **Le pronom relatif sujet** ne porte pas les marques du nombre et du genre ; il faut chercher le nom ou le pronom qu'il représente :

Toi qui vas partir, fais attention.
Moi qui suis du signe du poisson, j'aime nager.

– Lorsque le sujet commence par ***la plupart*** *de* ou ***peu de***, le verbe est au pluriel : La plupart des iles sont inhabitées.

– **La chaine sujet/verbe interrompue** :

Les Marquises, malheureusement, ne possèdent pas une vraie barrière de corail. ➜ malheureusement est un adverbe.

L'archipel [des Tuamotu] est constitué de 76 iles. Les iles [de la Polynésie] fascinent. ➜ [des Tuamotu] et [de la Polynésie] sont des GNP, compléments du nom.

Les animaux [qui peuplent cette ile] méritent protection. ➜ [qui peuplent cette ile] est une proposition subordonnée relative.

Dans ces deux cas, le GNP et la proposition subordonnée relative appartiennent au groupe sujet mais n'ont aucune incidence sur l'accord.

Les perles, elle [les] aime. La perle, ils [l']aiment. ➜ [les] et [l'] sont des pronoms COD.

5 ★ **Mettez les verbes entre parenthèses au présent.**

1. Certains atolls, progressivement, (s'enfoncer) dans la mer. **2.** L'archipel des Australes que (frapper) des vents forts (connaitre) des périodes mouvementées. **3.** Ces iles, en 1844, (passer) sous protectorat français et (changer) de nom, peu après. **4.** L'ancien nom des iles Tuamotu, Pomotu, (signifier) « les iles du large ». **5.** Les cocotiers, à partir desquels on (extraire) le coprah, (représenter) une richesse économique.

6 ★★★ **a. Repérez chaque verbe conjugué et son sujet. b. Identifiez la nature du sujet.**

1. La grande pirogue a été mise à l'eau, les hommes l'avaient montée sur le rivage, en la faisant rouler sur des troncs de cocotier. **2.** Ils ont changé les bois usés, refait certaines ligatures avec des tresses faites par les femmes, tout vérifié. **3.** Les voiles de pandanus sont toutes neuves, la plateforme qui relie les deux coques a aussi été refaite, la maison dessus a un toit tout neuf avec un rideau en tapa. **4.** Les hommes font la chaine, chargent les coffres, les baluchons, des dizaines de paniers, des grands bambous, fermés aux deux bouts et remplis de popoi et de taioro, des grappes de noix de coco, enfin tout ce qu'il faut pour faire un voyage agréable. (Louise Peltzer, *Lettre à Poutaveri*)

OUVRONS L'ŒIL

Quel est le sujet d'un verbe impersonnel ?

Certains verbes sont occasionnellement impersonnels (→ Fiche 12, exercice 6, p. 98) :

J'arrive du bateau. / Il arrive de drôles de choses.

Je cours. / Il court des rumeurs.

Dans ces cas-là, il y a deux sujets :

Il arrive de drôles de choses. / Il court des rumeurs.

- le premier (il) commande l'accord au singulier avec le verbe mais est vide de sens. C'est le « **sujet apparent ou grammatical** » ;
- le second (de drôles de choses ; des rumeurs peu agréables) porte le sens. C'est le « **sujet réel ou logique** ».

Ces dénominations (sujet réel, sujet apparent) sont claires.

C'EST FACILE ! **Comment reconnaitre le sujet apparent ? le sujet réel ?**

Transformez le sujet réel en sujet principal : De drôles de choses arrivent ; Des rumeurs courent. Cela n'est pas possible avec les verbes essentiellement impersonnels : Il neige, Il faut manger.

7 ★★ **Déterminez le sujet « apparent » et le sujet « réel » dans les phrases suivantes ; manipulez la phrase pour faire disparaitre le sujet apparent.**

1. Il est largement probable que vous réussissiez. **2.** Il manque un détail pour parfaire l'ensemble. **3.** Il est nécessaire que vous terminiez votre devoir. **4.** Il suffit d'un petit incident pour enrayer l'affaire. **5.** Il arrive des nouvelles fraiches tous les jours. **6.** Il s'ensuivit une bagarre.

S'ENTRAINER

8 ★ **Mettez les verbes entre parenthèses au présent.**

1. La plupart des professionnels de la joaillerie (accepter) les standards de qualification des perles. 2. La perle la plus chère que (rechercher) les spécialistes (être) ronde. 3. La taille des perles, généralement, (se situer) entre 8 et 14 mm. 4. Celles qui (dépasser) cette taille (entrer) dans la catégorie des pièces exceptionnelles. 5. Il faut que tu te renseignes, toi qui (vouloir) en acheter.

9 ★★ **Analysez le sujet de chaque verbe conjugué.**

1. Afin d'apprécier la qualité d'une perle, les spécialistes en vérifient la taille, la forme, la surface, le lustre et la couleur. 2. Qu'il y ait une irrégularité un peu importante la fait considérer comme étant baroque. 3. La plupart ont des couleurs magnifiques. 4. Celles que je préfère ont une couleur aubergine. 5. J'en ai acheté une très foncée.

10 ★★★ **a. Identifiez chaque verbe conjugué et dites quel est son sujet. b. Indiquez la nature de celui-ci.**

1. Sa propre compréhension de la langue tahitienne était inégale, mais Gauguin était séduit par les bribes de phrases qu'il comprenait à peine autour de lui et qu'il notait sous forme de proses une fois traduites. 2. En effet, les mots inconnus qu'il intégrait dans ses peintures étaient pour lui un moyen d'instaurer une distance entre le spectateur européen éloigné et ce monde tropical. 3. Plusieurs de ses titres de tableaux tahitiens sont sous forme de questions : *Où allez-vous ?* ou encore *Êtes-vous jaloux ?* et paraissent être en fait des fragments de conversation entre ses personnages.
(www.moreeuw.com)

11 ★★★ **Mêmes consignes.**

1. Déjà le navire est sur notre arrière, nous sommes à la hauteur de son étrave et je comprends pourquoi, malgré la surface immense de sa voilure, il avance si lentement. 2. Son avant, au lieu de monter à la vague, comme nos pirogues, s'enfonce dedans, certaines fois, tellement brutalement que les voiles en faseyent et arrêtent le navire. 3. Il faut que la vague suivante le soulève pour que les voiles, un moment amollies, se regonflent pour que le navire reprenne de la vitesse avant de plonger à nouveau. [...] 4. Comment une chose aussi énorme pouvait-elle flotter ? Pourquoi ne se renversait-il pas, puisqu'il n'avait pas de balancier, ni de flotteur ou de double coque, comme nos navires de grand large ?
(Louise Peltzer, *Lettre à Poutaveri*)

CORRIGÉS

1 1. *L'ile*. Test 1 : pronominalisation : elle a nourri... Test 2 : extraction : C'est l'ile qui a nourri. Test 3 : passage à la voix passive : L'imaginaire occidental a été nourri par l'ile.
2. *Elle*. Test 2 : C'est elle qui exerce... Test 3 : Une puissante fascination est exercée par elle.
3. *Le triple concept de l'origine, du paradis et de l'utopie*. Test 1 : Il expliquerait... Test 2 : C'est le triple concept de l'origine, du paradis et de l'utopie qui... Test 3 : Cette attraction serait expliquée par le triple concept... et de l'utopie.
4. *L'auteur anglais Thomas Moore*. Test 1 : Il imagina. Test 2 : C'est l'auteur anglais Thomas Moore qui... Test 3 : L'ile d'Utopia fut imaginée par l'auteur anglais Thomas Moore.
5. *Les désirs d'aventure et les fantasmes*. Test 1 : Ils se projettent... Test 2 : C'est (ce sont) les désirs d'aventure et les fantasmes qui... Test 3 : impossible.
Remarque : Le 3e test avec transformation à la forme passive n'est possible qu'avec les verbes à la voix active accompagnés d'un COD.

2 1. *La Polynésie française*. Test 1 : Elle est... Test 2 : C'est la Polynésie française qui... Test 3 : impossible.
2. *Cent-dix-huit iles*. Test 1 : Elles forment... Test 2 : C'est (Ce sont) les 118 iles qui forment... Test 3 : Les 5 archipels sont formés par les 118 iles.
3. *Elle*. Test 2 : C'est elle qui se trouve... Test 3 : impossible.
4. *L'ile de Tahiti*. Test 1 : Elle concentre... Test 2 : C'est l'ile de Tahiti qui concentre... Test 3 : difficile.
5. *Le mont Orohena*. Test 1 : Il est... Test 2 : C'est le mont Orohena qui... Test 3 : impossible. Pour le 2e verbe : Test 1 : Il culmine... Test 2 : C'est le mont Orohena qui culmine... Test 3 : impossible.

3 a. 1. *Tahiti et les autres iles du Vent voisines* : 2 GN coordonnés, sujets de *situer*. 2. *L'effet de marée* : GN, sujet de *être*. 3. *Cultiver des perles dans cet endroit* : gr. inf., sujet de *être*. 4. *Cela* : pron. démons., sujet de *permettre*. 5. *Qui* : pron. relatif, sujet du verbe *séjourner* ; *Qui a séjourné dans un de ces bungalows* : prop. sub. relative substantive, sujet de *avoir de la chance*.
b. 1. *Nager avec des requins* : gr. inf., sujet de *être*. 2. *Que vous puissiez caresser une grande* raie : prop. sub. conjonctive complétive, sujet de *être*. 3. *Les requins à pointes noires* : GN, sujet de *être*. 4. *Qui* : pron. interrogatif, sujet du verbe *tenter*. 5. *Les personnes qui hésitent à le faire* : GN, sujet de *être* ; *qui (hésitent)* : pron. relatif, sujet de *hésiter*. La relative est une expansion du GN.

4 1. *Apprécier les perles de Tahiti* : gr. inf, sujet de *être*. 2. *Elles* : pron. pers., sujet de *être*. 3. *Que tu aies eu envie d'en acheter plusieurs* : prop. sub. conj. complétive, sujet de *être*. 4. *Un petit morceau d'épithélium provenant du manteau d'une autre huitre et parfois un nucléus en nacre* : 2 GN, sujets de *être*. 5. *Quelque chose* : pron. indéf., sujet de *dire* ; *tu* : pron. pers., sujet de *retourner*.

5 1. s'enfoncent (*atolls*). 2. frappent (*vents*) ; connait (*archipel*). 3. passent et changent (*iles*). 4. signifie (*nom*). 5. extrait (*on*) ; représentent (*cocotiers*).

6 **Remarque :** Les sujets sont en gras ; les verbes sont soulignés. **1.** ***La grande pirogue*** (GN) *a été mise*... ; ***les hommes*** (GN) *l'avaient montée*... **2.** ***Ils*** (pron. pers.) *ont changé*..., *refait*..., *vérifié* (un seul sujet pour trois verbes avec ellipse de *ont*). **3.** ***Les voiles de pandanus*** (GN) *sont*... ; ***la plateforme*** (GN) *a été refaite* ; ***qui*** (pron. relatif) *relie*... ; ***la maison*** (GN) *a*... **4.** ***Les hommes*** (GN) *font*... *chargent*... ; ***il*** (pron. impersonnel) *faut*...

7 **1.** *Il* (sujet apparent) *est largement probable* [*que vous réussissiez* = sujet réel]. ➜ Que vous réussissiez est largement probable.
2. *Il* (sujet apparent) *manque* [*un détail pour parfaire l'ensemble* = sujet réel]. ➜ Un détail manque pour parfaire l'ensemble.
3. *Il* (sujet apparent) *est nécessaire* [*que vous terminiez votre devoir* = sujet réel]. ➜ Que vous terminiez votre devoir est nécessaire.
4. *Il* (sujet apparent) *suffit d'*[*un petit incident* = sujet réel]... ➜ Un petit incident suffit pour enrayer l'affaire.
5. *Il* (sujet apparent) *arrive* [*des nouvelles fraiches* = sujet réel]. ➜ Des nouvelles fraiches arrivent tous les jours.
6. *Il* (sujet apparent) *s'ensuivit* [*une bagarre* = sujet réel]. ➜ Une bagarre s'ensuivit.

8 **1.** (*la plupart des professionnels*) acceptent. **2.** (*spécialistes*) recherchent ; (*perle*) est. **3.** (*taille*) se situe. **4.** (*celles qui*) dépassent..., entrent. **5.** (*toi qui*) veux.

9 **1.** *les spécialistes* : GN, sujet de *vérifier*. **2.** *Qu'il y ait une irrégularité un peu importante* : prop. sub. conjonctive complétive, sujet de *faire considérer*. **3.** *La plupart* : pron. indéf., sujet de *avoir*. **4.** *celles que je préfère* : prop. sub. relative substantive, sujet de *avoir* ; *je* : pron. pers., sujet de *préférer*. **5.** *J'* : pron. pers., sujet de *acheter*.

Remarque : Dans les corrigés des exercices 10 et 11, les sujets sont en gras ; les verbes sont soulignés.

10 **1.** ***Sa propre compréhension de la langue tahitienne*** (GN) *était* (*inégale*) ; ***Gauguin*** (nom propre) *était séduit* ; ***il*** (pron. pers.) *comprenait* ; ***il*** (pron. pers.) *notait*. **2.** ***Les mots inconnus qu'il intégrait dans ses peintures*** (GN) *étaient* (la prop. sub. relative est une expansion du GN) ; ***il*** (pron. pers.) *intégrait*. **3.** ***Plusieurs de ses titres de tableaux tahitiens*** (GN) *sont* et *paraissent* : un seul sujet pour deux verbes *être* et *paraitre* ; *allez*-***vous*** (pron. pers., sujet inversé). *Êtes*-***vous*** (pron. pers., sujet inversé).

11 **1.** ***le navire*** (GN) *est* ; ***nous*** (pron. pers.) *sommes* ; ***je*** (pron. pers.) *comprends* ; ***il*** (pron. pers.) *avance*. **2.** ***Son avant*** (GN)... *s'enfonce* ; ***les voiles*** (GN) (*en*) *faseyent* (*et*) *arrêtent*... (deux verbes pour le même sujet). **3.** ***Il*** (pron. impersonnel) *faut* (*que*) ***la vague suivante*** (GN) (*le*) *soulève* ; ***les voiles, un moment amollies*** (GN)... *se regonflent* ; ***le navire*** (GN) *reprenne*. **4.** *pouvait*-***elle*** (pron. pers., sujet inversé, reprise de *une chose aussi énorme*) ; *se renversait*-***il*** (pron. pers., sujet inversé) ; ***il*** (pron. pers.) *n'avait*.

Chapitre 3

FICHE

17

Les compléments du verbe

- *Qu'est-ce qu'un complément du verbe ?*
- *Quels sont les différents compléments de verbe ?*
- *Comment les identifier ?*

LES BASES

1 Qu'est-ce qu'un complément du verbe ?

Les compléments du verbe, comme leur nom l'indique, **complètent le verbe** et dépendent de lui. Ils appartiennent donc au **groupe verbal** (→ Fiche 10, p. 83).

Il a acheté ce livre. Je me souviens de mon premier livre. J'avais offert ce livre à ma fille. Ce livre pèse 200 grammes. Elle a été envahie par la peur.

C'EST FACILE ! **Comment reconnaitre un complément du verbe ?**

Essayez de le déplacer ou de le supprimer.

– Les compléments de verbe ne sont généralement **pas déplaçables**, en particulier en tête de phrase (sauf constructions particulières) :

Il a acheté ce livre. → *Ce livre il a acheté.

Je me souviens de mon premier livre. → *De mon premier livre je me souviens.

– Ils sont **rarement supprimables** sans changer ou restreindre le sens du verbe :

Ce livre pèse 200 grammes. → Ce livre pèse.

Elle a été envahie par la peur. → Elle a été envahie.

1 ★ **Soulignez les verbes conjugués puis repérez leur complément en utilisant les tests du déplacement et de la suppression.**

1. Selon plusieurs études, la lecture a des conséquences positives. **2.** En effet, elle stimule les connexions neuronales. **3.** Pour cette raison, elle réduirait les risques d'Alzheimer. **4.** Grâce à elle, on oublie ses problèmes car la lecture invite à rêver. **5.** Elle ne dure que quelques heures mais ouvre à l'empathie par le phénomène de l'identification, et procure un plaisir immense. **6.** Dans les romans, le lecteur participe à des aventures par procuration.

2 Quels sont les compléments du verbe ?

Les compléments du verbe, aussi appelés **compléments essentiels** du verbe, sont les compléments nécessaires au sens du verbe.

- **Les compléments d'objet** (direct, indirect, second). Ils dépendent de verbes transitifs (→ Fiche 10, p. 83) :

  Il a acheté ce livre. → COD.

  Je me souviens de mon premier livre. → COI.

  J'avais offert ce livre (→ COD) à ma fille. → COS.
- **Les compléments étroitement liés au verbe** qui expriment **le lieu, la durée, la mesure** : Ce livre pèse 200 grammes.
- **Le complément d'agent.** Il dépend d'un verbe à la voix passive (→ Fiche 24, p. 201) : Il a été lu par tous.
- **Les attributs du sujet et du COD.** Ils dépendent de verbes attributifs ou occasionnellement attributifs (→ Fiche 18, p. 147) : Ce livre est un chef-d'œuvre. On considère ce livre comme un chef-d'œuvre.

Cette fiche porte spécifiquement sur les deux premiers types de compléments de verbes.

A Les compléments d'objet

1. Le complément d'objet direct (COD)

Il dépend d'un **verbe transitif direct** et n'est donc généralement pas introduit par une préposition : Cette histoire de lapin fascine les petits.

C'EST FACILE ! Comment reconnaitre le COD ?

– Remplacez-le par les pronoms *le*, *la*, *les*, *en* ou *cela* :

Cette histoire de lapin fascine les petits. → Cette histoire les fascine.

– Encadrez-le avec *c'est... que*, *ce sont... que* :

Ce sont les petits que cette histoire fascine.

– Transformez la phrase à la voix passive, il devient alors sujet du verbe :

Les petits sont fascinés par cette histoire.

2. Le complément d'objet indirect (COI)

Il dépend d'un **verbe transitif indirect**. Il est introduit par une **préposition**, généralement *à* ou *de*, sauf s'il s'agit d'un pronom :

Ce collectionneur s'intéresse à ce livre rare.
Ce collectionneur s'y intéresse.

C'EST FACILE ! **Comment reconnaitre le COI ?**

– **Remplacez-le par les pronoms *lui*, *leur*, *y* ou *en* :** Il s'y intéresse.

– **Encadrez-le avec *c'est à... que* ; *c'est de... que* :**
C'est à ce livre rare que ce collectionneur s'intéresse.

– La transformation à la voix passive est impossible :
*Ce livre rare est intéressé par ce collectionneur.

3. Le complément d'objet second (COS)

Il dépend d'un verbe qui admet **une double construction** : **COD ou COI + COS**. Il est généralement introduit par la préposition *à*, sauf s'il s'agit d'un pronom. Il **« seconde » le COD ou le COI**, sans être forcément en seconde position :

Philippe offrait des livres (COD) à ses aimées (COS).
Il leur (COS) parlait de ses lectures (COI).

C'EST FACILE ! **Comment reconnaitre le COS ?**

Il ne peut exister que s'il y a déjà un COD ou un COI.

– **Remplacez-le par les pronoms *lui* et *leur* :** Il leur offrait des livres.

– **Encadrez-le avec *c'est à... que* + verbe + COD ou COI :** C'est à ses aimées que Philippe offrait des livres. C'est à elles qu'il parlait de ses lectures.

→ aussi Fiche 10, p. 83.

2 ★ **Donnez la fonction des mots ou groupes de mots soulignés.**

1. Dans *L'art de lire ou comment résister à l'adversité*, Michèle Petit présente des expériences de lecture particulières. **2.** Des adultes lisent des récits mythologiques, des poèmes, des BD à des enfants et adolescents meurtris par la vie : ils ont participé à des conflits armés ou ont subi une catastrophe naturelle. **3.** Ces jeunes se saisissent des histoires racontées et donnent sens à leur vie, la pensent et imaginent des voies de sortie. **4.** Ces pratiques ouvrent aussi le champ du langage et offrent ainsi à ces adolescents une possible reconstruction. **5.** Michèle Petit souligne que les jeunes deviennent ensuite eux-mêmes des passeurs de littérature.

4. Quelle peut être la nature du complément d'objet ?

	COD	COI	COS
Nom (→ Fiche 9, p. 69.)	La lecture de ce livre a transformé Philippe.	Ce livre a plu à Philippe.	Jean a conseillé ce roman (COD) à Philippe (COS). Jean a parlé de ce roman (COI) à Philippe (COS).
GN / GNP (→ Fiche 9)	La lecture de ce livre a fasciné le jeune homme.	Souvent, Jean pense à ce livre.	Jean a conseillé ce roman (COD) à son fils (COS). Il a parlé de ce roman (COI) à son fils (COS).
Pronom (→ Fiches 12 et 13, p. 94 et p. 103)	Ce livre l'a fasciné(e). Ce livre a fasciné tout le monde. Lequel veux-tu ?	Philippe y pense. Philippe pense à lui. Jean en parle. Jean parle de celui-ci. Jean parle du sien. À qui pense-t-il ?	Jean lui (COS) a offert ce roman (COD). Jean lui (COS) a parlé de ce roman (COI). Il a parlé de ce roman (COI) à tous (COS). À qui (COS) donneras-tu ce roman (COD) ?
Groupe infinitif (→ Fiche 28, p. 239)	Il aime lire.	Il rêve de partir.	Il t' (COD) a poussé à faire cette lecture (COS).
Prop. sub. conjonctive complétive (→ Fiche 5, p. 29)	Il aime que tu lui lises des histoires.	Il s'attend à ce que tu lui lises une histoire.	–
Prop. sub. interrogative indirecte (→ Fiche 5)	Il se demande si tu lui liras une histoire.	–	–
Prop. infinitive (→ Fiche 5)	J'entends l'enfant lire à haute voix.	–	–
Prop. sub. relative substantive (→ Fiche 7, p. 46)	Lisez ce que vous voulez.	Je me souviens de celui que j'ai lu à 6 ans.	Tu donnes ce livre (COD) à qui tu veux (COS).

3 ★ **Donnez la nature des compléments soulignés dans l'exercice 2.**

4 ★ **Relevez les compléments d'objet dans les phrases suivantes et précisez leur nature.**

1. Plusieurs chercheurs ont étudié les pratiques de lecture. **2.** Ils les ont, en particulier, analysées d'un point de vue historique. **3.** Ils ont remarqué que, longtemps, les hommes ont effectué des lectures orales et collectives, car peu savaient lire : seule une petite caste de lettrés détenait ce savoir. **4.** Ainsi, la lecture contribuait à la socialisation des membres d'une même population : ils partageaient émotions, imaginaire et réflexion. **5.** Peu à peu, le peuple accède à la lecture, qui prend progressivement la forme d'une pratique individuelle, solitaire et silencieuse. **6.** Si les bibliothèques ouvrent à tous la possibilité de lire, l'école joue aujourd'hui un rôle primordial.

B Les compléments essentiels de lieu ou de mesure

Ils sont considérés comme des compléments du verbe, non comme des compléments circonstanciels (ou de phrase) car ils sont étroitement liés au verbe et appartiennent donc au groupe verbal.

Ils peuvent être ou non précédés d'une préposition et portent sur :

- **un lieu**, généralement **après des verbes marquant la localisation ou le mouvement** : Il va à Paris. Il habite Bordeaux. Il vient de Marseille. Il demeure à Lyon.
- **une mesure** (masse, prix, taille, durée ou date) : Il mesure 1 m 80. Il pèse 75 kg. Ce livre coute/vaut 10 euros. La lecture a duré 2 heures. Ce livre date de 1993.

C'EST FACILE ! **Comment les reconnaitre ?**

Ils sont indispensables au sens du verbe et donc ne peuvent être **ni déplacés ni supprimés sans changer le sens de la phrase** :

Ce livre pèse 200 grammes. → *200 grammes ce livre pèse. / Ce livre pèse.

Je vais au Salon de la biographie. → *Au Salon de la biographie je vais. / *Je vais.

5 ★ **Les mots ou groupes de mots soulignés sont-ils des compléments du verbe ? Si oui, donnez leur fonction précise et justifiez votre réponse.**

1. Il se rendait à la bibliothèque chaque semaine et passait par la rue Paradis. **2.** Le trajet ne durait que quelques minutes, mais il appréciait cette rue animée et savourait ensuite le silence de la salle de lecture. **3.** L'inscription avait couté 5 euros. **4.** Lors d'une exposition, il y avait vu un livre enluminé qui avait été vendu plusieurs milliers de francs. **5.** Il aimait ce lieu et en revenait toujours ravi.

6 **Relevez les compléments du verbe et donnez leur nature.**
★★★
1. Je résidais à Paris lorsque j'entrai dans la lecture. **2.** La maitresse m'avait offert une superbe image parce que j'avais bien déchiffré et prononcé le mot « crocodile ». **3.** Elle m'avait aussi donné l'autorisation de ramener le piano mécanique : pour cela, je devais me rendre dans une autre salle. **4.** Cette autorisation signifiait que j'étais grande et symbolisait mon passage dans le monde des lettrés. **5.** L'une des élèves qui m'accompagnaient me tendit un énorme coquillage pour que j'entende la mer. **6.** J'associe, depuis lors, le souvenir de cette conque à mes débuts en littéracie. **7.** Cette liberté que nous avions prise, car nous avions touché à un objet interdit, reflète celle que j'ai toujours trouvée en lisant.

S'ENTRAINER

7 **Donnez la nature et la fonction des mots ou groupes de mots soulignés.**
★
1. Il logeait dans une vieille maison biscornue, dont tout le monde se moquait. **2.** Pourtant, elle contenait des trésors : elle servait de bibliothèque au vieil homme et recelait une multitude de livres anciens. **3.** Nul ne savait que cette collection valait une fortune, car il n'en parlait à personne. **4.** Il avait recueilli tous ces livres pour les soigner. **5.** Il recousait les plaies des pages, ressoudait les feuilles volantes, rattachait les couvertures. **6.** Il pensait que les livres soignaient les maux, alors ils méritaient, selon lui, qu'on leur porte une attention bienveillante.

8 **Relevez les compléments du verbe et précisez leur fonction.**
★★
1. Selon R. Chartier, la lecture subit sa troisième grande mutation : nous sommes entrés dans l'ère du texte électronique. **2.** En effet, depuis une trentaine d'années, le texte prolifère sur des supports extrêmement variés, qui entrainent une évolution de notre rapport à l'écrit et à la lecture. **3.** L'utilisation de ces supports nous demande d'adapter nos capacités mentales à des formes de lecture différentes. **4.** C'est pourquoi Claire Bélisle pense que le numérique bouleverse nos modes de lecture. **5.** Selon elle, lire dans un monde numérique relève d'une compétence complexe, car la lecture électronique s'inscrit dans un ensemble d'actions et d'interactions multimodales et plus seulement linguistiques et textuelles.

9 **Relevez les compléments d'objet et précisez leur nature.**

★★★ **1.** Dans *Balzac et la Petite Tailleuse chinoise*, Dai Sijie raconte comment la lecture a bouleversé la destinée d'une jeune villageoise. **2.** Le narrateur relate notamment sa propre découverte d'*Ursule Mirouët*, dans un camp de rééducation. **3.** Un codétenu prêta d'abord le livre à son ami Luo. **4.** Celui-ci le lut la nuit même, le termina à l'aube, puis le passa au narrateur, que cette histoire passionna. **5.** Luo et le narrateur volent à leur codétenu la valise de livres qu'il possédait. **6.** Ils les lisent à la fille d'un tailleur. Peu à peu, la lecture, notamment celle de l'œuvre de Balzac, transforme la jeune fille, qui désire découvrir la vie et quitte le village, au regret du narrateur et de son ami Luo.

10 **Relevez les compléments du verbe ; précisez leur nature et leur fonction.**

★★★ **1.** Le monde numérique exige le traitement d'un grand nombre de sources d'information et celui d'une multitude de stimuli susceptibles de nous déconcentrer. **2.** Une étude a quantifié l'amplitude des changements cognitifs que nous subissons lorsque nous lisons des informations sur un écran. **3.** La lecture sur support numérique pousse à s'attacher aux détails concrets du texte, alors que, par la lecture sur un support papier, nous intégrons mieux ses enjeux abstraits. **4.** La lecture sur écran augmente donc les performances de la pensée concrète attachée aux détails autant qu'elle diminue la capacité d'abstraction des individus. **5.** Elle modifie notre mode de pensée.

CORRIGÉS

1 **1.** <u>a</u> [*des conséquences positives*] : déplacement impossible : *Des conséquences positives, la lecture a ; suppression impossible : *Selon plusieurs études, la lecture a. **2.** <u>stimule</u> [*les connexions neuronales*] : déplacement impossible : *Les connexions neuronales… elle stimule ; suppression restreignant la portée de la phrase : En effet, elle stimule. **3.** <u>réduirait</u> [*les risques d'Alzheimer*] : déplacement impossible : *Les risques d'Alzheimer… elle réduirait ; suppression impossible : *Pour cette raison, elle réduirait. **4.** <u>oublie</u> [*ses problèmes*] : déplacement impossible : *Ses problèmes… on oublie ; suppression impossible ou restrictive : *Grâce à elle, on oublie ; <u>invite</u> [*à rêver*] : déplacement impossible : *à rêver la lecture invite ; suppression impossible : *la lecture invite. **5.** *(ne)* <u>dure</u> *(que)* [*quelques heures*] : déplacement impossible : *Quelques heures elle ne dure que ; suppression impossible : *Elle ne dure que ; <u>ouvre</u> [*à l'empathie*] : déplacement impossible : *mais à l'empathie ouvre ; suppression impossible : *mais ouvre ; <u>procure</u> [*un plaisir immense*] : déplacement impossible : *et un plaisir immense procure ; suppression impossible : *et procure. **6.** <u>participe</u> [*à des aventures*] : déplacement impossible : *À des aventures… procuration ; suppression impossible ou restrictive : *Dans les romans, le lecteur participe par procuration.

2 1. *à l'adversité* : COI de *résister* ; *des expériences de lecture particulières* : COD de présenter. 2. *des récits... des BD* : COD de lire ; *à des enfants... par la vie* : COS de lire ; *à des conflits armés* : COI de participer ; *une catastrophe naturelle* : COD de subir. 3. *des histoires racontées* : COI de se saisir ; *sens* : COD de donner ; *à leur vie* : COS de donner ; *la* : COD de penser ; *des voies de sortie* : COD d'imaginer. 4. *le champ du langage* : COD d'ouvrir ; *à ces adolescents* : COS d'offrir ; *une possible reconstruction* : COD d'offrir. 5. *que les jeunes deviennent... de littérature* : COD de souligner.

3 1. *à l'adversité* : GNP ; *des expériences... particulières* : GN. 2. *des récits mythologiques... des BD* : 3 GN juxtaposés ; *à des enfants... la vie* : GNP ; *à des conflits armés* : GNP ; *une catastrophe naturelle* : GN. 3. *des histoires racontées* : GNP ; *sens* : nom com. ; *à leur vie* : GNP ; *la* : pron. pers. ; *des voies de sortie* : GN. 4. *le champ du langage* : GN ; *à ces adolescents* : GNP ; *une possible* reconstruction : GN. 5. *que les jeunes... littérature* : prop. sub. conjonctive complétive par *que*.

4 1. *les pratiques de lecture* : COD du verbe étudier, GN. 2. *les* : COD du verbe analyser, pron. pers. 3. *que, longtemps... collectives* : COD du verbe remarquer, prop. sub. conjonctive complétive par *que* ; *des lectures orales et collectives* : COD du verbe effectuer, GN ; *lire* : COD du verbe savoir, verbe à l'inf. ; *ce savoir* : COD du verbe détenir, GN. 4. *à la socialisation... population* : COI du verbe contribuer, GNP ; *émotions, imaginaire et réflexion* : COD du verbe partager, 3 noms communs. 5. *à la lecture* : COI du verbe accéder, GNP ; *la forme... silencieuse* : COD du verbe prendre, GN. 6. *à tous* : COS du verbe ouvrir, GP avec pron. indéfini ; *la possibilité de lire* : COD du verbe ouvrir, GN ; *un rôle primordial* : COD du verbe jouer, GN.

5 1. *à la bibliothèque* : compl. essentiel de lieu de se rendre, il ne peut être ni supprimé, ni déplacé et dépend d'un verbe marquant un mouvement ; *chaque semaine* : non ; *par la rue Paradis* : compl. essentiel de lieu de passer, il ne peut être ni supprimé, ni déplacé et dépend d'un verbe marquant un mouvement. 2. *quelques minutes* : compl. essentiel de durée (ou de mesure) de durer, il ne peut être ni supprimé, ni déplacé et dépend d'un verbe marquant la durée ; *cette rue animée* : COD d'apprécier, il ne peut être ni supprimé, ni déplacé et dépend d'un verbe transitif direct ; *le silence de la salle de lecture* : COD de savourer, il ne peut être ni supprimé, ni déplacé et dépend d'un verbe transitif direct. 3. *5 euros* : compl. essentiel de mesure (ou de prix) de couter, il ne peut être ni supprimé, ni déplacé et dépend d'un verbe exprimant un prix. 4. *Lors d'une exposition* : non ; *y* : non ; *plusieurs milliers de francs* : compl. essentiel de mesure (ou de prix) de vendre, il ne peut être déplacé et dépend d'un verbe exprimant un prix. 5. *ce lieu* : COD d'aimer, il ne peut être ni supprimé, ni déplacé et dépend d'un verbe transitif direct ; *en* : compl. essentiel de lieu de revenir, il ne peut être ni supprimé, ni déplacé et dépend d'un verbe marquant un mouvement.

6 1. *à Paris* : compl. essentiel de lieu du verbe résider, GNP ; *dans la lecture* : compl. essentiel de lieu du verbe entrer, GNP. 2. *m'* : COS du verbe offrir, pron. pers ; *une superbe image* : COD du verbe offrir, GN ; *le mot « crocodile »* : COD des verbes déchiffrer et prononcer, GN. 3. *m'* : COS du verbe donner, pron. pers. ; *l'autorisation... mécanique* : COD du verbe donner, GN ; *dans une autre salle* : compl. essentiel de lieu du verbe se rendre, GNP. **4.** *que j'étais grande* : COD du verbe signifier, prop. sub. conjonctive complétive par *que* ; *mon passage dans le monde des lettrés* : COD du verbe symboliser, GN. **5.** *m'* : COD du verbe accompagner, pron. pers. ; *me* : COS du verbe tendre, pron. pers. ; *un énorme coquillage* : COD du verbe montrer, GN ; *la mer* : COD du verbe entendre, GN. **6.** *le souvenir de cette conque* : COD du verbe associer, GN ; *à mes débuts en littéracie* : COS du verbe associer, GNP. **7.** *que* : COD du verbe prendre, pron. relatif ; *à un objet interdit* : COI du verbe toucher, GNP ; *celle que j'ai toujours trouvée en lisant* : COD du verbe refléter, prop. sub. relative substantive ; *celle que* : COD de trouver, pron. relatif.

7 **1.** *dans une vieille maison biscornue* : GNP, compl. essentiel de lieu de loger ; *dont* : pron. relatif, COI de se moquer. **2.** *des trésors* : GN, COD de contenir ; *de bibliothèque* : GNP, COI de servir ; *au vieil homme* : GNP, COS de servir ; *une multitude de livres anciens* : GN, COD de receler. **3.** *une fortune* : GN, compl. essentiel de prix de valoir ; *en* : pron. pers., COI de parler ; *à personne* : GP contenant un pron. indéf., COS de parler. **4.** *tous ces livres* : GN, COD de recueillir. **5.** *les plaies des pages* : GN, COD de recoudre ; *les feuilles volantes* : GN, COD de ressouder ; *les couvertures* : GN, COD de rattacher. **6.** *que les livres soignaient les maux* : prop. sub. conjonctive complétive par *que*, COD de penser ; *leur* : pron. pers., COS de porter ; *une attention bienveillante* : GN, COD de porter.

8 **1.** *sa troisième grande mutation* : COD du verbe subir ; *dans l'ère du texte électronique* : compl. essentiel de lieu d'entrer. **2.** *une évolution... la lecture* : COD d'entrainer. **3.** *nous* : COS de demander ; *d'adapter... différentes* : COI de demander ; *nos capacités mentales* : COD d'adapter ; *à des formes de lecture différentes* : COS d'adapter. **4.** *que le numérique... lecture* : COD du verbe penser ; *nos modes de lecture* : COD de bouleverser. **5.** *d'une compétence complexe* : COI de relever ; *dans un ensemble... textuelles* : compl. essentiel de lieu de s'inscrire.

9 **1.** *comment la lecture... villageoise* : prop. sub. interrogative indirecte, COD du verbe raconter ; *la destinée d'une jeune villageoise* : GN, COD du verbe bouleverser. **2.** *sa propre découverte d'*Ursule Mirouët : GN, COD du verbe relater. **3.** *le livre* : GN, COD de prêter ; *à son ami Luo* : GNP, COS de prêter. **4.** *le* : pron. pers., COD du verbe lire ; *le* : pron. pers., COD du verbe terminer ; *le* : pron. pers., COD du verbe passer ; *au narrateur* : GNP, COS du verbe passer ; *que* : pron. relatif, COD du verbe passionner. **5.** *à leur codétenu* : GNP, COS du verbe voler ; *la valise de livres qu'il possédait* : GN, COD du verbe voler ; *qu'* : pron. relatif, COD du verbe *posséder*. **6.** *les* : pron. pers., COD du verbe lire ; *à la fille d'un tailleur* : GNP, COS du verbe lire ; *la jeune fille* : GN, COD du verbe transformer ; *découvrir la vie* : gr. inf., COD du verbe désirer ; *la vie* : GN, COD du verbe découvrir ; *le village* : GN, COD du verbe quitter.

10 **1.** *le traitement... d'information* : GN, COD d'exiger ; *celui d'une multitude... déconcentrer* : groupe dont le centre est un pronom (gr. pronominal), COD d'exiger ; *nous* : pron. pers., COD de déconcentrer. **2.** *l'amplitude... subissons* : GN, COD de quantifier ; *que* : pron. relatif, COD de subir ; *des informations* : GN, COD de lire. **3.** *à s'attacher aux détails concrets du texte* : gr. prép. inf., COI de pousser ; *aux détails concrets du texte* : GNP, COI de *s'attacher* ; *ses enjeux abstraits* : GN, COD d'intégrer. **4.** *les performances... aux détails* : GN, COD d'augmenter ; *la capacité d'abstraction des individus* : GN, COD de diminuer. **5.** *notre mode de pensée* : GN, COD de modifier.

Chapitre 3

FICHE

18

Les attributs

- *Comment reconnaitre un attribut du sujet ?*
- *Quels sont les verbes attributifs ?*
- *Comment repérer à coup sûr un attribut du COD ?*

LES BASES

L'attribut « **attribue** » **une spécificité**, une particularité, une propriété **au sujet ou au COD**. Dans les deux cas, l'attribut **appartient au groupe verbal**. C'est un complément du verbe très particulier.

1 Qu'est-ce qu'un attribut du sujet ?

1er REPÈRE : il n'y a que certains verbes qui commandent l'attribut du sujet.

- Le plus important : **le verbe *être*** !
- **Les verbes attributifs** (verbes d'état) : *être, paraitre, sembler, devenir, rester, demeurer.* Une liste simple à retenir !

Il est détective.	Elle parait logique.	La vie est un roman.
attr. du sujet il	attr. du sujet elle	attr. du sujet la vie

- **D'autres verbes** sont possibles :

– avec une **construction indirecte** : passer pour, avoir l'air, être considéré(e)(s)/regardé(e)(s) comme...

Il passe pour ingénieux. ➜ attribut du sujet il.

– souvent employés **à la forme passive** comme juger, se trouver, présumer, nommer, mourir, élire, tomber, partir, revenir, arriver, s'appeler...

Pierre est jugé innocent. ➜ attribut du sujet Pierre.

Il est reconnu coupable. ➜ attribut du sujet il.

L'attribut du sujet ne suit pas toujours immédiatement *être* ou le verbe attributif. Il peut y avoir au milieu un complément circonstanciel :

Une enquête est [très souvent] longue.

C'EST FACILE ! Ces verbes peuvent être remplacés par *être*

Il est jugé innocent. ➜ Il est innocent. / Il est nommé juge. ➜ Il est juge.

Il est tombé malade. ➜ Il est malade. / Il est parti aigri. ➜ Il est aigri.

Il revient triomphant. ➜ Il est triomphant.

À l'inverse, si le verbe ne peut pas être remplacé par *être*, il n'introduit pas un attribut :

Il parait calme. ➜ Il est calme. ➜ attribut du sujet.

Le livre parait aujourd'hui. ➜ * il est aujourd'hui.

2e REPÈRE : l'attribut ne peut pas être effacé :

Il est coupable. ➜ *Il est // Il est avocat. ➜ *Il est.

3e REPÈRE : généralement, l'attribut s'accorde en genre et en nombre avec le sujet.

Il est devenu policier. **Elle** est devenue policière.

Ils sont devenus policiers. **Elles** sont devenues policières.

1 ★ **Ces phrases contiennent-elles un attribut du sujet ? Justifiez votre réponse.**

a. 1. Cette histoire était sordide. **2.** Malgré les dernières avancées, ces affaires restent complexes. **3.** Ils paraissent de plus en plus inquiets. **4.** Il restait du sang sur la moquette. **5.** Le crime était presque parfait.

b. 1. Il a vécu heureux pendant toutes ces années. **2.** Malgré tous les détours, la déduction semble juste. **3.** L'homme aurait dû avoir du sang-froid. **4.** Bien que l'heure soit grave, l'inculpé demeure confiant. **5.** Les témoins sont revenus rassurés.

2 ★ **Analysez les adjectifs qualificatifs ou les participes passés attributs du sujet soulignés dans les phrases suivantes.**

Les hommes sont violents. Violents : adj. qual., masc. plur., attribut du sujet les hommes.

1. Parfois, le principe de la présomption d'innocence parait compliqué. **2.** Mais une personne est réputée innocente tant que sa culpabilité n'est pas patente. **3.** Même dans une affaire où le suspect semble coupable, il doit être appliqué. **4.** Une affaire judiciaire reste généralement complexe, pendant longtemps. **5.** Pourtant, ce principe du droit français se trouve souvent bafoué.

Pour l'adjectif qualificatif attribut du sujet, ➜ Fiche 19, exercices 5 et 6, p. 158.

2 Quelles sont les classes de mots concernées par l'attribut du sujet ?

Nature	Exemples
Dans la majorité des cas	
Adjectif qualificatif (➜ Fiche 19, p. 158)	Les bijoux sont superbes. ➜ attr. du sujet Les bijoux.
Groupe adjectival	Pierre est très malhonnête. ➜ attr. du sujet Pierre.
Participe passé employé comme adjectif	L'affaire est résolue. ➜ attr. du sujet L'affaire.
Nom **Nom propre**	Elle est avocate. ➜ attr. du sujet elle. L'ami est Watson. ➜ attr. du sujet ami.
GN plus ou moins étendu	L'accusé est un homme d'excellente réputation. ➜ attr. du sujet L'accusé.
Plus rarement	
Pronom	Cette arme est la sienne. ➜ pron. possessif, attr. du sujet Cette arme. Le meurtrier peut être tout le monde. ➜ pron. indéf., attr. du sujet Le meurtrier.
Infinitif un groupe infinitif	Mon but est de partir. ➜ attr. du sujet Mon but.
Adverbe	L'affaire est résolue : il est mieux dans sa tête. ➜ attr. du sujet il.
Proposition subordonnée relative substantive **Proposition subordonnée conjonctive complétive** (➜ Fiches 7 et 5, p. 51 et p. 31)	Pierre est celui qui est le plus protégé. ➜ attr. du sujet Pierre. Mon désir est qu'il soit confondu. ➜ attr. du sujet Mon désir.

3 ★★ **Relevez et analysez les attributs du sujet dans les phrases suivantes.**

1. En 1888, Jack l'éventreur, tueur en série londonien, est devenu célèbre car ses huit crimes étaient particulièrement impressionnants. **2.** Certaines personnes arrêtées étaient peut-être des meurtriers mais les preuves n'ont jamais été suffisantes. **3.** Le mystère est ainsi resté entier pendant des années, malgré de nombreuses hypothèses. L'objectif est bien de compter sur les avancées de la technique pour le résoudre. **4.** Justement, en 2014, un détective en a avancé une autre : le meurtrier serait un coiffeur polonais du nom d'Aaron Kosminski qui était un des suspects de l'époque.

5. Des traces d'ADN seraient encore présentes sur un châle retrouvé auprès d'une des victimes et l'ADN correspondrait à celui des descendants de ce coiffeur. L'affaire serait-elle enfin close ? Rien n'est moins sûr.

4 ★★ **Mêmes consignes.**

1. Sherlock Holmes est le célèbre détective inventé par Conan Doyle. **2.** Son plaisir favori est celui qui consiste à raisonner pour élucider les mystères. **3.** « Élémentaire, mon cher Watson » demeure la réplique la plus célèbre de Holmes. **4.** Elle est absente des romans écrits par Doyle mais présente dans le premier film parlant de 1929. **5.** L'œuvre de Conan Doyle est celle qui reste la référence essentielle du genre policier. **6.** Le premier roman publié en 1887 s'appelle *Une étude en rouge*.

OUVRONS L'ŒIL

Comment reconnaitre un attribut du COD ?

L'attribut du COD partage avec l'attribut du sujet un certain nombre de caractéristiques.

- Il n'est **pas supprimable** sans changer le sens de la phrase :

  Je crois O. J. Simpson (COD) coupable (attr. du COD).

  *Je crois O. J. Simpson.

- Il **s'accorde généralement avec le COD** :

  Je crois cet homme **innocent**. ➜ Je crois cette femme **innocente**.

  Je crois ces hommes **innocents**. ➜ Je crois ces femmes **innocentes**.

Mais son fonctionnement est différent :

- contrairement à l'attribut du sujet, qui touche plusieurs classes grammaticales, l'attribut du COD **ne peut être qu'un nom** (ou GN) **ou un adjectif** (ou un groupe adjectival) ;
- surtout, **il n'est commandé ni par le verbe *être* ni par les verbes d'état**. On le trouve cependant, comme pour l'attribut du sujet, **avec les verbes à construction indirecte** comme passer pour, avoir l'air, être considéré(e)(s)/regardé(e)(s) comme, juger, se trouver, présumer, nommer, élire... mais cette fois, **à la voix active**.

  On considère Napoléon comme un grand chef. ➜ GN, attr. du COD Napoléon.

  Nous présumons l'accusé innocent. ➜ adj. qual., attr. du COD l'accusé.

  Nous jugeons cet homme très dangereux. ➜ groupe adjectival, attr. du COD cet homme.

C'EST FACILE ! **Comment identifier l'attribut du COD ?**

Sa construction ne fait pas apparaitre nettement la relation entre le COD et l'attribut : souvent, les deux se suivent, introduisant ainsi une confusion dans leur identification.

Le mieux est donc de **manipuler la phrase pour séparer l'attribut de son COD** :

Certains ont cru O. J. Simpson coupable.

– en pronominalisant le COD : Certains l'ont cru **coupable** ;

– en utilisant, quand le verbe le permet, une construction avec une **proposition subordonnée conjonctive complétive** qui fait apparaitre le verbe *être* :

Certains ont cru [qu' O. J. Simpson était coupable]. Coupable, attr. du COD dans la première phrase, devient attribut du sujet dans la seconde.

– ou en utilisant, surtout avec le verbe *avoir*, une construction avec une **proposition subordonnée relative** qui fait aussi apparaitre le verbe *être* :

Il a la tête dure. → Il a la tête qui est dure.

Dure, attr. du COD dans la première phrase, devient attribut du sujet dans la seconde.

5 ★★ **a. Dans les phrases suivantes, pronominalisez les COD pour mieux repérer les attributs et les analyser.**
b. Vérifiez votre repérage en faisant apparaitre une proposition subordonnée.

1. Les polars nordiques se portent bien ; on les considère comme les meilleures ventes, actuellement. 2. Les lecteurs jugent ces romans moins spectaculaires que les romans policiers américains mais plus attentifs à l'environnement social et politique. 3. Les éditeurs de polars nordiques, de quatre il y a dix ans, sont passés à vingt : ils croient ce genre vivace pour longtemps. 4. Mais les imitateurs des premiers maitres font basculer les codes du genre dans les clichés. On trouve ces épigones peu créatifs et surtout trop soucieux d'exploiter une veine. 5. Ils ont le style aisé mais les personnages et les situations restent stéréotypés.

Pour l'adjectif qualificatif attribut du COD, → Fiche 19, exercice 7, p. 159.

S'ENTRAINER

6 ★★★ **Repérez les attributs et analysez-les.**

1. Fred Vargas s'appelle, en fait, Frédérique Audouin-Rouzeau. 2. Elle est non seulement écrivaine mais aussi archéozoologue. 3. Tout au long de sa série la plus connue, son héros principal reste Jean-Baptiste Adamsberg ; ce personnage est celui que le public préfère. 4. Il se révèle être un enquêteur peu enclin aux raisonnements suivis et logiques 5. Il semble indifférent aux gens alors qu'il se montre sensible, au contraire, à leurs états émotionnels.

7 **Mêmes consignes.**

★★★ **1.** Adamsberg trouve ces personnes inspirantes et sources d'éléments propices à l'élucidation des mystères. **2.** Fred Vargas est considérée comme l'auteure française la plus traduite en Europe. **3.** À l'inverse d'Agatha Christie ou de Conan Doyle, elle ne considère pas qu'elle est indissolublement liée à son héros. **4.** Elle avoue même le trouver parfois bizarre et excentrique. **5.** Pourtant, elle est celle qui tire toutes les ficelles romanesques et celle qui a fabriqué le personnage.

8 **Mêmes consignes.**

★★★ **1.** Georges Simenon est un écrivain incroyablement productif. **2.** Dans son œuvre qui est immense, on trouve près de 200 romans et plus de 150 nouvelles publiés sous le nom de Simenon et à peu près autant sous une centaine de pseudonymes. **3.** Ses tirages sont phénoménaux : plus de 550 millions d'exemplaires. **4.** Il croit les intrigues d'autant plus intéressantes qu'elles sont simples mais fondées sur des personnages forts qui vont jusqu'au bout de leur logique.

9 **Mêmes consignes.**

★★★ **1.** Hors de la célèbre série consacrée aux Maigret, Simenon demeure fidèle aux petites villes de province qui lui semblent être le décor idéal pour le développement des passions. **2.** Persuadé qu'il allait mourir dans deux ans, il écrivit en 1943 ce qui reste une œuvre d'ordre autobiographique, *Pedigree*. **3.** Son désir était de laisser des traces de sa vie ; sa volonté était que son fils Marc le connaisse davantage. **4.** L'entrée de Simenon dans la prestigieuse collection de la Pléiade constitue une forme de consécration de son œuvre. **5.** L'un des premiers, Gide l'avait reconnu comme un grand écrivain. Il le trouvait phénoménal.

CORRIGÉS

1 **a. 1.** *sordide* : attr. du sujet *Cette histoire* ; il y a le verbe *être* ; l'adjectif s'accorde en nombre avec *histoire* ; on ne peut pas le supprimer. **2.** *complexes* : attr. du sujet *ces affaires* ; *rester* est un verbe d'état ; *complexes* s'accorde en genre et en nombre avec *affaires* ; on ne peut pas le supprimer. **3.** *de plus en plus inquiets* : attr. du sujet *ils* ; *paraitre* est un verbe d'état ; *inquiets* s'accorde en genre et en nombre avec *ils* ; on ne peut pas le supprimer. **4.** *Rester* n'est pas ici un verbe attributif ; on ne peut pas le remplacer par *être* : **il est du sang*, donc pas d'attribut. **5.** *presque parfait* : attr. du sujet *le crime* ;

présence du verbe *être* ; l'adjectif s'accorde en genre et en nombre avec *crime* ; on ne peut pas supprimer le groupe adjectival.
b. 1. *heureux* : attr. du sujet *il* (on peut remplacer *il a vécu heureux* par il est heureux) ; l'adjectif s'accorde en genre avec *il* ; si on le supprime, le sens de la phrase est vraiment modifié : *il a vécu*. **2.** *juste* : attr. du sujet *la déduction* ; *sembler* est un verbe d'état ; *juste* s'accorde en nombre avec *déduction* ; on ne peut pas le supprimer. **3.** Aucun verbe attributif, aucun attribut. **4.** *grave* : attr. du sujet *l'heure* ; verbe *être* au subjonctif ; l'adjectif s'accorde en nombre avec *heure* ; on ne peut pas le supprimer ; *confiant* : attr. du sujet *l'inculpé* ; le verbe *demeurer* est un verbe attributif ; l'adjectif s'accorde en genre et en nombre avec *inculpé* ; on ne peut pas le supprimer. **5.** *rassurés* : attr. du sujet *Les témoins* ; *être revenus* peut être remplacé par *être* : ils sont rassurés ; le participe passé *rassurés* s'accorde en genre et en nombre avec *les témoins* ; on ne peut pas le supprimer.

2 **1.** *compliqué* : adj. qual., masc. sing., attr. du sujet *le principe de la présomption d'innocence*. **2.** *innocente* : adj. qual., fém. sing., attr. du sujet *une personne* ; *patente* : adj. qual., fém. sing., attr. du sujet *sa culpabilité*. **3.** *coupable* : adj. qual., masc. sing., attr. du sujet *le suspect*. **4.** *complexe* : adj. qual., fém. sing., attr. du sujet *une affaire judiciaire*. **5.** *bafoué* : participe passé à valeur d'adjectif, masc. sing., attr. du sujet *ce principe du droit français*.

3 **1.** *célèbre* : adj. qual., masc. sing., attr. du sujet *Jack l'éventreur* ; *particulièrement impressionnants* : gr. adjectival, masc. plur., attr. du sujet *ses huit crimes*. **2.** *des meurtriers* : GN, masc. plur., attr. du sujet *Certaines personnes arrêtées* ; *suffisantes* : adj. qual., fém. plur., attr. du sujet *les preuves*. **3.** *entier* : adj. qual., masc. sing., attr. du sujet *Le mystère* ; *de compter sur les avancées de la technique* : gr. infinitif, attr. du sujet *L'objectif*. **4.** *un coiffeur polonais du nom d'Aaron Kosminski* : GN, attr. du sujet *le meurtrier* ; *un des suspects de l'époque* : GN, attr. du sujet *qui*. **5.** *présentes* : adj. qual., fém. plur., attr. du sujet *Des traces d'ADN* ; *close* : adj. qual., fém. sing., attr. du sujet *L'affaire* ; *moins sûr* : gr. adjectival, masc. sing., attr. du sujet *Rien*.

4 **1.** *le célèbre détective inventé par Conan Doyle* : GN, attr. du sujet *Sherlock Holmes*. **2.** *celui qui consiste à raisonner pour élucider les mystères* : prop. sub. relative substantive, attr. du sujet *Son plaisir favori*. **3.** *la réplique la plus célèbre de Holmes* : GN, attr. du sujet *« Élémentaire, mon cher Watson »*. **4.** *absente des romans écrits par Conan Doyle* : gr. adjectival, fém. sing., attribut du sujet *Elle* ; *présente dans… 1929* : gr. adjectival, fém. sing., attr. du sujet *Elle* (*présente* dépend aussi du verbe *être*). **5.** *celle qui reste la référence essentielle du genre policier* : prop. sub. relative substantive, attr. du sujet *L'œuvre de Conan Doyle*. **6.** *Une étude en rouge* : GN, attr. du sujet *le premier roman publié en 1887* (le verbe *s'appeler* peut être remplacé par *être* : le premier roman publié en 1887 est *Une étude en rouge*).

5 **1.** Le COD est déjà un pronom (*on les considère comme*) ➜ *les meilleures ventes* : GN, fém. plur., attribut du COD *les* (= sub. conjonctive complétive : On considère qu'ils sont les meilleures ventes). **2.** *Les lecteurs les jugent* ➜ *moins spectaculaires* : gr. adjectival, masc. plur., attr. du COD *ces romans* (= sub. conjonctive complétive : Les lecteurs jugent que ces romans sont moins spectaculaires) ; ➜ *plus attentifs à l'environnement social et politique* : gr. adjectival, masc. plur., attr. du COD *ces romans* (= sub. conjonctive complétive : Les lecteurs jugent que ces romans <u>sont</u> plus attentifs à...). **3.** *Ils <u>le</u> croient* ➜ *vivace pour longtemps* : gr. adjectival, masc. sing., attr. du COD *ce genre* (= sub. conjonctive complétive : ils croient que ce genre <u>est</u> vivace...). **4.** *On <u>les</u> trouve* ➜ *peu créatifs* : gr. adjectival, masc. plur., attr. du COD *ces épigones* (= sub. conjonctive complétive : On trouve que ces épigones <u>sont</u> peu créatifs) ; ➜ *trop soucieux d'exploiter une veine* : gr. adjectival, masc. plur., attr. du COD *ces épigones* (= sub. conjonctive complétive : On trouve que ces épigones <u>sont</u> surtout trop soucieux de...). **5.** *Ils <u>l'</u>ont* ➜ *aisé* : adj. qual., masc. sing., attr. du COD *le style* (= sub. conjonctive complétive : Ils ont un style qui <u>est</u> aisé). Attention : *stéréotypés* est un participe passé à valeur adjectivale, attr. du **sujet** *les personnages et les situations*.

6 **1.** *Frédérique Audouin-Rouzeau* : nom propre, attr. du sujet *Fred Vargas* (le verbe *s'appeler* peut être remplacé par *être* : Fred Vargas est...). **2.** *écrivaine, archéozoologue* : 2 noms communs, fém. sing., attr. du sujet *elle*. **3.** *Jean-Baptiste Adamsberg* : nom propre, attr. du sujet *son héros principal* ; *celui que le public préfère* : prop. sub. relative substantive, attribut du sujet *ce personnage*. **4.** *un enquêteur peu enclin aux raisonnements suivis et logiques* : GN, attr. du sujet *Il*. **5.** *indifférent aux gens* : gr. adjectival, masc. sing., attr. du sujet *Il* ; *sensible à leurs états émotionnels* : gr. adjectival, masc. sing., attr. du sujet *il* (le verbe *se montrer* peut être remplacé par *être* : il est sensible à...).

7 **1.** *inspirantes* : adj. qual., fém. plur., attr. du COD *ces personnes* ; *sources d'éléments propices à l'élucidation des mystères* : GN, attr. du COD *ces personnes* (= sub. conjonctives complétives : Il trouve que ces personnes sont inspirantes et qu'elles sont sources...). **2.** *l'auteure française la plus traduite en Europe* : GN, attr. du sujet *Fred Vargas*. **3.** *indissolublement liée à son héros* : gr. adjectival, attr. du sujet *elle*. **4.** *bizarre, excentrique* : 2 adj. qual., masc. sing., attr. du COD *le*. **5.** *celle qui tire toutes les ficelles..., celle qui a fabriqué le personnage* : 2 prop. sub. relatives, attr. du sujet *elle*.

8 **1.** *un écrivain incroyablement productif* : GN, masc. sing, attr. du sujet *Georges Simenon*. **2.** *immense :* adj. qual., fém. sing., attribut du sujet *qui*. **3.** *phénoménaux* : adj. qual., masc. plur., attr. du sujet *Ses tirages*. **4.** *plus intéressantes* : gr. adjectival, fém. plur., attr. du COD *les intrigues* (= sub. conjonctive complétive : il croit que les intrigues sont d'autant plus intéressantes que...) ; *simples* : adj. qual., fém. plur., attr. du sujet *elles* ; *fondées sur des personnages... leur logique* : gr. adjectival avec pour noyau un participe passé à valeur adjectivale, fém. plur., attr. du sujet *elles*.

9 **1.** *fidèle aux petites villes de province* : gr. adjectival, masc. sing., attr. du sujet *Simenon* ; *le décor idéal pour le développement des passions* : GN, attr. du sujet *qui*. **2.** *une œuvre d'ordre autobiographique* : GN, fém. sing., attr. du sujet *qui*. **3.** *de laisser des traces de sa vie* : gr. infinitif prép., attr. du sujet *Son désir* ; *que son fils Marc le connaisse davantage* : prop. sub. conjonctive complétive, attribut du sujet *sa volonté*. **4.** *une forme de consécration de son œuvre* : GN, fém. sing., attr. du sujet *L'entrée de Simenon dans la prestigieuse collection de la Pléiade*. **5.** *un grand écrivain* : GN, masc. sing., attr. du COD *l'* (= sub. conjonctive complétive : Gide avait reconnu qu'il était un grand écrivain) ; *phénoménal* : adj. qual., masc. sing., attr. du COD *le* (= sub conjonctive complétive : Il trouvait qu'il était phénoménal).

Chapitre 3

FICHE

19

Les fonctions de l'adjectif qualificatif

- *Quelles sont les différentes fonctions de l'adjectif ?*
- *Comment les repérer ?*

LES BASES

Fonctions possibles	Exemples
Épithète du nom (ou épithète liée)	Ce paysage <u>époustouflant</u> plaisait à tous. → épithète ou épithète liée au nom paysage.
Apposé au nom, au GN ou au pronom (ou épithète détachée)	<u>Époustouflant</u>, ce paysage plaisait à tous. → apposé au GN ce paysage (ou épithète détachée du GN ce paysage). <u>Époustouflant</u>, il plaisait à tous. → apposé au pronom personnel il (ou épithète détachée du pronom personnel il).
Attribut du sujet	Ce paysage était <u>époustouflant</u>. → attr. du sujet Ce paysage.
Attribut du COD	Je trouvais ce paysage <u>époustouflant</u>. → attr. du COD ce paysage.

L'adjectif ou le groupe adjectival (→ Fiche 11, p. 87) peut avoir **4 fonctions différentes**, qui dépendent de sa relation avec le nom, le GN ou le pronom auquel il se rapporte.

C'EST FACILE ! Comment différencier les 4 fonctions de l'adjectif ?

Essayez de supprimer l'adjectif.

– **Épithète ou apposé**, l'adjectif est **une expansion du nom, du GN ou du pronom** et **peut être supprimé** (→ Fiche 20, p. 163) :

Ce paysage <u>époustouflant</u> plaisait à tous. / <u>Époustouflant</u>, ce paysage plaisait à tous. → Ce paysage plaisait à tous.

– **Attribut**, il appartient au **groupe verbal** et **ne peut pas être supprimé** ou ne peut l'être sans changer le sens de la phrase (→ Fiche 18, p. 147) :

Ce paysage était <u>époustouflant</u> → *Ce paysage était.

Je trouvais ce paysage <u>époustouflant</u>. → Je trouvais ce paysage.

1 L'adjectif épithète

- **Lorsque l'adjectif appartient au groupe nominal et qu'il est directement lié au nom, il est épithète** (ou épithète liée) : un grand homme / un homme grand.
- Il est alors une **expansion du nom** (→ Fiche 20, p. 163) et peut être **placé avant ou après** celui-ci :
  - selon les adjectifs : un long chemin / un chemin escarpé ;
  - selon leur sens dans l'énoncé : un homme pauvre / un pauvre homme.
- Un adjectif épithète **peut se rapporter à plusieurs noms** : Des collines et des vallées ensoleillées, plus rarement à un pronom : Jean cherchait quelque chose de beau.

OBJECTIF 0 FAUTE

Le mot *épithète* est féminin : une épithète liée ; une épithète détachée.

1 ★ **Donnez la fonction des adjectifs ou groupes adjectivaux.**

1. Il respirait avec force l'odeur fraiche du feuillage mouillé (...). Une rouille envahissante nuançait les frondaisons moins denses. (M. V. der Meersch, *Car ils ne savent pas ce qu'ils font* © Albin Michel, 1933) **2.** Dès que j'ouvre la porte usée, dès que lesdeux marches branlantes ont remué sous nos pieds, ne sens-tu pas cette odeur de terre, de feuilles de noyer, de chrysanthèmes et de fumés ? Tu flaires comme un chien novice, tu frissonnes... L'odeur amère d'un jardin de novembre, le saisissant silence dominical des bois d'où se sont retirés le bucheron et la charrette, la route forestière détrempée où roule mollement une vague de brouillard, tout cela est à nous jusqu'au soir. (Colette, *Le Voyage égoïste*, © Librairie Arthème Fayard, 1986)

2 ★★ **Même consigne.**

1. Les ajoncs vivaces, au milieu des bruyères grises et des fougères séchées, éclairent leur verdure terne de quelques fleurs jaunes, et les houx, aux feuilles luisantes, montrent leurs belles grappes de graines rouges. (E. Le Roy, *Le Moulin du Frau*) **2.** Si vous voulez voir la nature belle et vierge comme une fiancée, allez là par un jour de printemps, si vous voulez calmer les plaies saignantes de votre cœur, revenez-y par les derniers jours de l'automne ; au printemps, l'amour y bat des ailes à plein ciel, en automne on y songe à ceux qui ne sont plus. Le poumon malade y respire une bienfaisante fraicheur, la vue s'y repose sur des touffes dorées qui communiquent à l'âme leurs paisibles douceurs. En ce moment, les moulins situés sur les chutes de l'Indre donnaient une voix à cette vallée frémissante. (H. de Balzac, *Le Lys dans la vallée*)

2 L'adjectif apposé

▸ L'adjectif **apposé,** ou épithète détachée, **est séparé du nom, du GN ou du pronom dont il dépend par une virgule.** Il est considéré comme une expansion du nom ou du GN, même étendu.

Effrayé, Jean avait peur de s'y aventurer. → Effrayé est apposé au nom propre Jean.

Gelés, les lacs se transforment en patinoires. / Les lacs, gelés, se transforment en patinoires. → Gélés est apposé au GN les lacs.

Transparents, ils laissent deviner ce qu'ils recèlent. → Transparents est apposé au pronom personnel ils.

C'EST FACILE !

Pour trouver l'adjectif apposé, **cherchez la ou les virgule(s).**

3 ★ **Donnez la fonction des adjectifs et des groupes adjectivaux soulignés.**

1. Ce grand morceau de ciel, sur ce petit coin de nature, avait un frisson, une tristesse vague ; et il tombait de ces hauteurs pâlissantes une telle mélancolie d'automne, une nuit si douce et si navrée, que le Bois, peu à peu enveloppé dans un linceul d'ombre, perdait ses grâces mondaines, agrandi, tout plein du charme puissant des forêts. 2. Le trot des équipages, dont les ténèbres éteignaient les couleurs vives, s'élevait, semblable à des voix lointaines de feuilles et d'eaux courantes (...). 3. Dans l'effacement universel, au milieu du lac, la voile latine de la grande barque de promenade se détachait, nette et vigoureuse, sur la lueur de braise du couchant. (É. Zola, *La Curée*)

4 ★★ **Relevez les adjectifs et les groupes adjectivaux ; précisez leur fonction.**

1. Alors apparaissent des choses belles et mystérieuses. Des choses qu'elle n'a jamais vues ailleurs, qui la troublent et l'inquiètent. 2. Elle voit l'étendue du sable couleur d'or et de soufre, immense, pareille à la mer, aux grandes vagues immobiles. 3. Il y a des ruisseaux d'or qui coulent sur place, au fond des vallées torrides. 4. Il y a des vaguelettes dures, cuites par la chaleur terrible du soleil, et de grandes plages blanches à la courbe parfaite, immobiles devant la mer de sable rouge. (J.-M. G. Le Clézio, *Désert* © Éditions Gallimard)

3 L'adjectif attribut du sujet

- L'adjectif est **attribut du sujet** s'il est lié au nom, au GN ou au pronom sujet par l'intermédiaire d'un **verbe attributif** (être, sembler, devenir...) **ou occasionnellement attributif** (vivre, mourir...) (→ Fiche 18, p. 149) :

  La montagne était sereine. Dans ce cadre, le couple vivait heureux.

- Il appartient alors au **groupe verbal** (était sereine ; vivait heureux).

5 ★ **Donnez la fonction des adjectifs et des groupes adjectivaux soulignés.**

1. Le lieu parait désert. Seules quelques plantes dont l'aspect a l'air malingre résistent, courageuses, à l'attaque du froid. **2.** Les animaux semblent absents de cette vaste étendue. **3.** L'atmosphère en devient oppressante. **4.** Les herbes folles et les grands chardons desséchés sont blancs de givre. **5.** En haut des rochers, les squelettes noircis des grands châtaigniers se dressent immobiles, sous le ciel couleur de plomb.

(D'après E. Le Roy, Le *Moulin du Frau*)

6 ★★ **Relevez les adjectifs et les groupes adjectivaux ; donnez leur fonction.**

1. Le reg est le plus répandu des types de désert. Formé par des étendues de cailloux souvent arrondis, il semble inhabité : de très rares espèces végétales et animales y vivent. **2.** Il existe aussi des montagnes dont la plupart sont volcaniques ; marcher sur leurs flancs est jugé impossible. **3.** Les oueds, rivières le plus souvent intermittentes de ces régions sèches, paraissent presque toujours secs. **4.** Les ergs sont de vastes étendues de sable où le vent a modelé des dunes. **5.** Celles-ci sont mobiles et peuvent devenir immenses. **6.** Si les déserts sont considérés comme arides et dépeuplés, des hommes y séjournent pourtant, heureux ou malheureux.

4 L'adjectif attribut du COD

- L'adjectif est **attribut du COD** s'il est **lié au nom, au GN ou au pronom COD** par l'intermédiaire d'un verbe (→ Fiche 18, p. 149).

  Jean trouva ce panorama (COD) splendide. / Il le (COD) trouva splendide. / Je ne crois pas ces montagnes (COD) dangereuses.

- Il appartient alors au **groupe verbal** (trouva ce panorama splendide / le trouva splendide / ne crois pas ces montagnes dangereuses).

7 ★★ **Relevez les adjectifs et les groupes adjectivaux attributs de COD ; précisez quel est le COD.**

1. L'homme a longtemps perçu la montagne comme effrayante. **2.** On pensait le Mont-Blanc maudit, tant on jugeait proche de l'hérésie l'ascension d'une montagne. **3.** Mais si les éboulis, les avalanches et le grand froid la rendent inhospitalière, elle attire aujourd'hui par sa beauté fascinante. **4.** Il a fallu attendre le XVIIIe siècle pour que les écrivains considèrent ces paysages comme dignes d'intérêt littéraire. **5.** Ainsi, J.-J. Rousseau se dit attiré par la peur que les montagnes procurent. **6.** À sa suite, les romantiques les trouvent purificatrices, mais aussi duelles, comme l'homme.

S'ENTRAINER

8 ★★ **Donnez la fonction des adjectifs et des groupes adjectivaux soulignés.**

1. À qui vient de la ville tumultueuse, le silence de la forêt parait d'abord profond. Peu à peu, l'oreille s'y habitue et discerne mille petits bruits qui lui échappaient et qui sont la voix de la solitude. La feuille inquiète frissonne et frémit comme une robe de soie, une eau invisible murmure sur l'herbe.
(T. Gautier, *La Nature chez elle*)

2. Des feuilles tombaient à terre, et là, mêlées à la boue, formaient un terreau glissant et gras. Le sentier que nous suivions s'enfonçait en serpentant à travers des fourrés roussâtres. Des éclaircies, sur nos têtes, laissaient voir un ciel bas, couleur de grisaille et de cendre.
(M. V. der Meersch, *Car ils ne savent pas ce qu'ils font* © Albin Michel, 1933.)

3. Le ciel est bleu. Les fermes normandes semées par la plaine semblent, de loin, de petits bois, enfoncées dans leur ceinture de hêtres élancés.
(G. de Maupassant, *Le Père Milon*)

9 ★★ **Relevez les adjectifs et les groupes adjectivaux, puis donnez leur fonction.**

1. C'étaient des murs bas, une tache brune de vieilles ardoises, perdue au seuil de la Beauce, dont la plaine, vers Chartres, s'étendait. **2.** Sous le ciel vaste, un ciel couvert de la fin d'octobre, dix lieues de cultures étalaient, en cette saison les terres nues, des grands carrés de labour, qui alternaient avec les nappes vertes des luzernes et des trèfles ; **3.** et cela sans un coteau, sans un arbre, à perte de vue, se confondant, s'abaissant, derrière la ligne d'horizon, nette et ronde comme sur une mer. (D'après É. Zola, *La Terre*)

10 ★★ **Mêmes consignes.**

1. Sous le ciel bleu, il vit des collines arrondies et verdoyantes, sur lesquelles de temps en temps apparaissaient des arbres feuillus et des maisons aux ardoises fines. Petit, il adorait ce paysage, tant il le trouvait magnifique.
2. De place en place, l'on voyait de grands navires à l'ancre le long des berges du large fleuve. Trois énormes vapeurs s'en allaient, à la queue leu leu, vers Le Havre ; et un chapelet de bâtiments, formé d'un trois-mâts, de deux goélettes et d'un brick, remontait vers Rouen, trainé par un petit remorqueur vomissant un nuage de fumée noire. (D'après G. de Maupassant, *Un Nor-* (D'après G. de Maupassant, *Un Normand*)
3. « Je me croyais riche d'une fleur unique, et je ne possède qu'une rose ordinaire (…) » Et, couché dans l'herbe, il pleura.
(Antoine de Saint-Exupéry, *Le Petit Prince* © Gallimard)

11 ★★ **Mêmes consignes.**

Parfum exotique

1. Quand, les deux yeux fermés, en un soir chaud d'automne, /Je respire l'odeur de ton sein chaleureux, /Je vois se dérouler des rivages heureux / Qu'éblouissent les feux d'un soleil monotone ;
2. Une ile paresseuse où la nature donne / Des arbres singuliers et des fruits savoureux ; / Des hommes dont le corps est mince et vigoureux, / Et des femmes dont l'œil par sa franchise étonne.
3. Guidé par ton odeur vers de charmants climats, / Je vois un port rempli de voiles et de mâts / Encor tout fatigués par la vague marine,
4. Pendant que le parfum des verts tamariniers, / Qui circule dans l'air et m'enfle la narine, / Se mêle dans mon âme au chant des mariniers.
(C. Baudelaire, *Les Fleurs du mal*)

CORRIGÉS

1 **1.** *fraiche* : épithète (ou épithète liée) du nom *odeur* ; *mouillé* : épithète du nom *feuillage* ; *envahissante* : épithète du nom *rouille* ; *moins denses* : gr. adjectival (adj. au comparatif d'infériorité), épithète du nom *frondaisons*. **2.** *usée* : épithète du nom *porte* ; *branlantes* : épithète du nom *marches* ; *novice* : épithète du nom *chien* ; *amère* : épithète du nom *odeur* ; *saisissant*, *dominical* : 2 adj. épithètes du nom *silence* ; *forestière, détrempée* : 2 adj. épithètes du nom *route*.

2 **1.** *vivaces* : épithète du nom *ajoncs* ; *grises* : épithète du nom *bruyères* ; *séchées* : épithète du nom *fougères* ; *terne* : épithète du nom *verdure* ; *jaunes* : épithète du nom *fleurs* ; *luisantes* : épithète du nom *feuilles* ; *belles* : épithète du nom *grappes* ; *rouges* : épithète du nom *graines*. **2.** *belle (et) vierge* : 2 adj. coordonnés épithètes du nom *nature* ; *saignantes* : épithète du nom *plaies* ; *derniers* : épithète du nom *jours* ; *plein* : épithète du nom *ciel* ; *malade* : épithète du nom *poumon* ; *bienfaisante* : épithète du nom *fraicheur* ; *dorées* : épithète du nom *touffes* ; *paisibles* : épithète du nom *douceurs* ; *situés... l'Indre* : gr. adjectival, épithète du nom *moulins* ; *frémissante* : épithète du nom *vallée*.

3 **1.** *grand* : épithète du nom *morceau* ; *petit* : épithète du nom *coin* ; *vague* : épithète du nom *tristesse* ; *pâlissantes* : épithète du nom *hauteurs* ; *si douce et si navrée* : 2 groupes adjectivaux coordonnés, épithètes du nom *nuit* ; *peu à peu... d'ombre* : gr. adjectival, apposé (ou épithète détachée) au GN *le Bois* ; *mondaines* : épithète du nom *grâces* ; *agrandi* : apposé au GN *le Bois* ; *tout plein... des forêts* : gr. adjectival, apposé au GN *le Bois*. **2.** *vives* : épithète du nom *couleurs* ; *semblable à... courantes* : gr. adjectival, apposé au GN *le trot des équipages*. **3.** *universel* : épithète du nom *effacement* ; *latine* : épithète du nom *voile* ; *grande* : épithète du nom *barque* ; *nette et vigoureuse* : 2 adjectifs coordonnés, apposés au nom *voile*.

4 **1.** *belles et mystérieuses* : 2 adj. coordonnés, épithètes du nom *choses*. **2.** *immense* : apposé (ou épithète détachée) au GN *l'étendue du sable couleur d'or et de soufre* ; *pareille à la mer* : gr. adjectival, apposé au GN *l'étendue du sable couleur d'or et de soufre* ; *grandes, immobiles* : 2 épithètes du nom *vagues*. **3.** *torrides* : épithète du nom *vallées*. **4.** *dures* : épithète du nom *vaguelettes* ; *cuites par la chaleur terrible du soleil* : gr. adjectival, apposé au GN *des vaguelettes dures* ; *terrible* : épithète du nom *chaleur* ; *grandes, blanches* : 2 adj. épithètes du nom *plages* ; *parfaite* : épithète du nom *courbe* ; *immobiles devant la mer de sable rouge* : gr. adjectival, apposé au GN *de grandes plages blanches à la courbe parfaite* ; *rouge* : épithète du nom *sable* (ou du nom *mer*).

5 **1.** *désert* : attr. du sujet *le lieu* ; *malingre* : attr. du sujet *l'aspect* ; *courageuses* : apposé au GN *Seules quelques plantes dont l'aspect a l'air malingre*. **2.** *absents de cette vaste étendue* : gr. adjectival, attr. du sujet *les animaux*. **3.** *oppressante* : attr. du sujet *L'atmosphère*. **4.** *folles* : épithète du nom *herbes* ; *desséchés* : épithète du nom *chardons* ; *blancs de givre* : gr. adjectival, attr. du sujet *les herbes folles... desséchés*. **5.** *noircis* : épithète du nom *squelettes* ; *immobiles* : attr. du sujet *les squelettes... châtaigniers*.

6 **1.** *le plus répandu... désert* : gr. adjectival (adj. au superlatif et son complément), attr. du sujet *Le reg* ; *Formé par... arrondis* : gr. adjectival, apposé au pronom *il* ; *souvent arrondis* : gr. adjectival, épithète du nom *cailloux* ; *inhabité* : attr. du sujet *il* ; *très rares* : gr. adjectival (intensité forte), épithète du nom *espèces* ; *végétales et animales* : 2 adj. coordonnés, épithètes du nom *espèces*. **2.** *volcaniques* : attr. du sujet *la plupart* ; *impossible* : attr. du sujet *marcher sur leurs flancs*. **3.** *le plus souvent intermittentes* : gr. adjectival, épithète du nom *rivières* ; *sèches* : épithète du nom *régions* ; *presque toujours secs* : gr. adjectival, attr. du sujet *Les oueds*. **4.** *vastes* : épithète du nom *étendues*. **5.** *mobiles, immenses* : attr. du sujet *celles-ci*. **6.** *arides et dépeuplés* : 2 adj. coordonnés, attr. du sujet *les déserts* ; *heureux ou malheureux* : 2 adj. coordonnés, apposés au GN *des hommes*.

7 **1.** *effrayante* : attr. du COD *la montagne*. **2.** *maudit* : attr. du COD *le Mont-Blanc* ; *proche de l'hérésie* : gr. adjectival, attr. du COD *l'ascension d'une montagne*. **3.** *inhospitalière* : attr. du COD *la*. **4.** *dignes d'intérêt littéraire* : gr. adjectival, attr. du COD *ces paysages*. **5.** *attiré par... montagnes procurent* : gr. adjectival, attr. du COD *se* (la phrase peut être remplacée par : *il dit qu'il est attiré...*). **6.** *purificatrices* : attr. du COD *les* ; *duelles, comme l'homme* : gr. adjectival, attr. du COD *les*.
Remarque : D'autres adjectifs sont présents dans ces phrases : *grand*, *fascinante*, *littéraire*, mais ils ne doivent pas être relevés car ils sont épithètes.

8 **1.** *tumultueuse* : épithète du nom *ville* ; *profond* : attr. du sujet *le silence de la forêt* ; *petits* : épithète du nom *bruits* ; *inquiète* : épithète du nom *feuille* ; *invisible* : épithète du nom *eau*. **2.** *mêlées à la boue* : gr. adjectival, apposé au GN *des feuilles* ; *glissant* (et) *gras* : 2 adj. coordonnés, épithètes du nom *terreau* ; *roussâtres* : épithète du nom *fourrés* ; *bas* : épithète du nom *ciel*. **3.** *bleu* : attr. du sujet *le ciel* ; *normandes* : épithète du nom *fermes* ; *semées par la plaine* : gr. adj., épithète du nom *fermes* ; *petits* : épithète du nom *bois* ; *enfoncées... élancés* : gr. adjectival, apposé au GN *les fermes normandes semées par la plaine*.

9 **1.** *bas* : épithète du nom *murs* ; *brune* : épithète du nom *tache* ; *vieilles* : épithète du nom *ardoises* ; *perdue au seuil de la Beauce* : gr. adjectival, apposé au GN *une tache brune de vieilles ardoises*. **2.** *vaste*, *couvert* : 2 épithètes du nom *ciel* ; *nues* : épithète du nom *terres* ; *grands* : épithète du nom *carrés* ; *vertes* : épithète du nom *nappes*. **3.** *nette et ronde comme sur une mer* : gr. adjectival contenant 2 adj. coordonnés, apposé au GN *la ligne d'horizon*.
Remarque : *carrés* est un adjectif employé comme nom, il est le noyau d'un groupe COD d'*étaler*.

10 **1.** *bleu* : épithète du nom *ciel* ; *arrondies et verdoyantes* : épithètes du nom *collines* ; *feuillus* : épithète du nom *arbres* ; *fines* : épithète du nom *ardoises* ; *Petit* : apposé au pron. *il* ; *magnifique* : attribut du COD *le*. **2.** *grands* : épithète du nom *navires* ; *large* : épithète du nom *fleuve* ; *énormes* : épithète du nom *vapeurs* ; *formé d'un trois-mâts... d'un brick* ; *trainé... noire* : 2 groupes adjectivaux apposés au GN *un chapelet de bâtiments* ; *petit* : épithète du nom *remorqueur* ; *noire* : épithète du nom *fumée*. **3.** *riche* : attribut du COD *me* ; *unique* : épithète du nom *fleur* ; *ordinaire* : épithète du nom *rose* ; *couché dans l'herbe* : gr. adjectival apposé au pron. *il*.

11 *exotique* : épithète du nom *parfum* **1.** *fermés* : épithète du nom *yeux* ; *chaud* : épithète du nom *soir* ; *chaleureux* : épithète du nom *sein* ; *heureux* : épithète du nom *rivages* ; *monotone* : épithète du nom *soleil* **2.** *paresseuse* : épithète du nom *ile* ; *singuliers* : épithète du nom *arbres* ; *savoureux* : épithète du nom *fruits* ; *mince et vigoureux* : attr. du sujet *le corps* **3.** *guidé par ton odeur vers de charmants climats* : gr. adjectival, apposé au pron. *je* ; *charmants* : épithète du nom *climats* ; *rempli de voiles et de mâts* : gr. adjectival, épithète du nom *port* ; *Encor tout fatigués par la vague marine* : gr. adjectival, apposé au nom *mâts* ou aux noms *voiles* et *mâts* ; *marine* : épithète du nom *vague*. **4.** *verts* : épithète du nom *tamariniers*.

Chapitre 3

FICHE

20

Les expansions du nom

- *Qu'est-ce qu'une expansion du nom ?*
- *Quelles sont les fonctions des expansions ?*

LES BASES

1 Qu'est-ce qu'une expansion du nom ?

Expansions possibles	Exemples
Un adjectif qualificatif, groupe adjectival ou participe employé comme adjectif, soit épithète (liée), soit apposé (épithète détachée) (→ Fiches 11 et 19, p. 87 et 155)	Il a un gros [ventre]. → adj. épithète. Il a un trop gros [ventre]. → gr. adject. épithète. Il a un [ventre] distendu. → part. passé employé comme adjectif épithète. Il aimerait réduire [son ventre], trop gros pour sa santé. → gr. adject. apposé à son ventre.
Un nom ou un GN en apposition	[Les intestins], organe encore trop méconnu, commencent à être étudiés. → GN, apposé au GN Les intestins.
Un groupe prépositionnel	Le [tour] de taille → gr. nominal prép., compl. du nom tour. La [volonté] d'y arriver → gr. Infinitif prép., compl. du nom volonté.
Une proposition subordonnée relative adjective (→ Fiche 7, p. 46)	Son [ventre], qui est trop gros, le gêne → prop. sub. relative, compl. de l'antécédent ventre.
Une proposition subordonnée conjonctive complétive qui complète certains noms abstraits (fait, idée, crainte, espoir, peur, hypothèse...) (→ Fiche 5, p. 31)	Le [fait] qu'il y ait des connexions entre le cerveau et les intestins intrigue les scientifiques. → prop. sub. conj. complétive, complément du nom fait.

- **Les expansions du nom** sont des mots ou des groupes de mots, de différentes natures, qui **modifient et complètent un nom ou un groupe nominal**, créant ainsi un groupe nominal étendu.
- Ces expansions, comme leur nom l'indique, ne sont que des extensions, des ajouts, et sont en général **facultatives**.

C'EST FACILE ! Encadrez chaque nom pour trouver l'expansion

Chaque fois que vous repérez la présence d'un nom ou d'un GN, encadrez-le et examinez son environnement pour voir s'il n'aurait pas une ou plusieurs expansion(s).

Les [scientifiques] qui étudient le [tube] digestif des [humains] en découvrent peu à peu ses nombreux et étonnants [mystères].

Examinez les noms, les uns après les autres : scientifiques a pour expansion qui étudient le tube digestif des humains, prop. sub. relative ; tube a deux extensions : un adjectif qualificatif épithète digestif et un GNP des humains ; humains n'a aucune extension ; mystères a pour expansions deux adjectifs qualificatifs épithètes nombreux et étonnants.

- Il peut aussi y avoir des **emboitements d'expansions** :
à la [suite] du [décryptage] du [génome] de l'[homme]

Plusieurs GNP compléments du nom sont emboités : du décryptage, GNP compl. du nom suite ; du génome : GNP, compl. du nom décryptage ; de l'homme : GNP, compl. du nom génome. L'homme n'a pas d'expansion.

1 ★ **Indiquez, dans chaque phrase, la nature de l'expansion soulignée et encadrez le nom qui a été expansé.**

[intestin] grêle : adj. qual.

1. L'intestin grêle, qui mesure de 3 à 6 mètres, réduit les molécules des aliments en nutriments, assimilables par l'organisme. **2.** Le gros intestin, plus court, contient lui aussi des bactéries qui sont indispensables pour parfaire la digestion. **3.** Ces bactéries constituent la flore intestinale, maintenant appelée « microbiote ». **4.** Ces micro-organismes (bactéries, virus, levures, champignons) provoquent une riche vie microbienne. **5.** L'idée que le microbiote intestinal est vraiment un organe est prometteuse.

2 ★★ **Encadrez chaque nom et identifiez ses éventuelles expansions. Vérifiez la correction entre chaque série.**

Remarque : Attention aux « emboitements » d'expansions.

a. 1. Dans *Le Charme discret de l'intestin*, Giulia Enders, jeune doctorante allemande, analyse les dernières découvertes sur un organe jusque là méprisé, l'intestin. **2.** Elle détaille à quoi il sert et souligne l'importance décisive du microbiote. **3.** Le texte, étayé par les dessins humoristiques de sa sœur, revient sur les découvertes les plus récentes et donne de précieux conseils d'hygiène de vie.

b. 1. Elle suggère des changements d'alimentation, la réduction de la prise de certains médicaments, et l'acceptation des bactéries, inutilement détruites parfois par des produits ménagers trop agressifs. **2.** Cet ouvrage de vulgarisation scientifique, vendu à presque un million d'exemplaires, constitue un énorme et étonnant succès de librairie qui a été publié dans vingt-six pays.

2 Quelles sont les fonctions des expansions du nom ?

Toutes les expansions complètent un nom ou un GN mais leur fonction dépend de leur classe grammaticale.

- **L'adjectif épithète ou apposé** (→ Fiche 19, p. 155).
- **Le nom ou GN apposé** : l'apposition fonctionne de la même façon que celle de l'adjectif, avec des virgules qui la signalent clairement :

  [L'intestin], organe important, mérite l'attention des scientifiques.

  → Le groupe apposé ne complète pas seulement le nom mais tout le GN (ici, dét. + nom) L'intestin.
- **Toutes les autres expansions sont compléments du nom dont elles dépendent.**
  - **Le groupe prépositionnel** (→ Fiche 14, p. 112 et 116), qu'il soit **nominal ou infinitif** : l'[importance] de la morale ; le [désir] de comprendre.

Il est introduit, le plus souvent, par la préposition de mais aussi par à, dans, par, pour, en, vers, etc. :

un [pot] en fer, une [affaire] sans fin, un [film] avec sous-titres,
un [couteau] à huitre, le [départ] vers une nouvelle vie...

- **La proposition subordonnée relative** (→ Fiche 7, p. 46) :

La [proposition] que tu me fais m'intéresse.
→ prop. sub. relative, compl. du nom proposition.

Dans le cas de la relative, on dit « **complément de l'antécédent** » plutôt que « complément du nom » (mais l'antécédent est bien un nom).

C'EST FACILE !

La proposition subordonnée relative est très souvent complément du nom.

– **La proposition subordonnée conjonctive complétive**, plus rarement : L'[hypothèse] qu'il puisse y avoir des rapports entre les intestins et certaines maladies psychiques est étonnante. ➜ prop. sub. conj. complétive, compl. du nom hypothèse.

! ATTENTION

Que peut introduire une proposition subordonnée relative ou une proposition subordonnée conjonctive complétive complément du nom (➜ Fiche 7, p. 52) :

L'[idée] que tu viens de donner est lumineuse. ➜ prop. sub. relative, compl. de l'antécédent idée (que a une fonction dans la relative).

L' idée que tu viennes me voir est excellente. ➜ prop. sub. conj. complétive, compl. du nom idée (que n'a aucune fonction).

3 ★★ **Donnez les fonctions des expansions relevées dans l'exercice 1.**

4 ★★ **Donnez les fonctions des expansions relevées dans l'exercice 2.**

5 ★★ **Analysez les expansions soulignées : donnez leur nature et leur fonction.**

1. L'intestin, organe bien moins noble que le cerveau, occupe de nombreux ouvrages et publications scientifiques, ces dernières années. **2.** Il mesure trois centimètres de diamètre seulement mais sa surface de 300 m^2 est supérieure à la surface d'un terrain de tennis pour les matchs en double. **3.** Les bactéries qu'on y trouve pèsent environ deux kilos. **4.** L'idée qu'il n'aurait pas une action majeure sur l'ensemble du corps humain parait maintenant inconséquente.

6 ★★★ **Encadrez chaque nom et analysez ses éventuelles expansions. Vérifiez le corrigé entre chaque série.**

a. 1. Chacun a un microbiote particulier. **2.** Pendant l'accouchement, le bébé récupère les bactéries présentes dans l'organisme de sa mère ; elles colonisent son tube digestif. **3.** L'hypothèse que les enfants, nés par césarienne, seraient plus allergiques que les bébés nés par voie basse est actuellement étudiée.

b. 1. Le microbiote, composé de 100 000 milliards de micro-organismes répartis en dizaines de milliers d'espèces différentes, est d'une importance décisive pour la santé. **2.** L'homme qui les héberge dans son tube digestif vit en bonne intelligence avec eux.

S'ENTRAINER

7 ★★★ **Encadrez chaque nom et analysez ses éventuelles expansions.**

1. Organe à part entière, le microbiote a plusieurs fonctions. **2.** Il optimise la digestion par la dégradation des fibres des fruits et des légumes et stabilise la tension artérielle. **3.** Il joue un rôle décisif dans la maturation du système immunitaire de l'intestin.

8 ★★★ **Mêmes consignes.**

1. Il constitue une sorte de barrière qui s'oppose à la multiplication des « mauvaises » bactéries venant de l'extérieur. **2.** Il réduit les effets de certaines toxines qui pourraient nuire à l'organisme. **3.** Des souris, élevées en milieu stérile, et qui sont donc dépourvues de flore intestinale, présentent beaucoup d'anomalies.

9 ★★★ **Mêmes consignes.**

1. Notre ventre qui est connu pour être le reflet de nos émotions, peut aussi les provoquer. **2.** L'intestin, notre deuxième cerveau, est impliqué dans notre comportement, notre poids, nos allergies. **3.** Les scientifiques étudient l'hypothèse que modifier le microbiote - comme avec des greffes fécales, par exemple - pourrait améliorer la santé et le bien-être des humains. **4.** C'est une révolution dans notre façon d'appréhender les maladies.

10 ★★★ **Mêmes consignes.**

1. Pionnier de l'étude du microbiote intestinal, Dusko Ehrlich, microbiologiste, a coordonné un vaste programme européen qui a duré de 2008 à 2012 et qui a concerné treize pays.

2. Destinée à séquencer les gènes microbiens de l'intestin, cette large étude, grâce à une approche innovante, la métagénomique, a permis quelques avancées.

3. Malgré l'extraordinaire diversité des microbiotes, les chercheurs ont montré qu'il n'y aurait que trois entérotypes, espèces de signatures bactériennes intestinales, identifiées à partir des bactéries dominantes.

CORRIGÉS

1 Les noms expansés sont entre crochets. **1.** [*intestin*] a deux expansions : *grêle* : adj. qual. et *qui mesure de 3 à 6 mètres* : prop. sub. relative ; [*molécules*] *des aliments* : GNP ; [*nutriments*] *assimilables par l'organisme* : gr. adject. **2.** [*intestin*] a deux expansions : *gros* : adj. qual. et *plus court* : gr. adject. ; [*bactéries*] *qui sont indispensables pour parfaire la digestion* : prop. sub. relative. **3.** [*flore*] a deux expansions : *intestinale* : adj. qual. et *maintenant appelée « microbiote »* : gr. adject. avec part. passé employé comme adj. **4.** [*micro-organismes*] (*bactéries, virus, levures, champignons*) : 4 noms communs ; [*vie*] a pour expansions deux adj. qual. : *riche, microbienne*. **5.** [*idée*] *que le microbiote intestinal est vraiment un organe* : prop. sub. conj. complétive.

2 **a. 1.** [*charme*] a deux expansions : *discret*, adj. qual. et *de l'intestin*, GNP ; [*Giulia Enders*] a pour expansion *jeune doctorante allemande* : GN ; [*doctorante*] a pour expansions deux adj. qual., *jeune* et *allemande* ; [*découvertes*] a deux expansions : *dernières*, adj. qual. et *sur un organe jusque là méprisé*, GNP ; [*organe*] a deux expansions : *jusque là méprisé*, gr. adject. avec part. passé employé comme adj. et *l'intestin*, GN. Le nom [*intestin*] (2 fois) n'a pas d'expansion. **2.** [*importance*] a deux expansions : *décisive*, adj. qual. et *du microbiote*, GNP. Le nom [*microbiote*] n'a pas d'expansion. **3.** [*texte*] *étayé par les dessins humoristiques de sa sœur* : gr. adject. avec part. passé employé comme adj. ; [*dessins*] a deux expansions : *humoristiques*, adj. qual. et *de sa sœur*, GNP ; [*découvertes*] *les plus récentes* : gr. adject. ; [*conseils*] a deux expansions : *précieux*, adj. qual. et *d'hygiène de vie* : GNP ; [*hygiène*] *de vie* : GNP. Les noms [*sœur*], [*vie*] n'ont pas d'expansion.
b. 1. [*changements*] *d'alimentation* : GNP ; [*réduction*] *de la prise de certains médicaments* : GNP ; [*prise*] *de certains médicaments* : GNP ; [*acceptation*] *des bactéries* : GNP ; [*bactéries*], *inutilement détruites… trop agressifs* : gr. adject. avec part. passé employé comme adj. ; [*produits*] a deux expansions : *ménagers*, adj. qual. et *trop agressifs*, gr. adject. Les noms [*alimentation*] et [*médicaments*] n'ont pas d'expansion. **2.** [*ouvrage*] a plusieurs expansions : *de vulgarisation*, GNP ; *scientifique* : adj. qual. (mais *scientifique* pourrait aussi être une expansion de *vulgarisation*) et *vendu à presque un million d'exemplaires*, gr. adject. avec part. passé employé comme adj. ; [*million*] *d'exemplaires*, GNP ; [*succès*] a plusieurs expansions : *énorme*, *étonnant*, deux adj. qual., *de librairie* : GNP et *qui a été publié dans vingt-six pays* : prop. sub. relative. Les noms [*exemplaires*], [*librairie*], [*pays*] n'ont pas d'expansion.

3 **1.** *grêle* : épithète de *intestin* ; *qui mesure de 3 à 6 mètres* : compl. de l'antécédent *intestin* ; *des aliments* : compl. du nom *molécules* ; *assimilables par l'organisme* : apposé à *nutriments*. **2.** *gros* : épithète de *intestin* ; *plus court* : gr. adject. apposé au GN *le gros intestin* ; *qui sont… digestion* : compl. de l'antécédent *bactéries*. **3.** *intestinale* : épithète du nom *flore* ; *maintenant appelée « microbiote »* : apposé au GN *la flore intestinale*. **4.** *(bactéries, virus, levures, champignons)* : apposés au GN *Ces micro-organismes* ; *riche, microbienne* : épithètes de *vie*. **5.** *que le microbiote intestinal est vraiment un organe* : compl. du nom *idée*.

4 **a. 1.** *discret* : épithète de *charme* ; *de l'intestin* : compl. du nom *charme* ; *jeune doctorante allemande* : apposé à *Giulia Enders* ; *jeune, allemande* : épithètes de *doctorante* ; *dernières* : épithète de *découvertes* ; *sur un organe jusque-là méprisé* : compl. du nom *découvertes* ; *jusque là méprisé* : épithète de *organe* ; *l'intestin* : apposé au GN *un organe jusque là méprisé.* **2.** *décisive* : épithète de *importance* ; *du microbiote* : compl. du nom *importance.* **3.** *étayé par les dessins humoristiques de sa sœur* : apposé au GN *le texte* ; *humoristiques* : épithète de *dessins* ; *de sa sœur* : compl. du nom *dessins* ; *les plus récentes* : épithète de *découvertes* ; *précieux* : épithète de *conseils* ; *d'hygiène de vie* : compl. du nom *conseils* ; *de vie* : compl. du nom *hygiène.*

b. 1. *d'alimentation* : compl. du nom *changements* ; *de la prise de certains médicaments* : compl. du nom *réduction* ; *de certains médicaments* : compl. du nom *prise* ; *des bactéries* : compl. du nom *acceptation* ; *inutilement... agressifs* : apposé au GN *des bactéries* ; *ménagers, trop agressifs* : épithètes de *produits.* **2.** *de vulgarisation* : compl. du nom *ouvrage* ; *scientifique* : épithète de *ouvrage* ou de *vulgarisation* ; *vendu à presque un million d'exemplaires* : apposé au GN *cet ouvrage de vulgarisation scientifique* ; *d'exemplaires* : compl. du nom *million* ; *énorme, étonnant* : épithètes de *succès* ; *de librairie* : compl. du nom *succès* ; *qui a été publié dans vingt-six pays* : compl. de l'antécédent *succès.*

5 **1.** *organe bien moins noble que le cerveau* : GN, apposé au GN *L'intestin* ; *scientifiques* : adj. qual., épithète de *ouvrages et publications.* **2.** *de diamètre* : GNP, compl. du nom *centimètres* ; *de 300 m²* : GNP, compl. du nom *surface* ; *d'un terrain* : GNP, compl. du nom *surface* ; *de tennis* : GNP, compl. du nom *terrain* ; *en double* : GNP, compl. du nom *matchs.* **3.** *qu'on y trouve* : prop. sub. relative, compl. de l'antécédent *bactéries.* **4.** *qu'il n'aurait pas une action majeure sur l'ensemble du corps humain* : prop. sub. conj. complétive, compl. du nom *idée.*

6 **a. 1.** *particulier* : adj. qual., épithète du nom [*microbiote*]. **2.** *présentes dans l'organisme de sa mère* : gr. adject., épithète de [*bactéries*] ; *de sa mère* : GNP, compl. du nom [*organisme*] ; *digestif* : adj. qual., épithète de [*tube*]. Les noms [*accouchement*], [*bébé*] et [*mère*] n'ont pas d'expansion. **3.** *que les enfants... voie basse* : prop. sub. conj. complétive, compl. du nom [*hypothèse*] ; *nés par césarienne* : gr. adject. avec un part. passé employé comme adj., apposé à [*les enfants*] ; *nés par voie basse* : gr. adject., avec un part. passé employé comme adj., épithète de [*bébés*] ; *basse* : adj. qual., épithète de [*voie*]. Le nom [*césarienne*] n'a pas d'expansion.

b. 1. *composé de 100 000 milliards de micro-organismes répartis en dizaines de milliers d'espèces différentes* : gr. adject. avec un part. passé employé comme adj., apposé au GN [*le microbiote*] ; *de micro-organismes répartis en dizaines de milliers d'espèces différentes* : GNP, compl. du nom [*milliards*] ; *répartis en dizaines de milliers d'espèces différentes* : gr. adject. avec un part. passé employé comme adj., épithète de [*micro-organismes*] ; *de milliers d'espèces différentes* : GNP, compl. du nom [*dizaines*] ; *d'espèces différentes* : GNP, compl. du nom [*milliers*] ; *différentes* : adj. qual., épithète de [*espèces*] ; *décisive pour la santé* : gr. adject, épithète de [*importance*] (*pour la santé* est complément de l'adjectif *décisive*). Le nom [*santé*] n'a pas d'expansion. **2.** *qui les héberge dans son tube digestif* : prop. sub. relative, compl. de l'antécédent [*homme*] ; *digestif* : adj. qual, épithète de [*tube*] ; *bonne* : adj. qual., épithète du nom [*intelligence*].

7 **1.** *Organe à part entière* : GN, apposé au GN [*le microbiote*] ; *à part entière* : GNP, compl. du nom [*organe*] ; *entière* : adj. qual., épithète du nom [*part*]. Le nom [*fonctions*] n'a pas d'expansion (*plusieurs* est un déterminant indéf.). **2.** *des fibres des fruits et des* *légumes* : GNP, compl. du nom [*dégradation*] ; *des fruits et des légumes* : GNP, compl. du nom [*fibres*] ; *artérielle* : adj. qual., épithète de [*tension*]. Les noms [*digestion*], [*fruits*] et [*légumes*] n'ont pas d'expansion. **3.** *décisif* : adj. qual., épithète de [*rôle*] ; *du système immunitaire de l'intestin* : GNP, compl. du nom [*maturation*] ; *immunitaire* : adj. qual., épithète du nom [*système*] ; *de l'intestin* : GNP, compl. du nom [*système*]. Le nom [*intestin*] n'a pas d'expansion.

8 **1.** *de barrière* : GNP, compl. du nom [*sorte*] ; *qui s'oppose à la multiplication des « mauvaises » bactéries venant de l'extérieur* : prop. sub. relative, compl. de l'antécédent [*une sorte de barrière*] ; *des « mauvaises » bactéries venant de l'extérieur* : GNP, compl. du nom [*multiplication*] ; *mauvaises* : adj. qual., épithète de [*bactéries*] ; *venant de l'extérieur* : gr. adject. avec un part. présent utilisé comme adj., épithète de [*bactéries*]. Le nom [*extérieur*] n'a pas d'expansion. **2.** *de certaines toxines* : GNP, compl. du nom [*effets*] ; *qui pourraient nuire à l'organisme* : prop. sub. relative, compl. de l'antécédent [*toxines*]. Le nom [*organisme*] n'a pas d'expansion. **3.** *élevées en milieu stérile* : gr. adject. avec un part. passé employé comme adj., apposé au GN [*des souris*] ; *stérile* : adj. qual., épithète de [*milieu*] ; *qui sont donc dépourvues de flore intestinale* : prop. sub. relative, compl. de l'antécédent *souris* ; *intestinale* : adj. qual., épithète de [*flore*]. Le nom [*anomalies*] n'a pas d'expansion.

9 **1.** *qui est connu pour être le reflet de nos émotions* : prop. sub. relative, compl. de l'antécédent [*ventre*] ; *de nos émotions* : GNP, compl. du nom [*reflet*]. Le nom [*émotions*] n'a pas d'expansion. **2.** *notre deuxième cerveau* : GN, apposé au GN [*l'intestin*] ; *deuxième* : adj. qual., épithète de *cerveau*. Les noms, [*comportement*], [*poids*], [*allergies*] n'ont pas d'expansion. **3.** *que modifier le microbiote... des humains* : prop. sub. conj. complétive, compl. du nom [*hypothèse*] ; *fécales* : adj. qual., épithète de [*greffes*] ; *des humains* : GNP, compl. des noms [*santé*] et [*bien-être*]. Les noms [*scientifiques*], [*microbiote*], [*humains*] n'ont pas d'expansion. **4.** *d'appréhender les maladies* : gr. prép. infinitif, complément du nom [*façon*]. Les noms [*révolution*] et [*maladies*] n'ont pas d'expansion.

10 **1.** *Pionnier de l'étude du microbiote intestinal* : GN, apposé à [*Dusko Ehrlich*] ; *de l'étude* : GNP, compl. du nom [*pionnier*] ; *du microbiote intestinal* : GNP, compl. du nom [*étude*] ; *intestinal* : adj. qual., épithète de [*microbiote*] ; *microbiologiste* : nom commun, apposé à [*Dusko Ehrlich*] ; *vaste, européen* : 2 adj. qual., épithètes de [*programme*] ; *qui a duré de 2008 à 2012 et qui a concerné treize pays* : 2 prop. sub. relatives coordonnées, compl. de l'antécédent [*programme*]. Les noms [*microbiologiste*] et [*pays*] n'ont pas d'expansion. **2.** *Destinée à séquencer les gènes microbiens de l'intestin* : gr. adject. avec un part. passé employé comme adj., apposé au GN [*cette large étude*] ; *microbiens* : adj. qual., épithète de [*gènes*] ; *de l'intestin* : GNP, compl. du nom [*gènes*] ; *large* : adj. qual., épithète de [*étude*] ; *innovante* : adj. qual., épithète de [*approche*] ; *la métagénomique* : GN, apposé au GN [*une approche innovante*]. **3.** *extraordinaire* : adj. qual., épithète de [*diversité*] ; *des microbiotes* : GNP, compl. du nom [*diversité*] ; *espèces de signatures bactériennes intestinales* : GN, apposé au GN [*trois entérotypes*] ; *de signatures bactériennes intestinales* : GNP, compl. du nom [*espèces*] ; *bactériennes, intestinales* : 2 adj. qual., épithètes de [*signatures*] ; *identifiées à partir des bactéries dominantes* : gr. adject. avec un part. passé employé comme adj., apposé au GN [*espèces de signatures bactériennes intestinales*] ; *dominantes* : adj. qual., épithète de [*bactéries*]. Les noms [*microbiotes*] et [*chercheurs*] n'ont pas d'expansion.

Chapitre 3

FICHE

21

Les compléments circonstanciels

- *Qu'est-ce qu'un complément circonstanciel ?*
- *Quels sont les différents compléments circonstanciels ?*
- *Comment différencier complément circonstanciel et complément essentiel ?*

LES BASES

1 Qu'est-ce qu'un complément circonstanciel ?

- **Le complément circonstanciel n'est pas étroitement lié au verbe**, contrairement aux compléments du verbe (→ Fiche 17, p. 138). C'est pourquoi on l'appelle aussi **complément de phrase**.

  Dès l'aube, Claude prenait ses pinceaux pour représenter la ville.

  Dès l'aube est CC de temps et pour représenter la ville est CC de but.

- Sur le plan sémantique, il **précise les circonstances** dans lesquelles s'inscrit **l'action ou l'état** exprimé par le verbe.

C'EST FACILE ! Comment reconnaitre un complément circonstanciel ?

– **Vous pouvez le déplacer** : Pour représenter la ville, Claude prenait ses pinceaux dès l'aube.

– **Vous pouvez le supprimer** : Claude prenait ses pinceaux. → phrase minimale (→ Fiche 3, p. 16).

1 ★ **Repérez les compléments circonstanciels en utilisant les tests du déplacement et de la suppression et en relevant la phrase minimale.**

1. Un soir d'orage, au mois de juillet, Claude rencontre Christine sous un porche. **2.** Au cours d'un bref échange, elle lui demande l'hospitalité. **3.** Malgré des hésitations, il héberge l'inconnue et lui laisse son lit. **4.** Le lendemain matin, après une mauvaise nuit, il entreprend de peindre Christine. **5.** Le portrait n'est pas terminé lorsqu'elle se réveille. **6.** Elle laisse le peintre achever son dessin, mais décide de partir ; par timidité, Claude n'ose pas la retenir.

2 Quelles sont les principaux compléments circonstanciels ?

CC de temps	En 1886, Émile Zola publie *L'Œuvre*.
CC de lieu	Il raconte, dans ce roman, l'histoire d'un peintre, Claude Lantier.
CC de manière	Ce peintre travaille sur ses œuvres avec acharnement.
CC de but	Pour atteindre la perfection, il ne cesse de reprendre ses toiles.
CC de moyen	Il pouvait peindre en extérieur grâce aux tubes de peinture.
CC de cause	Par amour, Christine laisse la peinture prendre le dessus.
CC de conséquence	Claude cherche la perfection au point d'en devenir fou.
CC de condition	Si le récit de la vie d'un artiste vous intéresse, lisez ce livre.
CC de comparaison	Claude travaille comme un forcené sur ses toiles.
CC de concession (ou d'opposition)	Malgré ce travail acharné, il ne laissera aucune œuvre.

2 ★ **Précisez la fonction de chaque complément circonstanciel souligné.**
Remarque : Révisez auparavant la **Fiche 6**, p. 38.

1. Au début des années 1860, de jeunes peintres se regroupent pour créer une nouvelle peinture. **2.** Ils fréquentent les ateliers privés où ils peuvent peindre avec une certaine liberté, mais Monet les invite à abandonner l'atelier pour peindre en plein air. **3.** Ce type de peinture était possible parce que le tube de peinture venait d'être inventé. **4.** Si cette invention n'avait pas eu lieu, il n'est pas sûr que leurs œuvres auraient eu un tel effet. **5.** Refusés au Salon de l'Académie, ils créent leur propre exposition en 1874, chez leur ami Nadar, à Paris.
(D'après le site du Grand Palais, www.grandpalais.fr)

3 ★ **Même consigne.**

1. Louis Leroy, critique d'art, visite l'exposition et, pour s'en moquer, il intitule son article « L'exposition des Impressionnistes », en s'inspirant du titre d'un tableau de Monet. **2.** Il donne ainsi, sans le vouloir, son nom à ce nouveau mouvement artistique. **3.** Comme Claude Monet, ses amis commencent à peindre des paysages, dont la représentation était considérée comme un genre mineur. **4.** Ils souhaitent aussi représenter la vie moderne, comme le fait Manet. **5.** Malgré les critiques et les dissensions, ils gagnent la faveur du public, notamment grâce au marchand d'art, Durand-Ruel. Leur succès est si grand aujourd'hui que leurs toiles se vendent une fortune.
(D'après le site du Grand Palais, www.grandpalais.fr)

3 Quelle est la nature du complément circonstanciel ?

Groupe nominal (→ Fiche 9, p. 69)	Un jour, Monet rencontre Camille Doncieux. → CC de temps.
Groupe prépositionnel, nominal ou infinitif (→ Fiches 14 et 28, p. 109 et p. 239)	Il l'épouse en juin 1870. → CC de temps. Il quitte Paris pour échapper à la tension liée à la guerre. → CC de but.
Pronom (→ Fiches 12 et 13, p. 94 et p. 103)	Le peintre s'y plaisait. → CC de lieu.
Adverbe ou un groupe adverbial (→ Fiche 14, p. 109)	Rapidement, il reprend la peinture. → CC de manière ou de temps. Très souvent, il entreprend de voyager. → CC de temps.
Gérondif (→ Fiche 28, p. 239)	En se promenant à Amsterdam, il découvre les estampes japonaises. → CC de temps ou de manière.
Proposition subordonnée circonstancielle de temps, cause, conséquence, condition, comparaison, but ou concession (→ Fiche 6, p. 38)	Quoique son père décède, il ne rentre pas à Paris. → prop. sub. circ., CC de concession. Claude ne voulant pas s'engager militairement, sa famille déménage à Londres. → prop. participiale, CC de cause. Quand la guerre est terminée, il rentre en France. → prop. sub. circ., CC de temps.

4 ★ **Identifiez la nature des mots ou groupes de mots soulignés et donnez leur fonction.**

1. À Giverny, un crime a été commis. Tel est le début des *Nymphéas noirs*. **2.** Le titre de ce roman policier, comme toute l'intrigue, est lié à Claude Monet. **3.** Le peintre a représenté des nénuphars pendant vingt-sept ans, de 1895 à 1926. **4.** Début décembre 1926, quand il comprit qu'il allait mourir, il aurait peint un ultime tableau des nymphéas en utilisant le noir, la seule couleur qu'il se refusait à utiliser. **5.** Souvent, sous l'influence des théories de Newton, qui ne considérait pas le noir et le blanc comme des couleurs, les impressionnistes rejetaient le noir de leurs palettes. **6.** Ce parti pris est tellement ancré dans la manière de Monet que son ami Georges Clémenceau retira le drap noir de son cercueil. Il s'écria : « Non ! pas de noir pour Monet. » **7.** À la place du drap noir, il mit une étoffe aux couleurs vives.

OUVRONS L'ŒIL

Comment distinguer le complément circonstanciel du complément essentiel du verbe ?

Le complément circonstanciel est déplaçable et **supprimable** sans changer fondamentalement le sens de la phrase, contrairement au complément essentiel du verbe :

À Paris, j'ai visité le Louvre. / Je vais à Paris. → J'ai visité le Louvre. / *Je vais.

Même si tous deux renvoient au lieu, le premier (À Paris) est un complément circonstanciel portant sur la phrase ; le second (le Louvre) dépend étroitement du verbe : c'est un complément essentiel du verbe (comme les COD, COI, COS → Fiche 17, p. 138).

5 ★ **Les mots ou groupes de mots soulignés sont-ils compléments circonstanciels ou compléments essentiels du verbe ? Justifiez votre réponse.**

1. Claude Monet est né à Paris. **2.** Vers 1845, sa famille s'installe au Havre. **3.** Au lycée, il est considéré comme un élève sympathique mais peu appliqué. **4.** Il s'adonne à la caricature dès son plus jeune âge. **5.** Monet retourne à Paris en 1859. **6.** Il entre à l'Académie Suisse. **7.** Il est ensuite appelé comme conscrit en Algérie. **8.** Il y contracte la fièvre typhoïde et revient au Havre.

6 ★★ **Les mots et groupes de mots soulignés sont-ils des compléments circonstanciels ou des compléments du verbe ? Indiquez leur fonction.**

1. Monet peignit la série des cathédrales de Rouen entre 1892 et 1893.
2. Ce fut l'une de ses grandes séries, comme celles sur les meules, les peupliers et les nymphéas.
3. Elle montre la modification des couleurs et des formes que provoquent les variations atmosphériques sur la façade gothique et sur la rugosité de la pierre.
4. Vingt toiles furent exposées en mai 1895 chez Durand-Ruel.
5. Clémenceau, ébloui, écrivit, après avoir vu l'exposition, un grand article, « Révolution de cathédrales », dans *La Justice*, le 20 mai 1895.
6. La chronologie de la *Correspondance* de Marcel Proust date de janvier 1896 sa visite chez Durand-Ruel, pour voir les cathédrales.
7. Il exprima, à de multiples reprises, son admiration pour cette « nourriture céleste ».

7 ★★ **Relevez les compléments circonstanciels et donnez leur fonction exacte. Vérifiez le corrigé entre chaque série.**

a. 1. Monet et Renoir ont posé leurs chevalets côte à côte au cours de l'été 1869 dans l'ile de la Grenouillère à Croissy-sur-Seine, et ont donné naissance à des toiles splendides et à l'impressionnisme.

2. Si leurs itinéraires ont fusionné pendant cette courte période, au point que leurs styles se confondent, ils ont ensuite divergé. **3.** Les deux tableaux évoquent les heures de gloire des bords de Seine qui, au XIXe siècle, connaissaient un développement exceptionnel grâce au chemin de fer.

b. 1. Les Parisiens débarquaient alors à Croissy pour profiter de multiples loisirs. **2.** L'ile de la Grenouillère attira les impressionnistes sur sa plage minuscule. **3.** Par sa nature intacte et par les vues qu'elle offrait sur la Seine, elle intéressa les peintres de Barbizon, qui y venaient en été pour faire du canotage et pour manger des fritures de poisson dans les restaurants du quai de Bougival. (D'après le site du Musée de Croissy)

S'ENTRAINER

8 ★★ **Donnez la nature et la fonction précise des mots ou groupes de mots soulignés.**

1. Comme il existe deux tableaux impressionnistes représentant la Grenouillère, il devait exister deux *Déjeuners sur l'herbe* impressionnistes. **2.** Manet a peint le premier en 1863 et Monet a commencé le second en 1865, pour servir d'hommage mais aussi de défi à l'égard de Manet. **3.** En effet, le premier *Déjeuner sur l'herbe* a subi sarcasmes et critiques étant donné qu'il représente une femme nue accompagnée de deux hommes habillés lors d'un piquenique. **4.** Ce tableau de Manet mesure 2,07 m sur 2,65 m, celui de Monet devait mesurer 6 m de large et 4,65 m de haut. **5.** Monet n'a que 24 ans quand il se lance dans ce projet ambitieux : peindre une toile monumentale.

9 ★★ **Même consigne.**

1. Si le tableau est accepté par le jury de l'Académie des Beaux-Arts, grâce à ses dimensions colossales, le jeune peintre est assuré qu'il sera remarqué. **2.** Mais, parce qu'il ne pouvait payer son loyer, Monet a donné sa toile inachevée comme gage au propriétaire. **3.** Celui-ci l'a enroulée et laissée dans sa cave humide, jusqu'en 1884, lorsque Monet la récupère. **4.** Du fait de la moisissure, la toile a été abimée et Monet l'a découpée en trois morceaux ; seuls aujourd'hui deux subsistent. **5.** Il existe aussi une première ébauche de cette toile au Musée Pouchkine, à Moscou.

10 ★★★ **Relevez les compléments circonstanciels ; donnez leur nature et leur fonction exactes.**

1. Vers 1860, à Paris, par leurs audaces picturales et le choix de leurs sujets, de jeunes peintres font scandale. **2.** Comme ils sont refusés par les salons officiels, ils organisent des expositions privées à partir de 1874. **3.** En s'affranchissant des règles, ces artistes découvrent la liberté mais également le refus et la précarité. **4.** À cette époque, le grand mécénat a disparu, de sorte que les marchands de tableaux deviennent les nouveaux protecteurs des peintres. **5.** L'image de l'artiste « maudit » ou « bohème » apparait, bien que tous ne l'aient pas été.

11 ★★★ **Mêmes consignes.**

1. Les impressionnistes peignent sur place, avec rapidité, afin de saisir les impressions visuelles fugaces de l'instant présent. **2.** Comme le montrent les séries, ils portent une attention incessante aux variations de la lumière et des couleurs. **3.** Dans une société en mutation et en mouvement, la vie moderne leur sert de sujet. **4.** La ville, les personnes, les activités apparaissent à travers le regard sensible du peintre, la touche libérée et le jeu des couleurs pures de sa palette. **5.** Alors qu'il fut rejeté par le public et les critiques pendant de très nombreuses années, l'impressionnisme va révolutionner la peinture et ouvrir la voie à l'art moderne.
(D'après le site de l'académie de Poitiers)

CORRIGÉS

1 **1.** 3 groupes CC déplaçables et supprimables : *un soir d'orage*, *au mois de juillet*, *sous un porche* ; la phrase minimale est : *Claude rencontre Christine.* **2.** Le groupe CC est *Au cours d'un bref échange* et la phrase minimale : *elle lui demande l'hospitalité.* **3.** Le groupe CC est *malgré des hésitations* et la phrase minimale : *il héberge l'inconnue et lui laisse son lit*. **4.** 2 groupes CC : *Le lendemain matin*, *après une mauvaise nuit* ; la phrase minimale est : *il entreprend de peindre Christine*. **5.** Une proposition CC : *lorsqu'elle se réveille* ; la phrase minimale est : *le portrait n'est pas terminé*. **6.** Le groupe CC est *par timidité* et la phrase minimale est : *elle laisse le peintre achever son dessin, mais décide de partir ; Claude n'ose pas la retenir*.

2 **1.** *Au début des années 1860* : CC de temps ; *pour créer une nouvelle peinture* : CC de but. **2.** *avec une certaine liberté* : CC de manière ; *pour peindre en plein air* : CC de but. **3.** *parce que… inventé* : CC de cause. **4.** *Si cette invention n'avait pas eu lieu* : CC de condition. **5.** *en 1874* : CC de temps ; *chez leur ami Nadar* : CC de lieu ; *à Paris* : CC de lieu.

3 1. *pour s'en moquer* : CC de but ; *en s'inspirant... Monet* : CC de manière. 2. *sans le vouloir* : CC de manière. 3. *Comme Claude Monet* : CC de comparaison. 4. *comme le fait Manet* : CC de comparaison. 5. *Malgré... dissensions* : CC de concession ; *grâce au marchand d'art, Durand-Ruel* : CC de moyen ; *si... que leurs toiles se vendent une fortune* : CC de conséquence.

4 1. *À Giverny* : GNP, CC de lieu. 2. *comme toute l'intrigue* : GNP, CC de comparaison. 3. *pendant vingt-sept ans* ; *de 1895 à 1926* : 2 GNP, CC de temps. 4. *Début décembre 1926* : GN, CC de temps ; *quand il comprit qu'il allait mourir* : prop. sub. circ., CC de temps ; *en utilisant le noir, la seule couleur qu'il se refusait à utiliser* : gérondif (*en utilisant*) et son complément (*le noir, la seule couleur qu'il se refusait à utiliser*), CC de manière. 5. *Souvent* : adverbe, CC de temps ; *sous l'influence des théories de Newton* : GNP, CC de manière ou de cause. 6. *tellement... que son ami Georges Clémenceau retira le drap noir de son cercueil* : prop. sub. circ., CC de conséquence. 7. *À la place du drap noir* : GNP, CC de lieu.

5 1. *à Paris* : compl. essentiel du verbe exprimant le lieu, non déplaçable, non supprimable.
2. *au Havre* : compl. essentiel du verbe exprimant le lieu, non déplaçable, non supprimable, verbe indiquant la localisation.
3. *Au lycée* : CC de lieu, déplaçable et supprimable ; la phrase minimale est : *il est considéré comme un élève sympathique mais peu appliqué.*
4. *dès son plus jeune âge* : CC de temps, déplaçable et supprimable ; la phrase minimale est : *il s'adonne à la caricature.*
5. *à Paris* : compl. essentiel du verbe exprimant le lieu, non déplaçable, non supprimable, verbe de mouvement.
6. *à l'Académie Suisse* : compl. essentiel du verbe exprimant le lieu, non déplaçable, non supprimable, verbe de mouvement.
7. *en Algérie* : CC de lieu, déplaçable et supprimable ; la phrase minimale est : *il est appelé comme conscrit.*
8. *y* : CC de lieu, supprimable ; la phrase est minimale : *Il contracte la fièvre typhoïde et revient au Havre* ; *au Havre* : compl. essentiel du verbe exprimant le lieu, non supprimable, non déplaçable ; verbe de mouvement.

6 1. *la série des cathédrales de Rouen* : compl. du verbe, COD de *peindre* ; *entre 1892 et 1893* : CC de temps. 2. *comme celles sur les meules, les peupliers et les nymphéas* : CC de comparaison. 3. *la modification des couleurs et des formes* : compl. du verbe, COD de *montrer* ; *que* : compl. du verbe, COD de *provoquer* ; *sur la façade gothique* et *sur la rugosité de la pierre* : 2 CC de lieu coordonnés. 4. *en mai 1895* : CC de temps ; *chez Durand-Ruel* : CC de lieu. 5. *après avoir vu l'exposition* : CC de temps ; *dans La Justice* : CC de lieu ; *le 20 mai 1895* : CC de temps. 6. *de janvier 1896* : compl. du verbe, compl. essentiel de *dater* exprimant le temps (ou la mesure) ; *sa visite* : compl. du verbe, COD de *dater* ; *pour voir les cathédrales* : CC de but. 7. *à de multiples reprises* : CC de temps.

7 **a. 1.** *côte à côte* : CC de lieu ; *au cours de l'été 1869* : CC de temps ; *dans l'ile de la Grenouillère* : CC de lieu ; *à Croissy-sur-Seine* : CC de lieu. **2.** *Si leurs itinéraires... période* : CC de concession ; *pendant cette courte période* : CC de temps ; *au point que leurs styles se confondent* : CC de conséquence ; *ensuite* : CC de temps. **3.** *au XIXe siècle* : CC de temps ; *grâce au chemin de fer* : CC de moyen.
b. 1. *alors* : CC de temps ; *pour profiter de multiples loisirs* : CC de but (*à Croissy* : compl. essentiel de lieu du verbe *débarquer*, donc il n'est pas à relever). **2.** *sur sa plage minuscule* : CC de lieu. **3.** *Par sa nature intacte et par les vues... Seine* : 2 CC de cause coordonnés ; *sur la Seine* : CC de lieu (*y* : compl. essentiel de lieu de *venir*, donc n'est pas à relever) ; *en été* : CC de temps ; *pour faire du canotage et pour manger...Bougival* : 2 CC de but coordonnés ; *dans les restaurants du quai de Bougival* : CC de lieu.

8 **1.** *Comme il existe... la Grenouillère* : prop. sub. circ., CC de comparaison **2.** *en 1863*, *en 1865* : 2 GNP, CC de temps ; *pour servir... Manet* : gr. prép. inf., CC de but. **3.** *étant donné... un piquenique* : prop. sub. circ., CC de cause. **4.** *2,07 m sur 2,65 m* : GN, compl. essentiel (et non circonstanciel) de mesure du verbe *mesurer*. **5.** *quand... monumentale* : prop. sub. circ., CC de temps.

9 **1.** *Si... Beaux-Arts* : prop. sub. circ., CC de condition ; *grâce à ses dimensions colossales* : GNP, CC de cause. **2.** *parce qu'il ne pouvait payer son loyer* : prop. sub. circ., CC de cause. **3.** *dans sa cave humide* : GNP, CC de lieu ; *jusqu'en 1884* : GNP, CC de temps ; *lorsque Monet la récupère* : prop. sub. circ., CC de temps. **4.** *Du fait de la moisissure* : GNP, CC de cause ; *en trois morceaux* : GNP, CC de manière ; *aujourd'hui* : adverbe, CC de temps. **5.** *au Musée Pouchkine, à Moscou* : 2 GNP, CC de lieu.

10 **1.** *Vers 1860* : GNP, CC de temps ; *à Paris* : GNP, CC de lieu ; *par leurs audaces picturales et le choix de leurs sujets* : 2 GNP coordonnés, CC de cause. **2.** *Comme ils sont refusés par les salons officiels* : prop. sub. circ., CC de cause ; *à partir de 1874* : GNP, CC de temps. **3.** *En s'affranchissant des règles* : gérondif, CC de manière (ou de cause). **4.** *À cette époque* : GNP, CC de temps ; *de sorte que les marchands... des peintres* : prop. sub. circ., CC de conséquence. **5.** *bien que tous ne l'aient pas été* : prop. sub. circ., CC de concession.

11 **1.** *sur place* : GNP, CC de lieu (ou de manière) ; *avec rapidité* : GNP, CC de manière ; *afin de saisir... l'instant présent* : gr. prép. inf., CC de but. **2.** *Comme le montrent les séries* : prop. sub. circ., CC de comparaison. **3.** *Dans une société en mutation et en mouvement* : GNP, CC de cause (ou de lieu). **4.** *à travers le regard... palette* : 3 GNP, les deux premiers juxtaposés et le dernier coordonné au précédent, CC de manière. **5.** *Alors qu'il fut rejeté... années* : prop. sub. circ., CC de concession ; *pendant de très nombreuses années* : GNP, CC de temps.

Chapitre 3

FICHE 22

Les fonctions des adverbes

- *Quelles sont les fonctions des adverbes ?*
- *Comment déterminer chacune d'entre elles ?*

1 Quelle est la fonction de l'adverbe lorsqu'il porte sur un des constituants de la phrase ?

L'adverbe (ou la locution adverbiale) **modifie** (ou complète, précise) le sens du mot ou du groupe de mots dont il dépend, le plus souvent un **verbe**, un **adjectif** ou un **autre adverbe**, plus rarement un autre mot (➜ Fiche 14, p. 109).

Il est appelé « **adverbe modifieur** » ou « **adverbe modificateur** ».

Fonction : l'adverbe modifie ou complète le sens...	**Exemples**
– d'un **verbe**. Il appartient alors au **groupe verbal**. ➜ Souvent des adverbes de manière (➜ Fiche 14, p. 110).	L'écriture cunéiforme a été beaucoup étudiée. ➜ modifie le sens du verbe étudier.
– d'un **adjectif**. Il appartient alors au **groupe adjectival** (➜ Fiche 11, p. 90). ➜ Souvent des adverbes permettant d'exprimer un **degré**.	Elle est particulièrement riche et déjà complexe. ➜ particulièrement modifie le sens de l'adjectif riche en marquant une intensité forte ; déjà modifie le sens de l'adjectif complexe.
– d'un autre **adverbe**. Il appartient alors au **groupe adverbial**. ➜ Souvent des adverbes permettant d'exprimer un **degré**.	Cette écriture a très longtemps fasciné les chercheurs. ➜ modifie le sens de l'adverbe longtemps, qui est le noyau du groupe adverbial très longtemps.
– d'un **pronom**. Il appartient alors au **groupe pronominal**.	Il semble que les signes ont presque tous été déchiffrés. ➜ modifie le sens du pronom indéfini tous.

Fonction : **l'adverbe modifie ou complète le sens…**	**Exemples**
– d'une **préposition**. Il appartient alors au **groupe prépositionnel**. – d'une **conjonction de subordination**.	Cette écriture serait née juste avant l'écriture hiéroglyphique des Égyptiens. ➜ modifie le sens de la préposition avant. On trouve dans cette écriture des caractéristiques diverses, même quand on étudie ses premières manifestations. ➜ modifie le sens de la conjonction de subordination quand.
– d'un **déterminant, souvent numéral**. Il appartient alors au **groupe nominal**. L'adverbe peut **faire partie d'un déterminant complexe** : adverbe de quantité + préposition *de*. ➜ Souvent des adverbes permettant d'exprimer une **quantité** plus ou moins précise.	Elle date d'environ 3 400 ans avant J.-C. ➜ modifie le sens du déterminant numéral cardinal 3 400. Peu de personnes (beaucoup de personnes/trop de personnes) savent la déchiffrer. ➜ déterminant complexe, modifie le sens du nom personnes.
– d'un **nom** ou d'un **groupe nominal**. Il appartient alors au **groupe nominal**.	Même l'écriture cunéiforme des premiers temps a été déchiffrée. On a déchiffré plusieurs écritures premières, notamment l'écriture cunéiforme. ➜ modifie le sens du GN l'écriture cunéiforme.

1 Donnez la fonction des adverbes ou locutions adverbiales soulignés.

★

1. L'écriture cunéiforme a été utilisée pendant plus de trois millénaires dans une très vaste aire géographique. **2.** Les plus anciennes traces ont surtout été retrouvées à Uruk, ancienne capitale du pays de Sumer ; on les a datées d'environ 3400 avant J.-C. **3.** Initialement pictographique et linéaire, cette écriture a évolué vers des signes constitués de traits terminés en « coins ». **4.** Assez rapidement, elle dispose de caractéristiques qu'elle a toujours gardées. **5.** Le système cunéiforme comprend plusieurs centaines de signes, souvent considérés comme des idéogrammes. **6.** Mais il existe beaucoup de signes phonétiques, transcrivant un son, plus précisément une syllabe.

2 Relevez les adverbes ou locutions adverbiales et donnez leur fonction.

★★

1. Les toutes premières tablettes découvertes sont généralement constituées de listes de sacs de grains et de têtes de bétail. **2.** Les premiers signes sont des opérations comptables toujours plus nombreuses et plus complexes, inhérentes à la gestion des grands centres urbains naissants. **3.** Certaines

tablettes renseignent aussi sur l'organisation de la société des Sumériens.
4. L'écriture, née humblement pour des besoins de comptabilité, est devenue un aide-mémoire, une manière bien pratique de garder des traces de la langue parlée, et surtout une autre façon de la communiquer, de penser et de s'exprimer. (D'après Georges Jean, *L'Écriture, mémoire des Hommes*)

5. Le caractère extrêmement uniformisé et normalisé du système plaide fortement en faveur d'une invention mise au point par un très petit nombre d'individus sur un laps de temps relativement court.

2 Quelle est la fonction de l'adverbe lorsqu'il porte sur la phrase ?

L'adverbe peut **modifier le sens de la phrase** (→ Fiche 14, p. 109). Cette fonction concerne **trois types d'adverbes** :

- **Les adverbes de lieu et de temps compléments circonstanciels** (ou compléments de phrase), donc non liés au verbe. Ils sont généralement **déplaçables** et **supprimables** (→ Fiche 21, p. 173).

  Longtemps, on a pensé que cette écriture ne transcrivait qu'une seule langue. Aujourd'hui, on sait qu'une quinzaine de langues ont été transcrites avec cette écriture. → Longtemps et aujourd'hui sont CC de temps.

- **Les adverbes qui indiquent le point de vue** du locuteur sur le contenu de la phrase ou, souvent en tête de phrase, sur ses propos (appelés « adverbes de commentaire phrastique ou énonciatif » ou « adverbes modalisateurs »).

  - Elle a probablement été inventée comme aide-mémoire de comptabilité. → probablement modifie le sens de la phrase en indiquant un certain degré de certitude.
  - Heureusement, elle a aussi permis de transcrire des histoires. → Heureusement modifie le sens de la phrase en indiquant une appréciation subjective de l'énonciateur sur les faits exprimés.
  - Franchement, je trouve cela plus intéressant. → Franchement modifie le sens de la phrase en indiquant l'évaluation de l'énonciateur sur ses propos.

- **Les adverbes ou locutions adverbiales de négation** : ne... pas, ne... plus, ne... jamais, ne... guère...

  L'écriture cunéiforme n'est plus utilisée. → n'... plus modifie le sens de la phrase en lui donnant une forme négative.

3 ★★ **Donnez la fonction des adverbes ou locutions adverbiales soulignés.**

1. Décrypter cette écriture ne fut pas facile. **2.** Plusieurs chercheurs sont allés à Persépolis et, là-bas, ont essayé de trouver son fonctionnement. **3.** Heureusement, comme Jean-François Champollion, ils disposaient de textes trilingues. **4.** Malheureusement, les trois langues inscrites sur les reliefs et tablettes d'argile utilisent des caractères cunéiformes, ce qui assurément a compliqué le décodage de cette écriture. **5.** Peu à peu, les signes ont été identifiés. **6.** Maintenant, il n'y a presque plus de zones d'ombre.

4 ★★ **Relevez l'élément sur lequel porte l'adverbe souligné, puis donnez la fonction de l'adverbe.**

1. Si les textes en écriture cunéiforme portaient presque tous sur des transactions, certains n'étaient pas de cette sorte. **2.** Ont heureusement été trouvées plusieurs tablettes datant d'environ 2 300 ans avant J.-C. pour les plus anciennes, qui racontent les aventures d'un héros mythique : Gilgamesh. **3.** Ce personnage, peut-être légendaire, aurait été l'un des tout premiers rois de la ville d'Uruk. **4.** Ces textes se répandirent largement, mais leurs traces s'interrompent juste avant notre ère, même s'ils ont laissé leur empreinte dans les grands textes ultérieurs. **5.** Apparemment, l'un des épisodes racontés est la source du déluge relaté dans la Bible. **6.** Aujourd'hui, ce texte est surtout considéré comme l'un des grands textes fondateurs de l'humanité et la toute première œuvre littéraire connue.

C'EST FACILE ! Comment reconnaitre l'adverbe complément essentiel du verbe

Pour ne pas confondre l'adverbe modifiant la phrase ou un de ses constituants avec l'adverbe complément essentiel du verbe (→ **Fiche 17**, p. 138), essayez de le déplacer ou de le supprimer. Si ce n'est pas possible, c'est qu'il est complément essentiel du verbe.

Ces adverbes sont peu nombreux (ici, là, ailleurs...) et accompagnent un nombre limité de verbes (être, demeurer, rester quand ils ont le sens de « se trouver »), des verbes de mouvement (comme aller, partir, se rendre) et des verbes de mesure.

Les premiers écrits cunéiformes de Mésopotamie furent recopiés par Pietro Della Valle, qui se rendit là-bas en 1621. → là-bas est complément essentiel du verbe se rendre, exprimant le lieu.

5 ★★ **Relevez les adverbes ou les locutions adverbiales et donnez leur fonction.**

1. Probablement, cette légende s'est développée oralement à partir des exploits du roi d'Uruk divinisé après sa mort et a donné lieu à de très brefs récits indépendants, rédigés d'abord en sumérien. **2.** Ces épisodes, qui ont connu beaucoup de variantes et de remaniements, ne forment pas un récit vraiment cohérent. **3.** Une deuxième version en akkadien a été très certainement écrite à partir de ces récits, juste avant la version unifiée la plus complète que nous connaissions, celle que nous lisons aujourd'hui. **4.** Elle se compose de tablettes trouvées, presque toutes, dans la bibliothèque du roi Assurbanipal, à Ninive. **5.** Sera ajoutée une tablette qui se trouvait ailleurs et qui introduit un épisode où Enkidu, le double de Gilgamesh, pourtant mort, s'aventure bien vivant aux Enfers. **6.** Il demeure là, toujours prisonnier de ces lieux. **7.** L'ensemble de l'épopée est un assez long récit de près de 3 000 vers. (D'après le CRDP de Paris, www.cndp.fr/crdp-paris)

OUVRONS L'ŒIL

Les adverbes ayant une fonction ou un rôle particuliers

A Les adverbes interrogatifs ou exclamatifs

- **Les adverbes interrogatifs** (*pourquoi, quand, comment, combien, où*) **marquent** ou introduisent une **interrogation partielle qui porte sur les circonstances** (cause, temps, manière ou moyen, mesure, lieu).

  Quand/Comment l'écriture cunéiforme a-t-elle été utilisée ? → Quand et comment marquent ou introduisent des phrases interrogatives portant sur le temps et la manière.

- **Les adverbes exclamatifs** (*combien, comme, que*) marquent l'exclamation et dépendent d'un adjectif ou d'un verbe. Ils ont une **double fonction** : **marquer** (ou introduire) **la phrase exclamative** ET **modifier le sens du verbe ou de l'adjectif** sur lequel ils portent.

  Comme cette écriture est belle ! Qu'elle me plait ! → Comme et Qu' marquent ou introduisent les phrases exclamatives. Comme modifie le sens de l'adjectif belle et que celui du verbe plaire.

B Les adverbes équivalents d'une phrase ou d'une proposition

Ce sont généralement des réponses à une question (ils remplacent une phrase ou une proposition par ellipse). Lorsque l'adverbe est un **mot-phrase**, il a pour **fonction de remplacer la phrase** ; lorsqu'il est **l'équivalent d'une proposition**, il a la **fonction qu'aurait eue la proposition à laquelle il équivaut :**

As-tu vu cette écriture ? – Oui/Non. → Oui et non équivalent aux phrases : J'ai vu cette écriture. /Je n'ai pas vu cette écriture.

Je crois que oui. → Avec la conjonction que, oui équivaut à la prop. sub. conjonctive complétive que je l'ai vue, COD du verbe croire.

Si oui, dis-moi ce que tu sais. → Avec la conjonction si, oui équivaut à la prop. sub. circ. Si tu as vu cette écriture, CC de condition.

– As-tu vu cette écriture ? – Peut-être/Surement. ➜ Peut-être/Surement équivalent aux phrases : Je l'ai peut-être vue. / Je l'ai surement vue. Ils modifient aussi le sens de la phrase en indiquant le degré de certitude de l'énonciateur.

C Les adverbes connecteurs

Certains adverbes permettent de lier des phrases ou des parties d'un texte entre elles. Il peut s'agir de **connecteurs référentiels** (spatiaux ou temporels) ou de **connecteurs logiques** qui marquent les articulations du raisonnement (cause, conséquence, opposition...). L'adverbe a comme **fonction de lier deux phrases ou deux parties de l'énoncé**, tout comme une conjonction de coordination, en établissant une relation temporelle, spatiale, consécutive...

Grotefend présuma que certaines des inscriptions de Persépolis étaient des inscriptions royales. Puis il isola le terme le plus courant, qu'il identifia comme signifiant « roi ». Il identifia par conséquent les groupes de signes voisins comme étant le nom des rois. ➜ Puis et par conséquent relient deux phrases, en établissant une relation temporelle pour le premier et consécutive pour le second.

6 ★ **Donnez la fonction des adverbes ou locutions adverbiales soulignés. Vérifiez le corrigé entre chaque série.**

a. 1. Connais-tu l'histoire de Gilgamesh ? – Non. **2.** Alors, je te la raconte. **3.** D'abord, Gilgamesh est un despote très peu apprécié des habitants d'Uruk. **4.** Pour le punir, le maitre des dieux demande à la déesse Anunu de créer immédiatement un être capable de battre le tyran. **5.** Ainsi, avec de l'argile, elle crée Enkidu, un être qui vit avec les animaux sauvages.

b. 1. Grâce à sa très grande force, il détruit les pièges d'un chasseur, qui n'a plus de quoi vivre et s'en plaint au roi. **2.** Aussitôt, Gilgamesh décide d'envoyer une courtisane pour séduire le sauvage et l'initier à la civilisation. **3.** Enkidu, charmé, se détourne complètement de la steppe, puis est rejeté par les animaux dont il partageait auparavant la vie. **4.** Il n'a guère d'autre possibilité que de partir avec la courtisane à Uruk, et enfin laisser le chasseur en paix.

7 ★★★ **Relevez les adverbes ou locutions adverbiales et donnez leur fonction.**

a. 1. Comme elle me plait, ton histoire ! Tu veux bien continuer ? **2.** – Volontiers. Les habitants d'Uruk envoient rapidement Enkidu combattre le tyran Gilgamesh. **3.** La bataille dure longtemps ; elle n'en finit plus, car les deux géants sont de force égale. **4.** Gilgamesh trouve vite en Enkidu un ami, toujours prêt à partager ses aventures.

b. 1. Comme il veut accomplir les plus grands exploits, le roi propose à Enkidu une aventure très dangereuse : se rendre dans la Forêt des Cèdres et, là-bas, tuer le monstre Humbaba pour couper sereinement les arbres de la forêt. **2.** Les deux héros battent difficilement Humbaba, même aidés par Shamash, le dieu soleil. **3.** Puis Gilgamesh ramène la tête du géant à Uruk. **4.** Malheureusement, cet exploit attire l'attention des dieux, notamment celle d'Ishtar, la déesse de l'amour, éprise de Gilgamesh, qui repousse ses avances.

S'ENTRAINER

8 Donnez la fonction des adverbes et locutions adverbiales soulignés.

★★

1. Pourquoi Gilgamesh refuse-t-il les avances d'Ishtar ? **2.** – Parce qu'elle a toujours réservé un triste sort à ses amants ; furieuse, elle supplie son père, le plus grand des dieux, de l'aider. **3.** Alors, il envoie le taureau céleste ravager Uruk. **4.** Mais Gilgamesh et Enkidu tuent le monstre, jetant même à la face d'Ishtar les viscères de l'animal sacré.

9 Même consigne.

★★

1. Les dieux ne peuvent tolérer l'affront et décident de se venger : peu de temps après le combat, Enkidu meurt abominablement. **2.** Fortement touché par ce décès, Gilgamesh prend conscience de la mort dont il est lui aussi menacé et décide de chercher un moyen de vivre éternellement. **3.** Il apprend vite qu'un seul homme peut l'aider efficacement : Ut-napishtim, devenu immortel après avoir survécu au Déluge. **4.** Ensuite, après un long voyage, il arrive au bord de la mer où il rencontre la cabaretière Siduri, qui habite là et lui donne un conseil.

10 Relevez les adverbes et donnez leur fonction.

★★★

1. Pourquoi rôdes-tu ainsi Gilgamesh ? / La vie sans fin que tu recherches / Tu ne la trouveras jamais. **2.** Jadis, quand les dieux ont créé les hommes, / Ils leur ont assigné la mort, / Se réservant l'immortalité. **3.** Alors, remplis-toi la panse ; / Demeure toujours en gaité ; / Fais quotidiennement la fête ; / Danse et amuse-toi ; /Accoutre-toi d'habits bien propres ; / Lave-toi soigneusement, baigne-toi ; / Regarde tendrement ton petit qui te tient la main ; / Fais le bonheur de ta femme serrée tout contre toi ! **4.** Telle est, en effet, l'unique perspective des hommes.

(D'après *L'Épopée de Gilgameš*, traduit par Jean Bottéro © Gallimard)

11 Mêmes consignes.

★★★

1. Comment cette histoire se termine-t-elle ? **2.** Bientôt, tu vas le savoir : Siduri aide Gilgamesh à rencontrer Ut-napishtim, bien au-delà des eaux de la mort. **3.** Cependant, après avoir fait le récit du Déluge, Ut-napishtim, pour prouver au roi que sa quête est réellement impossible, le met au défi de toujours rester éveillé. **4.** Gilgamesh, fort harassé après toutes ses aventures, s'endort : alors comment pourra-t-il éviter la mort ?

12 ★★★ **Mêmes consignes.**

1. Néanmoins, Ut-napishtim indique au roi d'Uruk où trouver la plante de jouvence. **2.** Le héros ne s'en sert pas tout de suite, voulant la tester d'abord sur un vieillard à Uruk. **3.** Malheureusement, alors que Gilgamesh se détend dans un bain, un serpent lui dérobe la plante. **4.** Il ne reste plus au héros qu'à rentrer à Uruk, comprenant qu'il deviendra vraiment immortel par sa sagessse, sa bonté envers son peuple et surtout le récit de ses aventures.

CORRIGÉS

1 **1.** *plus de* : modifie le sens du déterminant numéral cardinal *trois* ; *très* : modifie le sens de l'adjectif *vaste*. **2.** *plus* : modifie le sens de l'adjectif *anciennes*, qui est alors au superlatif de supériorité ; *surtout* : modifie le sens du verbe *retrouver* ; *environ* : modifie le sens du déterminant numéral cardinal *3 400*. **3.** *Initialement* : modifie le sens des adjectifs *pictographique* et *linéaire*. **4.** *Assez* : modifie le sens de l'adverbe *rapidement* ; *toujours* : modifie le sens du verbe *garder*. **5.** *souvent* : modifie le sens du part. passé à valeur adjectivale *considérés*. **6**. *beaucoup de* : déterminant complexe qui modifie le sens du GN *signes phonétiques* ; *plus* : modifie le sens de l'adverbe *précisément*, qui est alors au comparatif de supériorité ; *précisément* : modifie le sens du GN *une syllabe*.

2 **1.** *toutes* : modifie le sens de l'adjectif *premières* ; *généralement* : modifie le sens du verbe *constituer*. **2.** *toujours* : modifie le sens des 2 adverbes *plus* ; 2 adverbes *plus* : modifient le sens des adjectifs *nombreuses* et *complexes*, qui sont alors au comparatif de supériorité. **3.** *aussi* : modifie le sens du verbe *renseigner*. **4.** *humblement* : modifie le sens du part. passé à valeur adjectivale *née* ; *bien* : modifie le sens de l'adjectif *pratique* ; *surtout* : modifie le sens du GN *une autre façon... s'exprimer*. **5.** *extrêmement* : modifie le sens des adjectifs *uniformisé* et *normalisé* ; *fortement* : modifie le sens du verbe *plaider* ; *très* : modifie le sens de l'adjectif *petit* ; *relativement* : modifie le sens de l'adjectif *court*.

3 **1.** *ne... pas* : modifie le sens de la phrase en lui conférant la forme négative. **2.** *là-bas* : CC de lieu. **3.** *Heureusement* : modifie le sens de la phrase en indiquant une appréciation subjective de l'énonciateur. **4.** *Malheureusement* : modifie le sens de la phrase en indiquant une appréciation subjective de l'énonciateur ; *assurément* : modifie le sens de la phrase en indiquant l'évaluation de l'énonciateur sur ses propos : la certitude. **5.** *Peu à peu* : CC de manière. **6.** *Maintenant* : CC de temps ; *n'... plus* : modifie le sens de la phrase en lui conférant la forme négative.

4 **1.** *presque* : porte sur le pron. indéf. *tous*, dont il modifie le sens ; *n'... pas* : porte sur la phrase, lui conférant la forme négative. **2.** *heureusement* : porte sur la phrase, dont il modifie le sens en indiquant une appréciation subjective de l'énonciateur ; *environ* : porte sur le déterminant numéral cardinal *2 300*, dont il modifie le sens ; *plus* : porte sur l'adjectif *anciennes*, dont il modifie le sens et qui est alors au superlatif de supériorité. **3.** *peut-être* : porte sur l'adjectif *légendaire*, dont il modifie le sens ; *tout* : porte sur l'adjectif *premiers*, dont il modifie le sens. **4.** *largement* : porte sur le verbe *se répandre*, dont il modifie le sens ; *juste* : porte sur la préposition *avant*, dont il modifie le sens. **5.** *Apparemment* : porte sur la phrase, en indiquant l'évaluation de l'énonciateur sur ses propos. **6.** *Aujourd'hui* : porte sur la phrase, CC de temps ; *surtout* : porte sur le verbe *considérer*, dont il modifie le sens ; *toute* : porte sur l'adjectif *première*, dont il modifie le sens.

5 **1.** *Probablement* : modifie le sens de la phrase en indiquant l'évaluation de l'énonciateur sur ses propos : un certain degré de certitude ; *oralement* : modifie le sens du verbe *développer* ; *très* : modifie le sens de l'adjectif *brefs*, lui conférant un degré d'intensité forte ; *d'abord* : modifie le sens du part. passé à valeur adjectivale *rédigés*. **2.** *beaucoup de* : modifie le sens des noms *variantes* et *remaniements* ; *ne... pas* : modifie la phrase, lui conférant la forme négative ; *vraiment* : modifie le sens de l'adjectif *cohérent*. **3.** *très* : modifie le sens de l'adverbe *certainement*, lui conférant un degré d'intensité forte ; *certainement* : modifie le sens du verbe *écrire* ; *juste* : modifie le sens de la préposition *avant* ; *plus* : modifie le sens de l'adjectif *complète*, qui est alors au superlatif de supériorité ; *aujourd'hui* : modifie le sens du verbe *lire*. **4.** *presque* : modifie le sens du pron. indéf. *toutes*. **5.** *ailleurs* : compl. essentiel du verbe *se trouver*, exprimant le lieu ; *pourtant* : modifie le sens de l'adjectif *mort* ; *bien* : modifie le sens de l'adjectif *vivant*. **6.** *là* : complément essentiel du verbe *demeurer*, exprimant le lieu ; *toujours* : modifie le sens de l'adjectif *prisonnier*. **7.** *assez* : modifie le sens de l'adjectif *long*, lui conférant un degré d'intensité moyenne ; *près de* : modifie le sens du déterminant numéral cardinal *3 000*.

6 **a. 1.** *Non* : remplace la phrase *Je ne connais pas l'histoire de Gilgamesh*. **2.** *Alors* : relie la phrase à la précédente en établissant une relation de conséquence. **3.** *D'abord* : connecteur qui permet d'organiser le texte en établissant une relation temporelle ; *très* : modifie le sens de l'adverbe *peu*, lui conférant un degré d'intensité forte ; *peu* : modifie le sens du part. passé à valeur adjectivale *apprécié*, lui conférant un degré d'intensité faible. **4.** *immédiatement* : modifie le sens du verbe *créer*. **5.** *Ainsi* : relie la phrase à la précédente en établissant une relation de conséquence.
b. 1. *très* : modifie le sens de l'adjectif *grande* ; *n'... plus* : modifie la prop. rel., lui conférant la forme négative. **2.** *Aussitôt* : relie la phrase à la précédente en établissant une relation temporelle. **3.** *complètement* : modifie le sens du verbe *se détourner* ; *puis* : relie la proposition à la précédente en établissant une relation temporelle ; *auparavant* : modifie le sens du verbe *partager*. **4.** *n'... guère... que* : modifie la phrase, lui conférant la forme négative ; *enfin* : relie la proposition où il se trouve avec la précédente en établissant une relation temporelle.

7 **a. 1.** *Comme* : marqueur de la phrase exclamative, modifiant aussi le sens du verbe *plaire* ; *bien* : modifie le sens du verbe *vouloir*. **2.** *Volontiers* : équivaut à la phrase *Je continue volontiers* (dans laquelle il modifierait le sens du verbe *continuer*) ; *rapidement* : modifie le sens du verbe *envoyer*. **3.** *longtemps* : compl. essentiel du verbe *durer*, exprimant la mesure ou la durée ; *n'... plus* : modifie la prop. indépendante, lui conférant la forme négative. **4.** *vite* : modifie le sens du verbe *trouver* ; *toujours* : modifie le sens de l'adjectif *prêt*.

b. 1. *plus* : modifie le sens de l'adjectif *grands*, qui est alors au superlatif de supériorité ; *très* : modifie le sens de l'adjectif *dangereuse*, lui conférant un degré d'intensité forte ; *là-bas* : CC de lieu ; *sereinement* : modifie le sens du verbe *couper*. **2.** *difficilement* : modifie le sens du verbe *battre* ; *même* : modifie le sens du part. passé à valeur adjectivale *aidés*. **3.** *Puis* : relie la phrase à la précédente, en établissant une relation temporelle. **4.** *Malheureusement* : modifie le sens de la phrase en indiquant une appréciation subjective de l'énonciateur ; *notamment* : modifie le sens du pron. démons. *celle*.

8 **1.** *Pourquoi* : marqueur de la phrase interrogative portant sur la cause. **2.** *toujours* : modifie le sens du verbe *réserver* ; *plus* : modifie le sens de l'adjectif *grand*, qui est alors au superlatif de supériorité. **3.** *Alors* : relie la phrase à la précédente, en établissant une relation temporelle et/ou consécutive. **4.** *même* : modifie le sens du verbe *jeter*.

9 **1.** *ne* : modifie la phrase en lui conférant une forme négative ; *peu de* : modifie le sens du nom *temps* ; *abominablement* : modifie le sens du verbe *mourir*. **2.** *Fortement* : modifie le sens du part. passé à valeur adjectivale *touché*, lui conférant un degré d'intensité forte ; *aussi* : modifie le sens du pron. pers. *lui* ; *éternellement* : modifie le sens du verbe *vivre*. **3.** *vite* : modifie le sens du verbe *apprendre* ; *efficacement* : modifie le sens du verbe *aider*. **4.** *Ensuite* : relie la phrase où il se trouve à la précédente, en établissant une relation temporelle ; *là* : compl. essentiel du verbe *habiter*, exprimant le lieu.

10 **1.** *Pourquoi* : marqueur de la phrase interrogative portant sur la cause ; *ainsi* : modifie le sens du verbe *rôder* ; *ne... jamais* : modifie la phrase en lui conférant une forme négative. **2.** *Jadis* : CC de temps. **3.** *Alors* : relie la phrase à la précédente, en établissant une relation consécutive ; *toujours* : modifie le sens du verbe *demeurer* ; *quotidiennement* : modifie le sens du verbe *faire* ; *bien* : modifie le sens de l'adjectif *propres*, lui conférant un degré d'intensité forte ; *soigneusement* : modifie le sens du verbe *se laver* ; *tendrement* : modifie le sens du verbe *regarder* ; *tout* : modifie le sens de la préposition *contre*. **4.** *en effet* : relie la phrase où il se trouve à la précédente, en établissant une relation de cause.

11 **a. 1.** *Comment* : marqueur de la phrase interrogative portant sur la manière. **2.** *Bientôt* : CC de temps ; *bien* : modifie le sens de la locution prép. *au-delà de*. **3.** *Cependant* : relie la phrase à la précédente, en établissant une relation d'opposition ; *réellement* : modifie le sens de l'adjectif *impossible*, lui conférant un degré d'intensité forte ; *toujours* : modifie le sens du verbe *rester*. **4.** *fort* : modifie le sens de l'adjectif *harassé*, lui conférant un degré d'intensité forte ; *alors* : relie la proposition à la précédente, en établissant une relation de conséquence ; *comment* : marqueur de la phrase interrogative portant sur la manière.

12 **1.** *Néanmoins* : relie la phrase à la précédente, en établissant une relation d'opposition. **2.** *ne... pas* : modifie la phrase en lui conférant une forme négative ; *tout de suite* : modifie le sens du verbe *se servir* ; *d'abord* : modifie le sens du verbe *tester*. **3.** *Malheureusement* : modifie le sens de la phrase en indiquant une appréciation subjective de l'énonciateur. **4.** *ne... plus... qu'...* : modifie la phrase en lui conférant une forme négative ; *vraiment* : modifie le sens de l'adjectif *immortel* ; *surtout* : modifie le sens du GN *le récit de ses aventures*.

Chapitre 4

Le verbe

Chapitre 4

FICHE 23

Modes, temps, aspects du verbe

- *Comment se répartissent les modes et les temps ?*
- *Qu'est-ce que l'aspect du verbe ?*

LES BASES

1 – Indicatif

	PRÉSENT	IMPARFAIT	PASSÉ SIMPLE	FUTUR	CONDITIONNEL PRÉSENT
Temps simples	Je calcule Tu finis Il/elle sait Nous prenons Vous allez Ils/elles partent	Je calculais Tu finissais Il/elle savait Nous prenions Vous alliez Ils/elles partaient	Je calculai Tu finis Il/elle sut Nous prîmes Vous allâtes Ils/elles partirent	Je calculerai Tu finiras Il/elle saura Nous prendrons Vous irez Ils/elles partiront	Je calculerais Tu finirais Il/elle saurait Nous prendrions Vous iriez Ils/elles partiraient
	PASSÉ COMPOSÉ	**PLUS-QUE- PARFAIT**	**PASSÉ ANTÉRIEUR**	**FUTUR ANTÉRIEUR**	**CONDITIONNEL PASSÉ**
Temps composés	J'ai calculé Tu as fini Il/elle a su Nous avons pris Vous êtes allé(e)s Ils/elles sont parti(e)s	J'avais calculé Tu avais fini Il/elle avait su Nous avions pris Vous étiez allé(e)s Ils/elles étaient parti(e)s	J'eus calculé Tu eus fini Il/elle eut su Nous eûmes pris Vous fûtes allé(e)s Ils/elles furent parti(e)s	J'aurai calculé Tu auras fini Il/elle aura su Nous aurons pris Vous serez allé(e)s Ils/elles seront parti(e)s	J'aurais calculé Tu aurais fini Il/elle aurait su Nous aurions pris Vous seriez allé(e)s Ils/elles seraient parti(e)s

2 – Subjonctif

	PRÉSENT	IMPARFAIT
Temps simples	Que je calcule Que tu finisses Qu'il/elle sache Que nous prenions Que vous alliez Qu'ils/elles partent	Que je calculasse Que tu finisses Qu'il/elle sût Que nous prissions Que vous allassiez Qu'ils/elles partissent
	PASSÉ	**PLUS-QUE-PARFAIT**
Temps composés	Que j'aie calculé Que tu aies fini Qu'il/elle ait su Que nous ayons pris Que vous soyez allé(e)s Qu'ils/elles soient parti(e)s	Que j'eusse calculé Que tu eusses fini Qu'il/elle eût su Que nous eussions pris Que vous fussiez allé(e)s Qu'ils/elles fussent parti(e)s

3 – Impératif

PRÉSENT				
Calcule Calculons Calculez	Finis Finissons Finissez	Sache Sachons Sachez	Prends Prenons Prenez	Écris Écrivons Écrivez
PASSÉ				
Aie calculé Ayons calculé Ayez calculé	Aie fini Ayons fini Ayez fini	Aie su Ayons su Ayez su	Aie pris Ayons pris Ayez pris	Aie écrit Ayons écrit Ayez écrit

4 – Infinitif

PRÉSENT
calculer, finir, savoir, prendre, écrire, partir...
PASSÉ
avoir calculé, avoir fini avoir su, avoir pris avoir écrit, être parti(e)(s)...

5 – Participe

PRÉSENT
calculant, finissant sachant, prenant écrivant, partant...
PASSÉ
calculé, ayant calculé ; fini, ayant fini su, ayant su ; pris, ayant pris écrit, ayant écrit ; parti(e)(s), étant parti(e)(s)...

Il existe **3 voix** (ou formes) : active, passive et pronominale.
Ce tableau concerne la voix active et en fait apparaitre les modes et les temps. La voix passive (→ Fiche 24, p. 201) et la forme pronominale (→ Fiche 25, p. 209) ont des modes et des temps équivalents.

Malgré la récente décision (programmes 2016) de considérer **le conditionnel** comme un mode, les linguistes préfèrent continuer à l'inclure dans l'indicatif. Au CRPE, vous pouvez donc expliquer qu'il s'agit d'un temps de l'indicatif selon les linguistes, mais d'un mode selon les programmes de 2016.

Il y a, **pour chaque voix, 5 modes** :

- **3 modes personnels, indicatif, subjonctif** (avec les 6 personnes), **impératif** (avec 3 personnes) :
  - le **mode indicatif** comporte 10 temps et il peut situer une action dans le présent, le passé et le futur. C'est le mode le plus complet (→ Fiche 26, p. 215) ;
  - le **mode subjonctif**, précédé de *que* dans les tableaux de conjugaison, ne comporte que 4 temps et il ne permet pas de situer avec précision une action sur l'axe du temps (→ Fiche 27, p. 229) ;
  - le **mode impératif** est encore plus réduit ; le présent est, de loin, le plus employé (→ Fiche 27).
- **2 modes non personnels, infinitif et participe** (qui ne se conjuguent pas avec les personnes) : ils sont peu fournis (→ Fiche 28, p. 239).

Chaque forme verbale comprend deux éléments : **une base** et une **terminaison**. Par exemple, pour la 1re personne du singulier de l'imparfait, le radical (calcul-) et la terminaison (-ais) (pour l'indicatif → Fiche 26, p. 215).

1 Indiquez le mode et le temps des verbes suivants.

★

Remarque : Utilisez les tableaux précédents et ceux donnés dans des ouvrages de conjugaison si besoin.

1. Il coud. – Nous parlerons. – Que tu viennes. – Partez ! – Ils avaient mangé. **2.** Il rugira. – Skions. – Qu'il sanglote ! – Aie terminé. – Lancer. **3.** Tu auras mangé. – Je jugeai. – Incendié. – Éjecte. – Il eut compris. **4.** Que j'aie erré. – J'enlaçai. – Impressionné. – J'ensorcelais. – Ils ont enveloppé. **5.** Que nous calmions. – Ils éternueraient. – Il s'évada. – Tu te serais évanoui. – Vous avez extrait.

2 Même consigne.

★★

1. Il avait eu. – Nous avons écrit. – Qu'il abjure. – Ils eurent terminé. – Ils furent partis. **2.** Je bannissais. – Nous badigeonnerions. – Il est allé. – Tu auras calculé. – Cicatrisé. **3.** Vous seriez partis – Nous fûmes partis. – Qu'il goutât ! – Il rougirait. – J'aurais regretté. **4.** Il aura pris. – Il a été. – Il aura bousculé. – Il connut. – Tu avais dérangé. **5.** Nous eûmes su. – Ils ont compté. – Que nous eussions compris. – Ils auraient affirmé. – Qu'il attendît.

3 Mettez les verbes suivants à la voix active, aux temps, modes et personnes indiqués.

★★

1. *devoir* (ind. imparf., 3e pers. du sing.). **2.** *pouvoir* (subj. présent, 1re pers. du plur.). **3.** *avoir* (ind. passé composé, 2e per. du sing.). **4.** *envoyer* (ind. passé antérieur, 2e pers. du plur.). **5.** *rire* (ind. présent du conditionnel, 1re pers. du sing.). **6.** *offrir* (ind. futur, 1re pers. du sing.). **7.** *aller* (impératif présent, 2e pers. du sing.).

OBJECTIF 0 FAUTE Une question d'accent

Attention à ne pas confondre Il prit, il sut (passé simple) avec qu'il prît, qu'il sût (imparfait du subjonctif) et il eut su (passé antérieur) avec qu'il eût su (plus-que-parfait du subjonctif). L'accent circonflexe à la 3e personne du singulier est un indice fort : il s'agit d'un subjonctif.

4 ★ **Ces formes verbales sont-elles au passé simple de l'indicatif ou à l'imparfait du subjonctif ? au passé antérieur de l'indicatif ou au plus-que-parfait du subjonctif ?**

1. Il courut. – Qu'il le plaignît. – Qu'il eût fait. – Elle eut pondu. **2.** Elle pondit. – Qu'elle eût attendu. – Il fit. – Qu'il pourvût. **3.** Qu'il poursuivît. – Qu'il eût poursuivi. – Il retint. – Qu'elle perçût. **4.** Qu'il eût réussi. – Qu'il parcourût. – Qu'il cueillît. – Il eut rejoint. **5.** Qu'elle eût retenu. – Qu'elle rendît. – Elle naquit. – Il eut remis.

OUVRONS L'ŒIL

1 Qu'est-ce que l'aspect ?

Les temps verbaux ne situent pas simplement une action dans les trois époques, le passé, le présent ou le futur ; si c'était le cas, le français n'aurait pas besoin de deux temps simples (il courait, il courut) et trois temps composés (il a couru, il avait couru, il eut couru) pour exprimer le passé. **Ils envisagent l'action dans une perspective différente, dans son déroulement** (commencement, en cours de réalisation, achèvement...). **Ces nuances relèvent de ce que l'on appelle l'aspect.**

A Accompli / inaccompli

Dans le système verbal français, existe un double système : à des temps simples correspondent des temps composés.

C'EST FACILE !

TEMPS SIMPLES = INACCOMPLI, TEMPS COMPOSÉS = ACCOMPLI

- **Tous les temps simples expriment une valeur de non-accompli :** l'action est toujours en cours, elle est inachevée et inaccomplie.

  Il courra dans les champs. ➜ L'action n'est pas terminée. Le futur, temps simple, exprime cet aspect inaccompli.

- **Tous les temps composés expriment une valeur d'accompli :** l'action est considérée comme terminée, achevée, accomplie par rapport au moment considéré.

  Quand il nous rejoindra, il aura couru déjà pendant deux heures. ➜ L'action (aura couru) est terminée quand celle du futur simple a lieu. Le futur antérieur, temps composé, marque cette valeur d'accompli.

5 ★ **Les verbes des phrases suivantes ont-ils une valeur d'accompli ou d'inaccompli ?**

1. Il pratiquera la musculation en salle. **2.** Il avait fait de la gymnastique dans sa jeunesse. **3.** Il aurait brillé s'il avait été aidé. **4.** Il mangea sur les gradins pour suivre le match. **5.** Il a mis une veste de survêtement.

B Action bornée/non bornée

Quand l'action est bien délimitée au début et à la fin, on dit qu'elle est **bornée** ; quand les limites restent floues, notamment celles concernant la fin, on dit qu'elle est **non bornée**. **Le passé simple** exprime **toujours** des actions **bornées** et s'oppose à **l'imparfait** qui exprime **toujours** des actions **non bornées**.

Il courut pendant deux heures. ➜ L'action est bornée car la durée est précisée ; on repère la limite finale (la course n'a pas excédé la durée de deux heures).

Il courait depuis dix minutes. ➜ L'action est non bornée car on connait le début (dix minutes auparavant) mais la limite finale n'est pas indiquée.

C'EST FACILE !

PASSÉ SIMPLE = ACTION BORNÉE, IMPARFAIT = ACTION NON BORNÉE

6 ★ **L'action est-elle bornée ou non bornée dans les phrases suivantes ?**

1. Il excella pendant tout le match. **2.** Il vécut 90 minutes de bonheur. **3.** Il vivait seul dans son appartement. **4.** Il connaissait les paroles de la chanson. **5.** Il voyagea durant des mois. **6.** Depuis le matin, il s'ennuyait. **7.** Il naquit un 29 février.

➜ Fiche 26, exercices 7 et 8, p. 221.

C Autres aspects

L'aspect du verbe renseigne sur le déroulement de l'action exprimée par le verbe, depuis la période qui la précède jusqu'à celle qui suit sa fin, parfois avec des **périphrases verbales** (commencer à, être en passe de, être sur le point de, être en train de, cesser de...).

- Avant le commencement : Il va / Il est en passe de / Il est sur le point de courir.
- Depuis le commencement : Il commence / Il se met à courir. ➜ aspect **inchoatif**.
- En cours : Il est en train de courir. ➜ aspect **progressif (duratif)**.
- Jusqu'à sa fin : Il finit / Il cesse / Il vient de courir. L'action est en cours d'achèvement ➜ aspect **terminatif**.
- L'action se renouvelle souvent : Il court, tous les lundis. ➜ aspect **itératif**. Il est indiqué, le plus souvent, par des compléments circonstanciels : souvent, chaque jour...

Ces aspects peuvent s'ajouter à l'aspect accompli/non accompli pour tous les verbes et à la valeur bornée/non bornée (pour le passé simple et l'imparfait, en particulier).

C'EST FACILE !

Avant, pendant, après l'action : le sens est très facile à comprendre ! Seuls certains noms utilisés pour qualifier chaque aspect sont un peu compliqués ; il faut juste les apprendre.

7 ★★ **Indiquez l'aspect des verbes dans les phrases suivantes et justifiez votre réponse.**

1. Chaque jour, il va à l'entrainement. 2. Elle fera de la gymnastique rythmique, tous les mercredis. 3. Ce cours m'ennuie. 4. Il avait couru à fond pendant un kilomètre. 5. Il commence seulement à mettre ses baskets. 6. Il pratiquait le tennis depuis 3 ans. 7. Le stade est en train de se remplir.

8 ★★ **Mêmes consignes.**

1. La victoire l'obsède. 2. Vingt-mille spectateurs ont assisté au match. 3. Il commence à s'échauffer bien avant ses compagnons. 4. Sa position a été fragilisée par deux fautes. 5. À chaque compétition, le tir couché lui permet de dominer ses adversaires. 6. Il disposera d'une confortable avance. 7. Il finit de monter sur le podium.

2 Qu'est-ce qu'un semi-auxiliaire ?

- **Certains verbes** comme aller, venir, devoir, pouvoir, vouloir, savoir, faire... sont considérés comme des semi-auxiliaires (en comparaison avec les auxiliaires *être* et *avoir* qui forment les temps composés des verbes) **lorsqu'ils sont suivis d'un infinitif**.
- Ils ne perdent pas complètement le sens qui leur est attaché quand ils sont dans leur emploi de verbe (contrairement aux auxiliaires) mais ne le conservent pas pleinement non plus :
  - Je vais gagner la course. ➜ semi-auxiliaire + inf. (notion de futur proche).
  Je vais à Paris. ➜ sens plein (correspondant à un déplacement).
  - Je dois réussir. ➜ semi-auxiliaire + inf. (idée d'obligation).
  Je dois 15 euros. ➜ sens plein (être redevable d'une somme à quelqu'un).

Ces verbes combinés à un infinitif (➜ Fiche 28, p. 239) forment ce que l'on appelle **une périphrase verbale**.

Les périphrases verbales	
Semi-auxiliaire	**Exemples**
Semi-auxiliaires de temps – aller + inf. exprime un futur proche ; il est en concurrence dans le langage oral avec le futur simple. – devoir + inf. peut aussi exprimer un futur. – venir de + inf. renvoie à un passé récent.	Je vais courir. La compétition doit avoir lieu dans deux heures. Il vient de partir.
Semi-auxiliaires de mode – devoir : renvoie à l'obligation ou la probabilité d'une action. – pouvoir : marque la possibilité, la probabilité ou une demande de permission en cas de forme interrogative. – d'autres verbes comme faillir (qui exprime une action presque accomplie), savoir (la compétence), vouloir (la volonté), sembler, paraitre (l'apparence)...	Je dois m'entrainer. Il doit venir demain. Il peut réussir. Est-ce que je peux demander de l'aide ? J'ai failli réussir ; il sait lire ; il veut gagner ; il semble gagner.
Semi-auxiliaires d'aspect Ils saisissent l'action à différents stades de sa réalisation : au début, en cours, à la fin (voir ci-dessus).	Il commence à nager ; il cesse de nager.

9 ★★ **Ces phrases comportent-elles des semi-auxiliaires ? Si oui, indiquez la nuance apportée par chacun d'eux.**

1. La dameuse venait juste de passer sur la neige. **2.** Il vient faire du ski depuis des années dans cette station. **3.** Le parcours commence par un chemin à flanc de colline. **4.** Il est en train de le suivre. **5.** Il commence à comprendre comment négocier les tournants. **6.** Il va tenter une piste noire, ce matin ; il a failli la faire hier.

S'ENTRAINER

10 ★★ **Indiquez le mode et le temps des verbes suivants.**

1. Qu'il brillât. – Vous êtes allés. – Que vous ayez compris. – Vous commenceriez. 2. Ils ont terminé. – Il aurait compris. – Qu'il ait tourné. – Je naquis. 3. Il avait eu. – Ayant conduit. – Ils furent partis. – Je dinerais. 4. Qu'il tournât. – Nous aurions divisé. – Qu'il sache. – Ils auront escaladé. 5. J'essayai. – Ils avaient exulté. – Je marchais. – Raccourcissant.

11 ★★ **Même consigne.**

1. Nous émettions. – Vous déprimâtes. – Bronzer. – Nous aurons escamoté. – Elles ont hissé. 2. Qu'ils entendent. – Ils auront affligé. – J'eus pris. – Que tu voulusses. – Que je facilite. 3. Que je facilitasse – Inoculons. – Ayez inspecté. – Tu auras répondu. – Avoir enseigné. 4. Entendu. – Il eut ri. – Il mourra. – Qu'il mourût. – Savourons. 5. Nous eûmes traversé. – Ils auraient affirmé. – Que j'aie suivi. – Tu auras dérangé. – Je comprendrais.

12 ★★★ **Déterminez les aspects dans les phrases suivantes.**

a. 1. Armel Le Cléac'h fut le grand vainqueur du Vendée Globe, en 2017. 2. Chaque année, il rêvait de gagner la course. 3. Il était sous pression depuis le Cap Horn. 4. Il commença à comprendre qu'il avait gagné. 5. Il était en train de réaliser ainsi un de ses rêves les plus fous.

b. 1. Le bateau lui procura de grandes satisfactions, pendant la course. 2. Des bateaux l'escortèrent à son arrivée. 3. Tous les ans, des concurrents malheureux abandonnent dès le début. 4. L'échec a brisé leurs espoirs. 5. Ils rêveront encore l'an prochain.

13 ★★★ **Ces phrases comportent-elles des semi-auxiliaires ? Si oui, indiquez la nuance apportée par chacun d'eux.**

a. 1. Il cesse de travailler dès qu'il fait chaud. 2. Il doit progresser s'il veut suivre le groupe. 3. Il peut y arriver. 4. Il va à la station faire des courses. 5. Il est en train de s'échauffer.

b. 1. Il finit son entrainement. 2. Il a failli gravir ce haut sommet. 3. Il va décider quand il partira. 4. Il se met à faire des mouvements rapides. 5. La compétition vient de se terminer.

CORRIGÉS

1 1. ind. présent – ind. futur – subj. présent – impératif présent – ind. plus-que-parfait.
2. ind. futur – impératif présent – subj. présent – impératif passé – infinitif présent.
3. ind. futur antérieur – ind. passé simple – participe passé – impératif présent – ind. passé antérieur.
4. subj. passé – ind. passé simple – participe passé – ind. imparfait – ind. passé composé.
5. subj. présent – ind. cond. présent – ind. passé simple – ind. cond. passé – ind. passé composé.

2 1. ind. plus-que-parfait – ind. passé composé – subj. présent – ind. passé antérieur – ind. passé antérieur.
2. ind. imparfait – ind. cond. présent – ind. passé composé – ind. futur antérieur – participe passé.
3. ind. cond. passé – ind. passé antérieur – subj. imparfait – ind. cond. présent – ind. cond. passé.
4. ind. futur antérieur – ind. passé composé – ind. futur antérieur – ind. passé simple – ind. plus-que-parfait.
5. ind. passé antérieur – ind. passé composé – subj. plus-que-parfait – ind. cond. passé – subj. imparfait.

3 1. Il devait. 2. Que nous puissions. 3. Tu as eu. 4. Vous eûtes envoyé. 5. Je rirais. 6. J'offrirai. 7. Va.

4 1. ind. passé simple – subj. imparfait – subj. plus-que-parfait – ind. passé antérieur.
2. ind. passé simple – subj. plus-que-parfait – ind. passé simple – subj. imparfait.
3. subj. imparfait – subj. plus-que-parfait – ind. passé simple – subj. imparfait.
4. subj. plus-que-parfait – subj. imparfait – subj. imparfait – ind. passé antérieur.
5. subj. plus-que-parfait – subj. imparfait – ind. passé simple – ind. passé antérieur.

5 1. Futur, temps simple, donc action inaccomplie. 2. Plus-que-parfait, temps composé, donc action accomplie. 3. *aurait brillé* : conditionnel passé, temps composé, donc action accomplie ; *avait été aidé* : plus-que-parfait, temps composé donc action accomplie. 4. Passé simple, temps simple, donc action inaccomplie. 5. Passé composé, temps composé, donc action accomplie.

6 Il faut repérer le temps : les phrases au passé simple (1, 2, 5, 7) ont un aspect borné ; les phrases à l'imparfait (3, 4, 6) ont un aspect non borné.

7 1. Aspect itératif car l'action se reproduit, comme le signale le GN *Chaque jour*. Le verbe est au présent, temps simple, donc aspect inaccompli. 2. Aspect itératif car l'action se reproduit régulièrement, comme le signale le GN *tous les mercredis* ; le verbe au futur, temps simple, renvoie à un aspect inaccompli. 3. Le verbe est au présent, temps simple, donc aspect inaccompli. 4. Le verbe est au plus-que-parfait, temps composé, donc aspect accompli. 5. Aspect inchoatif, c'est-à-dire au commencement de l'action, inaccomplie car au présent. 6. Le verbe est l'imparfait, temps simple donc aspect inaccompli et aspect non borné (il n'y a pas de limite finale). 7. Aspect inaccompli car verbe au présent et progressif (*en train de* montre que l'action est en cours).

8 1. Le verbe est au présent, temps simple, donc aspect inaccompli. 2. Le verbe est au passé composé, temps composé, donc aspect accompli. 3. Aspect inchoatif, c'est-à-dire au commencement de l'action, et inaccompli en raison du présent. 4. Le verbe est au passé composé passif, temps composé, donc aspect accompli. 5. Aspect itératif car l'action se reproduit, comme le signale le GNP *À chaque compétition*. Présent, donc aspect inaccompli. 6. Le verbe est au futur, temps simple, donc aspect inaccompli. 7. Aspect terminatif, en cours d'achèvement, inaccompli.

9 1. Le semi-auxiliaire *venir de* + inf. renvoie à un passé récent. 2. Dans cette phrase, *venir* a un sens plein et n'est pas un semi-auxiliaire. 3. *commencer* : de même ; il n'est pas suivi, d'ailleurs, par un infinitif. 4. *en train de...* est une périphrase indiquant une action en cours de réalisation. 5. *commencer à* : semi-auxiliaire qui indique le début d'une action. 6. *va* + inf. : semi-auxiliaire qui exprime un futur proche ; *a failli (faire)* : semi-auxiliaire marquant une action presque accomplie.

10 1. subj. imparf. – ind. passé composé – subj. passé – ind. cond. présent.
2. ind. passé composé – ind. cond. passé – subj. passé – ind. passé simple.
3. ind. plus-que-parfait – participe passé – ind. passé antérieur – ind. cond. présent.
4. subj. imparfait – ind. cond. passé – subj. présent – ind. futur antérieur.
5. ind. passé simple – ind. plus-que-parfait – ind. imparfait – participe présent.

11 1. ind. imparfait – ind. passé simple – infinitif présent – ind. futur antérieur – ind. passé composé. 2. subj. présent – ind. futur antérieur – ind. passé antérieur – subj. imparfait – subj. présent. 3. subj. imparfait – impératif présent – impératif passé. – ind. futur antérieur – infinitif passé. 4. part. passé – ind. passé antérieur – ind. futur – subj. imparfait – impératif présent. 5. ind. passé antérieur – ind. cond. passé – subj. passé. – ind. futur antérieur – ind. conditionnel présent.

12 a. 1. Le verbe est au passé simple, ce qui renvoie à une action bornée et inaccomplie (temps simple). 2. Aspect itératif car l'action se reproduit régulièrement, comme le signale le GN *Chaque année* ; aspect inaccompli car temps simple. 3. Le verbe est à l'imparfait et marque un aspect inaccompli et non borné. 4. Aspect inchoatif avec le semi-auxiliaire *commença à* et aspect borné, inaccompli, pour le passé simple ; *il avait gagné* : temps composé donc action accomplie. 5. Aspect inaccompli (car temps simple) et progressif marqué par la périphrase *en train de* qui montre que l'action est en cours de réalisation.

b. 1. 2. Dans les deux phrases, le passé simple indique une action bornée et inaccomplie (temps simple). 3. Aspect itératif car l'action se reproduit régulièrement, comme le signale le GN *Tous les ans* et aspect inaccompli car temps simple. 4 Le passé composé renvoie à une action accomplie (temps composé). 5. Le verbe est au futur, temps simple, donc aspect inaccompli.

13 a. 1. *cesse de* : semi-auxiliaire d'aspect indiquant la fin de l'action. 2. *doit* : semi-auxiliaire renvoyant à une obligation ; *veut* : semi-auxiliaire marquant la volonté. 3. Le semi-auxiliaire *pouvoir* exprime l'idée d'une possibilité. 4. Même suivi d'un infinitif, *aller* a ici un sens plein en rapport avec un déplacement ; il n'est donc pas semi-auxiliaire. 5. *en train de* : la périphrase marque que l'action est en cours (aspect progressif).

b. 1. Pas de semi-auxiliaire : *finir* a un sens plein (il n'est d'ailleurs pas suivi d'un infinitif). 2. *a failli* : le semi-auxiliaire exprime une action presque accomplie. 3. *va* : semi-auxiliaire + inf., exprime un futur proche. 4. *se met* : semi-auxiliaire exprimant le début de l'action (aspect inchoatif). 5. *vient de* : semi-auxiliaire + inf., marque un passé récent.

Chapitre 4

FICHE

24

La voix passive

- *Qu'est-ce que la voix passive ?*
- *Comment reconnaitre la forme passive de la phrase ? Comment identifier un complément d'agent ?*
- *Comment faire pour transformer une forme active en forme passive ?*

LES BASES

1 Qu'est-ce que la voix passive ?

- Le verbe varie en voix (ou forme) : la voix active (les verbes sont à la voix active par défaut : Le vent effeuille la rose) ; la voix passive (uniquement les verbes construits avec un COD : La rose est effeuillée par le vent) et la forme pronominale (→ Fiches 10 et 25, p. 81 et p. 209).
- La voix passive du verbe est constituée de **l'auxiliaire *être* et du participe passé** (accordé en genre et en nombre avec le sujet) **du verbe employé** (est effeuillée).
- La grammaire donne le nom de **complément d'agent** au **groupe complément**, en se basant sur le sens davantage que sur la syntaxe. L'agent en effet est celui, lexicalement, de qui émane l'action.
  Le complément d'agent est introduit par la préposition *par* ou parfois par la préposition *de*.

  Pétrarque aima Laure. → Laure fut aimée **par/de** Pétrarque.

C'EST FACILE ! **Inversez le sujet et le COD**

Le sujet de la phrase active devient complément d'agent dans la phrase passive ; le COD de la phrase active devient sujet de la phrase passive.

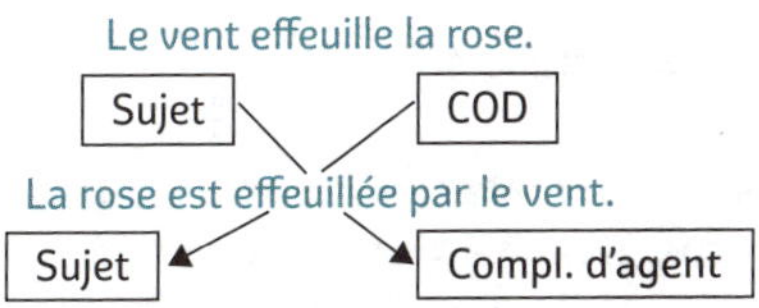

1 ★ **Mettez les phrases suivantes à la forme passive. Utilisez le schéma pour trouver plus facilement la réponse.**

1. Le skieur marque un point. **2.** Les élèves apprennent la leçon. **3.** Le pédiatre soigne les enfants. **4.** Victor Hugo a écrit *Les Contemplations*. **5.** Le réalisateur présente le film. **6.** Les pluies inondent tout le pays.

2 ★★ **Transformez les phrases suivantes à la forme passive. Soulignez le complément d'agent dans la nouvelle phrase.**

a. 1. Roland épousa la belle Aude. **2.** Ce sculpteur travaille le bois avec efficacité. **3.** Les enfants tournaient les pages des livres. **4.** Hier, le président a annoncé la nouvelle au pays.

b. 1. Le convoi avait emprunté la route nationale. **2.** Les convives apprécieront le repas. **3.** Le vent aurait secoué les arbres. **4.** Gutenberg a inventé l'imprimerie.

! ATTENTION Ne confondez pas complément d'agent et complément circonstanciel

Martin est conduit par son père. → par son père est le complément d'agent du verbe à la forme passive est conduit. La forme active correspondante est : Son père conduit Martin.

Le dessert est mangé par habitude. → par habitude est un complément circonstanciel de cause (→ Fiche 21, p. 171).

3 ★★ **Le groupe de mots souligné dans chaque phrase est-il complément d'agent ou complément circonstanciel ?**

a. 1. Elles l'ont salué <u>par courtoisie</u>. **2.** Dix ans déjà que Sarah est oubliée <u>de toute votre famille.</u> **3.** Le regard du chien était couvert <u>d'un léger voile</u>. **4.** Cet homme est connu <u>pour ses frasques</u>. **5.** Nous atteindrons Paris <u>par l'autoroute</u>.

b. 1. La scène a été décrite <u>par de nombreux témoins</u>. **2.** Nous serions prévenus <u>par la même occasion</u>. **3.** Je me suis rendue <u>par hasard</u> à cette cérémonie. **4.** L'avion s'est écrasé <u>par un temps glacial</u>. **5.** Il est respecté <u>de tout le monde</u>.

2 Comment fonctionne une phrase à la forme passive ?

A Forme active et forme passive

▸ **Toutes les phrases ne peuvent pas se mettre à la forme passive : seules les phrases construites avec un verbe transitif direct à la forme active** (c'est-à-dire accompagné d'un complément d'objet direct, COD) peuvent avoir une forme passive. Les phrases construites avec un verbe transitif indirect (qui admet un complément d'objet indirect, COI) ou un verbe intransitif (qui n'admet pas de complément d'objet, Fiche 10, p. 81) ne peuvent pas passer de la forme active à la forme passive.

- Forme active : Le vigneron taille la vigne. Le verbe taille est transitif, suivi du COD la vigne. ➜ Forme passive : La vigne est taillée par le vigneron.
- Forme active : Le vigneron marche dans sa vigne. Le verbe marche est intransitif (il n'a pas de CO) et dans sa vigne est un complément circonstanciel de lieu. ➜ La forme passive n'est pas possible.
- Forme active : Le vigneron parle de sa vigne. Le verbe parle est ici transitif indirect, avec un COI de sa vigne. ➜ La forme passive n'est pas possible.

L'emploi de la forme passive permet de **varier la présentation du contenu informatif de la phrase**.

Forme active : Le vent effeuille la rose. ➜ Le vent est au premier plan de l'information apportée : que fait le vent ?

Forme passive : La rose est effeuillée par le vent. ➜ La rose est au premier plan de l'information apportée : qu'arrive-t-il à la rose ?

4 ★ **Indiquez si ces phrases peuvent se mettre à la forme passive et justifiez votre réponse.**

1. Ces enfants dorment trop peu de temps pour leur âge. 2. Le joueur marque un but. 3. Les élèves comprennent la leçon. 4. Marie part ce matin. 5. Le vétérinaire soigne les animaux. 6. Le sport est une activité comme une autre.

B Quel temps employer ?

Indicatif		
Temps	**Forme active**	**Forme passive**
Présent	Jules rejoint Marie.	Marie est rejointe par Jules.
Futur	Jules rejoindra Marie.	Marie sera rejointe par Jules.
Imparfait	Jules rejoignait Marie.	Marie était rejointe par Jules.
Passé simple	Jules rejoignit Marie.	Marie fut rejointe par Jules.
Passé composé	Jules a rejoint Marie.	Marie a été rejointe par Jules.
Plus-que-parf.	Jules avait rejoint Marie.	Marie avait été rejointe par Jules.
Passé antérieur	Jules eut rejoint Marie.	Marie eut été rejointe par Jules.
Futur antérieur	Jules aura rejoint Marie.	Marie aura été rejointe par Jules.
Cond. présent	Jules rejoindrait Marie.	Marie serait rejointe par Jules.
Cond. passé	Jules aurait rejoint Marie.	Marie aurait été rejointe par Jules.

Subjonctif		
Temps	**Forme active**	**Forme passive**
Présent	Que Jules rejoigne Marie.	Que Marie soit rejointe par Jules.
Passé	Que Jules ait rejoint Marie.	Que Marie ait été rejointe par Jules.
Imparfait	Que Jules rejoignît Marie.	Que Marie fût rejointe par Jules.
Plus-que-parfait	Que Jules eût rejoint Marie.	Que Marie eût été rejointe par Jules.

Impératif		
Temps	**Forme active**	**Forme passive**
Présent	Rejoins, rejoignons, rejoignez	Sois rejoint(e), soyons/soyez rejoint(e)s
Passé	Aie/ayons/ayez rejoint	Aie été rejoint(e), ayons été/ayez été rejoint(e)s

Infinitif		
Présent	rejoindre	être rejoint(e)(s)
Passé	avoir rejoint	avoir été rejoint(e)(s)

Participe		
Présent	rejoignant	étant rejoint(e)(s)
Passé	rejoint/ayant rejoint	ayant été rejoint(e)(s)

Dans la phrase à la forme passive, il faut mettre l'auxiliaire *être* au temps du verbe conjugué de la forme active et ajouter le participe passé du verbe conjugué.

Remarque : N'hésitez pas à consulter des livres spécialisés en conjugaison pour réviser les formes passives de certains verbes, aux différents temps.

5 ★ **Transformez les phrases suivantes à la forme passive. Attention aux temps employés.**

1. La galerie Makala a vendu beaucoup de tableaux cette année. **2.** Son frère prend toute la place. **3.** Ses parents lui offriront sans doute la voiture. **4.** Les arbres bordaient la route. **5.** Ce soir-là, Sophie avait choisi une robe rouge très seyante. **6.** Le joueur aura envoyé la balle de golf à plus de 300 m. **7.** Matteo accepta les offres.

OUVRONS L'ŒIL

La forme passive ne comporte pas toujours un complément d'agent

- Si *on* est sujet dans la phrase active, la phrase passive correspondante ne comporte pas de complément d'agent.

  On a vu des singes dans cette partie de la forêt. ➜ Forme active, on est indéfini.

  Des singes ont été vus dans cette partie de la forêt. ➜ Forme passive correspondante, sans complément d'agent (il serait malvenu de dire *ils ont été vus par on).

- S'il n'y a pas de complément d'agent dans la phrase passive, *on* devient sujet dans la phrase active correspondante.

  Des indices troublants ont été relevés. ➜ Forme passive sans complément d'agent.

  On a relevé des indices troublants. ➜ Forme active correspondante, on est utilisé comme sujet.

6 ★ **Transformez les phrases suivantes à la forme passive.**

1. Les cuisiniers prépareront les plats dès demain. **2.** On n'aurait pas rattrapé Hassani à temps. **3.** Chaque année, la grêle cause de gros dégâts dans la vigne. **4.** On a trop chargé la voiture. **5.** De fortes rafales de vent auront gâché la tenue du marché. **6.** Tous connaissaient le nom de la maladie de l'enfant.

7 ★★ **Transformez les phrases suivantes à la forme active.**

1. L'ambassadeur du Pérou a été reçu par le Premier ministre. **2.** Ce poète est connu de tous les enfants. **3.** Le sentier était caché par d'immenses fougères. **4.** Les paons d'Ituri avaient été étudiés dès le XIXe siècle. **5.** Toutes les feuilles auront bientôt été dévorées par les insectes. **6.** Le nouveau programme de théâtre sera envoyé demain à l'Institut français. **7.** Les salades ont été lavées.

C'EST FACILE ! Comment différencier un passé composé actif avec l'auxiliaire *être* et un présent passif ?

Essayez de transformer la phrase à la forme active ou passive :

Il est arrivé hier à Paris. ➜ Forme active, sans inversion possible : le verbe arriver, intransitif, se construit avec l'auxiliaire être au passé composé actif.

Il est rejoint aujourd'hui par ses amis. ➜ Forme passive, avec inversion possible : Ses amis le rejoignent aujourd'hui.

8 ★★ **Parmi les formes verbales soulignées, lesquelles sont à la forme passive ?**

1. Nous avons été félicitées par le ministre. **2.** Malgré les circonstances, le concert n'est pas annulé. **3.** Lorsqu'ils sont arrivés, ils étaient très fatigués. **4.** Depuis dix ans, le pays est ravagé par la guerre. **5.** L'article a gommé certains éléments d'information pourtant importants. **6.** La nouvelle est tombée par erreur dans les salles de rédaction. **7.** Il est parti à l'aube.

9 ★★★ **Identifiez la forme – active ou passive – de chacune des phrases suivantes.**

1. David est allé en Australie très jeune. **2.** Il a été invité par son frère. **3.** Leur vie est devenue une vraie légende. **4.** La recherche des sources du Nil aura longtemps fasciné les explorateurs. **5.** Le fleuve Congo fut décrit par André Gide dans *Voyage au Congo*. **6.** La réunion s'est éternisée par manque de rigueur. **7.** Il aurait été convaincu par son discours.

S'ENTRAINER

10 ★ **Transformez les verbes suivants à la voix passive.**

1. Il bouleversera. – Tu assiégeas. – Nous arrêtons. – Nous envoutâmes. – Il délivrait. **2.** Tu avais aimé. – Il pilla. – Tu as élevé. – Ils auront jugé. – Tu eus adoré. **3.** J'espionne. – Il mangera. – Il aida. – Je cache. – Ils ont chouchouté. **4.** Il meublera. – Vous enveloppâtes. – Tu auras enlevé. – Il eut percuté. – Tu avais frappé.

11 ★★ **Transformez les phrases suivantes à la forme passive. Attention aux temps employés.**

1. Djamila écrirait ce livre. **2.** Carla inscrivit le nom de la mère sur la liste. **3.** La foule aurait suivi les ordres de toute façon. **4.** Diane eut mangé des grenades. **5.** Que la compagnie gère les ressources pétrolières au mieux pour la planète ! **6.** Leïla Slimani a remporté le Goncourt 2016 pour *Une chanson douce*. **7.** Gaël Faye évoqua son enfance au Burundi.

12 ★★★ **Identifiez la forme – active ou passive – de chacune des phrases suivantes.**

1. Rémi n'accepte pas de traiter un dossier quand l'agenda est trop lourd. **2.** La réponse a été donnée à temps. **3.** Ils sont partis toute la journée. **4.** Les délais furent raccourcis inopinément. **5.** Les soirées furent suivies avec enthousiasme par tous les jeunes. **6.** Les chefs auraient été suivis si les ordres avaient été clairs. **7.** Les nouvelles sont envoyées par les journalistes, à toute heure.

13 ★★ **Transformez, quand c'est possible, les phrases suivantes à la forme passive.**

a. 1. Les habitants adorent les chenilles grillées. **2.** Le singe s'empare furtivement de la bouteille en plastique abandonnée. **3.** Les pêcheurs attrapent le poisson dans de grandes nasses en roseau. **4.** L'oiseau gobe une mouche. **5.** À cette époque, le train reliait les deux villes.

b. 1. Deux archéologues grecs ont retrouvé le site de la bataille. **2.** Après le départ de ses parents, elle s'occupera de la maison. **3.** On a tout vu à Nagasaki. **4.** Les agents ont emporté tout le matériel. **5.** Les chevaux galopent dans la plaine.

CORRIGÉS

1 **1.** Un point est marqué par le skieur. **2.** La leçon est apprise par les élèves. **3.** Les enfants sont soignés par le pédiatre. **4.** *Les Contemplations* ont été écrites par Victor Hugo ou *Les Contemplations* a été écrit par Victor Hugo. **5.** Le film est présenté par le réalisateur. **6.** Tout le pays est inondé par les pluies.

2 **a. 1.** La belle Aude fut épousée par Roland. **2.** Le bois est travaillé avec efficacité par ce sculpteur. **3.** Les pages des livres étaient tournées par les enfants. **4.** Hier, la nouvelle a été annoncée au pays par le président.

b. 1. La route nationale avait été empruntée par le convoi. **2.** Le repas sera apprécié par les convives ou : Le repas sera apprécié des convives. **3.** Les arbres auraient été secoués par le vent. **4.** L'imprimerie a été inventée par Gutenberg.

3 **a. 1.** C.C. **2.** compl. d'agent. **3.** compl. d'agent. **4.** C.C. **5.** C.C.
b. 1. compl. d'agent. **2.** C.C. **3.** C.C. **4.** C.C. **5.** compl. d'agent.

4 **1.** Forme passive impossible (*dormir* est un verbe intransitif). **2.** Forme passive possible (*un but* est le COD de *marque*). **3.** Forme passive possible (*la leçon* est le COD de *comprennent*). **4.** Forme passive impossible (*partir* est un verbe intransitif). **5.** Forme passive possible (*les animaux* est le COD de *soigne*). **6.** Forme passive impossible (*être* n'est pas un verbe transitif).

5 **1.** Beaucoup de tableaux ont été vendus cette année par la galerie Makala. **2.** Toute la place est prise par son frère. **3.** La voiture lui sera sans doute offerte par ses parents. **4.** La route était bordée par les arbres. **5.** Ce soir-là, une robe rouge très seyante avait été choisie par Sophie. **6.** La balle de golf aura été envoyée par le joueur à plus de 300 m. **7.** Les offres furent acceptées par Matteo.

6 **1.** Les plats seront préparés par les cuisiniers dès demain. **2.** Hassani n'aurait pas été rattrapé à temps. **3.** Chaque année, de gros dégâts sont causés par la grêle dans la vigne.

4. La voiture a été trop chargée. 5. La tenue du marché aura été gâchée par de fortes rafales de vent. 6. Le nom de la maladie de l'enfant était connu par/de tous.

7 1. Le Premier ministre a reçu l'ambassadeur du Pérou. 2. Tous les enfants connaissent ce poète. 3. D'immenses fougères cachaient le sentier. 4. On avait étudié les paons d'Ituri dès le XIXe siècle. 5. Les insectes auront bientôt dévoré toutes les feuilles. 6. On enverra demain à l'Institut français le nouveau programme de théâtre. 7. On a lavé les salades.

8 1. Forme passive. 2. Forme passive (sans complément d'agent). 3. Forme active (le verbe est au passé composé actif). 4. Forme passive. 5. Forme active. 6. Forme active (le verbe est au passé composé actif). 7. Forme active (le verbe est au passé composé actif).

9 1. Forme active (le verbe *est allé* est au passé composé actif). 2. Forme passive. 3. Forme active (le verbe *est devenue* est au passé composé actif). 4. Forme active. 5. Forme passive. 6. Forme active (le verbe pronominal *s'est éternisé* est au passé composé et le complément *par manque de rigueur* est un complément circonstanciel de cause). 7. Forme passive.

10 1. Il sera bouleversé. – Tu fus assiégé(e). – Nous sommes arrêté(e)s. – Nous fûmes envouté(e)s. – Il était délivré. 2. Tu avais été aimé(e). – Il fut pillé. – Tu as été élevé(e). – Ils auront été jugés. – Tu eus été adoré(e). 3. Je suis espionné(e). – Il sera mangé. – Il fut aidé. – Je suis caché(e). – Ils ont été chouchoutés. 4. Il sera meublé. – Vous fûtes enveloppé(e)s. – Tu auras été enlevé(e). – Il eut été percuté. – Tu avais été frappé(e).

11 1. Ce livre serait écrit par Djamila. 2. Le nom de la mère fut inscrit par Carla sur la liste. 3. Les ordres auraient été suivis par la foule de toute façon. 4. Des grenades eurent été mangées par Diane. 5. Que les ressources pétrolières soient gérées au mieux par la compagnie pour la planète ! 6. Le Goncourt 2016 a été remporté par Leïla Slimani pour *Une chanson douce*. 7. Son enfance au Burundi fut évoquée par Gaël Faye.

12 1. Forme active. 2. Forme passive (= on a donné la réponse à temps). 3. Forme active (le verbe *sont partis* est au passé composé actif). 4. Forme passive (= on raccourcit les délais inopinément). 5. Forme passive (= tous les jeunes suivirent les soirées avec enthousiasme). 6. Forme passive (= on aurait suivi les chefs...). 7. Forme passive (= les journalistes envoient...).

13 a. 1. Les chenilles grillées sont adorées des habitants/par les habitants. 2. Impossible de mettre cette phrase à la forme passive car le verbe *s'emparer* n'est pas un verbe transitif direct (on s'empare de quelque chose). 3. Le poisson est attrapé par les pêcheurs dans de grandes nasses en roseau. 4. Une mouche est gobée par l'oiseau. 5. À cette époque, les deux villes étaient reliées par le train.
b. 1. Le site de la bataille a été retrouvé par deux archéologues grecs. 2. Impossible de mettre cette phrase à la forme passive car le verbe *s'occuper* n'est pas un verbe transitif direct (on s'occupe de quelque chose ou de quelqu'un). 3. Tout a été vu à Nagasaki. Pas de complément d'agent puisque le sujet de la forme active est indéfini. 4. Tout le matériel a été emporté par les agents. 5. Impossible de mettre cette phrase à la forme passive car le verbe *galoper* est un verbe intransitif.

Chapitre 4

FICHE

25

La forme pronominale

- *Comme reconnaitre la forme pronominale ?*
- *Comment s'accordent les participes passés des verbes pronominaux ?*

LES BASES

1 Qu'est-ce que la forme pronominale ?

- Un verbe peut être à la voix active, passive (→ Fiche 24, page 201) ou à la **forme pronominale** (on emploie de préférence le terme *forme* plutôt que *voix* dans ce cas) : Il se rappelle la leçon.
- Cette forme a deux particularités :
  - Le verbe est construit (sauf à l'impératif) avec **deux pronoms de même personne dont l'un est réfléchi** : *je me..., tu te..., il/elle se..., nous nous..., vous vous..., ils/elles se...* (→ Fiche 12, page 94).

    Ils se comprennent est à la voix pronominale mais ils les comprennent n'est pas à la voix pronominale car le second pronom n'est pas réfléchi.
  - Les **temps simples** de la forme pronominale sont construits comme ceux de la **voix active** (je bats/je me bats ; je battais/je me battais ; je battrai/je me battrai...) mais on forme toujours les **temps composés** avec l'**auxiliaire *être***.

Forme pronominale des temps composés	
Indicatif	**Subjonctif**
Passé composé : Je me suis battu(e)	Passé : Que je me sois battu(e)
Plus-que-parfait : Je m'étais battu(e)	Plus-que-parfait : Que je me fusse battu(e)
Passé antérieur : Je me fus battu(e)	–
Futur antérieur : Je me serai battu(e)	–
Conditionnel passé : Je me serais battu(e)	–
Infinitif passé : s'être battu(e)(s)	**Participe passé** : s'étant battu(e)(s)

- Peuvent être à la forme pronominale :
  - **les verbes qui sont toujours pronominaux** (qui ne peuvent se passer du pronom réfléchi) : se souvenir, s'évanouir, se blottir, s'affairer, s'envoler, s'absenter, s'abstenir, s'esclaffer, s'enfuir, s'écrouler, s'évader, se désister, se repentir, se suicider...
  - **des verbes qui peuvent se construire tantôt à la forme pronominale, tantôt à la voix active et/ou passive :** battre/se battre ; laver/se laver ; coiffer/se coiffer, regarder/se regarder, téléphoner/se téléphoner, accuser/s'accuser...
- Pour cette seconde catégorie de verbes, on distingue trois emplois possibles :
  - **pronominal réfléchi :** le sujet fait l'action sur lui-même (il se lave – on peut ajouter lui-même) ou sur une de ses parties (il s'est lavé les mains) ;
  - **pronominal réciproque :** les sujets agissent les uns sur les autres (ils se battent – on peut ajouter l'un l'autre, les uns les autres, mutuellement...) ; le verbe est généralement employé au pluriel ;
  - **pronominal de sens passif :** la phrase peut être mise au passif (cette expression s'emploie souvent ➜ cette expression est employée souvent).

1 ★ **Soulignez chaque verbe conjugué et dites quelle est sa voix (active ou passive) ou s'il est à la forme pronominale.**

Remarque : Si vous rencontrez des difficultés, aidez-vous de la Fiche 24, p. 201.

1. Je me représente la chronologie de l'histoire. **2.** Ils se souviendront longtemps de ce réveillon. **3.** Nous nous rappelons les étés passés en Grèce, grâce aux photographies. **4.** Les souvenirs sont reconstruits par la mémoire. **5.** Tu te bats contre de mauvais souvenirs. **6.** Pourras-tu oublier Palerme ? **7.** Ils se séparent de leur passé en partant très loin.

2 ★★ **Mettez les verbes pronominaux suivants à la 3e personne du pluriel au temps demandé.**

Remarque : Utilisez, si nécessaire, un manuel de conjugaison.

1. *s'abaisser* (présent). **2.** *s'absenter* (passé composé). **3.** *s'affronter* (futur). **4.** *s'aggraver* (futur antérieur). **5.** *s'agripper* (passé simple). **6.** *s'appliquer* (passé antérieur). **7.** *s'amaigrir* (cond. présent). **8.** *se justifier* (plus-que-parfait). **9.** *se méfier* (passé antérieur). **10.** *se mélanger* (subjonctif présent).

3 ★★ **Relevez les verbes pronominaux et indiquez pour chacun son emploi spécifique (réfléchi, réciproque, passif).**

1. Dans le multisystème qu'est la mémoire, certains modules se lient aux autres. **2.** La mémoire épisodique se rattache aux évènements et souvenirs personnels. **3.** Ils ont oublié qu'ils se sont vus et qu'ils se sont parlé, hier. **4.** Il se demande s'il n'est pas en train de perdre la mémoire. **5.** La mémoire devient faillible : certains éléments se perdent. **6.** Il s'accuse d'avoir oublié l'essentiel.

2 Comment s'accordent les participes passés des verbes pronominaux ?

Les temps composés des verbes pronominaux (toujours construits avec *être*) ont des règles d'accord spécifiques (pour les autres accords → Fiche 28, p. 239).

- **Pour les verbes qui sont toujours employés à la forme pronominale** (comme se souvenir, se suicider...), le participe passé s'accorde avec le sujet, comme tous les participes passés employés avec *être* : Elles se sont pavanées. Elles se sont réincarn-ées.
- **Pour les verbes qui peuvent avoir plusieurs constructions** (comme battre/se battre...), on utilise la règle de l'accord des participes passés employés avec *avoir* (accord avec le COD si celui-ci est placé avant la forme verbale). On cherche donc la fonction du pronom réfléchi. Si le COD est placé avant le verbe, il y a accord.
  - Elle s'est lavée. → Le COD (s') est placé avant le verbe, donc accord avec le sujet : Elle s'est lavé-e.
  - Elle s'est lavé les mains. → Le COD (les mains) est placé après le verbe, donc pas d'accord : Elle s'est lav-é les mains.
  - Ils se sont battus. → Le COD (eux-mêmes, représenté par se) est placé avant le verbe, donc accord avec le sujet : Ils se sont battu-s.
  - Les catastrophes se sont succédé. Il n'y a pas de COD car succéder se construit avec un COI, donc pas d'accord : Elles se sont succéd-é.

4 ★★ **Accordez les formes pronominales suivantes.**

a. 1. Elle s'est coiff... . **2.** Elle s'est coiff... les cheveux. **3.** Ils se sont rencontr... . **4.** Ils se sont salu... . **5.** Ils se sont reconn... . **6.** Ils se sont pl... . **7.** Ils se sont regard... . **8.** Elles se sont enfui... . **9.** Ils se sont achet... une maison. **10.** Elles se sont batt... .

b. 1. Elles se sont égratign... les genoux. **2.** Elle s'est coup... le doigt. **3.** Ils se sont repent... de leur forfait. **4.** Ils se sont embrass... . **5.** Ils se sont insult... . **6.** Ils se sont prépar... un grog. **7.** Elle s'est évanoui... . **8.** Ils se sont montr... leurs résultats. **9.** Elle s'est entaill... les veines. **10.** Elles se sont évad... .

S'ENTRAINER

5 ★★ **Soulignez chaque verbe conjugué et dites quelle est sa voix (active ou passive) ou s'il est à la forme pronominale.**

1. La mémoire individuelle et la mémoire collective s'influencent mutuellement. **2.** Un lieu est investi, parfois, par un processus de commémoration. Le concept de lieu de mémoire a été forgé par Pierre Nora, dans les années 1980. **3.** Chaque société se donne des mythes fondateurs car la cohésion d'une communauté est assurée par le partage de la mémoire. **4.** L'appartenance à un groupe influence la mémoire individuelle qui s'appuie sur des cadres sociaux. **5.** L'amnésie collective existe également. Elle occulte des évènements considérés comme honteux ; des massacres sont ainsi plongés dans l'oubli.

6 ★★ **Mettez les verbes pronominaux à la 1re personne du singulier, au temps et au mode demandés.**

1. s'assoir (passé composé). **2.** s'attacher (futur antérieur). **3.** se balader (passé composé). **4.** se blottir (conditionnel passé). **5.** s'enrhumer (plus-que-parfait). **6.** se fâcher (passé composé). **7.** se cramponner (plus-que-parfait). **8.** s'impatienter (futur antérieur). **9.** s'immerger (conditionnel passé). **10.** se débattre (subjonctif passé).

7 ★★ **a. Accordez les formes pronominales. b. Classez celles de la première série suivant qu'elles sont de sens réfléchi ou réciproque.**

a. 1. Elle s'est réjou... de la nouvelle. **2.** Elle s'est donn... la mort. **3.** Ils se sont sépar... . **4.** Ils se sont écr... . **5.** Ils se sont confirm... l'accord. **6.** Ils se sont douch... . **7.** Elle s'est parfum... . **8.** Ils se sont téléphon... . **9.** Ils se sont injuri... . **10.** Ils se sont di... des injures.

b. 1. Elles se sont hydrat... le visage. **2.** Ils se sont souven... des temps anciens. **3.** Elles se sont tend... des pièges. **4.** Elles se sont transm... des informations. **5.** Elles se sont tromp... d'endroit. **6.** Ils se sont envelopp... les mains avec des bandages. **7.** Elles se sont partag... le gâteau. **8.** Ils se sont impos... à la loyale. **9.** Elles se sont énerv... . **10.** Elles se sont troubl... .

8 ★★★ **Dites si les verbes pronominaux des phrases suivantes sont de sens réfléchi, réciproque ou passif.**

1. Certains souvenirs se noient dans la mémoire. **2.** Il s'entraine à garder ses facultés en faisant des mots croisés. **3.** Tout s'oublie au fur et à mesure. **4.** Ils s'encouragent mutuellement à réussir. **5.** Elle s'est acheté des livres pour exercer sa mémoire.

CORRIGÉS

1 1. me représente : forme pronominale. 2. se souviendront : forme pronominale. 3. nous rappelons : forme pronominale. 4. sont reconstruits : voix passive (on peut transformer la phrase à la voix active : La mémoire reconstruit les souvenirs). 5. te bats : forme pronominale. 6. Pourras : voix active. 7. se séparent : forme pronominale.

2 1. (Ils/Elles) s'abaissent. 2. (Ils/Elles) se sont absenté(e)s. 3. (Ils/Elles) s'affronteront. 4. (Ils/Elles) se seront aggravé(e)s. 5. (Ils/Elles) s'agrippèrent. 6. (Ils/Elles) se furent appliqué(e)s. 7. (Ils/Elles) s'amaigriraient. 8. (Ils/Elles) s'étaient justifié(e)s. 9. (Ils/Elles) se furent méfié(e)s. 10. Qu'(ils/elles) se mélangent.

3 1. *se lient* : verbe pronominal de sens passif (= certains modules sont liés…). 2. *se rattache* : verbe pronominal de sens passif (= la mémoire épisodique est rattachée…). 3. *se sont vus, se sont parlé* : 2 verbes pronominaux de sens réciproque. 4. *se demande* : verbe pronominal de sens réfléchi. 5. *se perdent* : verbe pronominal de sens passif (= certains éléments sont perdus). 6. *s'accuse* : verbe pronominal de sens réfléchi.

4 a. 1. Elle s'est coiffée. 2. Elle s'est coiffé les cheveux (COD placé après le verbe, donc pas d'accord). 3. Ils se sont rencontrés. 4. Ils se sont salués. 5. Ils se sont reconnus. 6. Ils se sont plu (*se* est COI, donc pas d'accord). 7. Ils se sont regardés. 8. Elles se sont enfuies (verbe toujours pronominal : accord avec le sujet). 9. Ils se sont acheté une maison (COD placé après le verbe). 10. Elles se sont battues.

b. 1. Elles se sont égratigné les genoux (COD placé après le verbe). 2. Elle s'est coupé le doigt (COD placé après le verbe). 3. Ils se sont repentis (verbe toujours pronominal : accord avec le sujet). 4. Ils se sont embrassés. 5. Ils se sont insultés. 6. Ils se sont préparé un grog (COD placé après le verbe). 7. Elle s'est évanouie (verbe toujours pronominal). 8. Ils se sont montré leurs résultats (COD placé après le verbe). 9. Elle s'est entaillé les veines (COD placé après le verbe). 10. Elles se sont évadées (verbe toujours pronominal : accord avec le sujet).

5 1. s'influencent : forme pronominale. 2. est investi : voix passive (on peut transformer la phrase à la voix active : Un processus de commémoration, parfois, investit un lieu) ; a été forgé : voix passive (on peut transformer la phrase à la voix active : Pierre Nora a forgé le concept…). 3. se donne : forme pronominale ; est assurée : voix passive (on peut transformer la phrase à la voix active : Le partage de la mémoire assure la cohésion d'une communauté). 4. influence : voix active ; s'appuie : forme pronominale. 5. existe ; occulte : voix active ; sont plongés : voix passive (on peut transformer la phrase à la voix active : On plonge ainsi des massacres dans l'oubli).

6 1. Je me suis assis(e). 2. Je me serai attaché(e). 3. Je me suis baladé(e). 4. Je me serais blotti(e). 5. Je m'étais enrhumé(e). 6. Je me suis fâché(e). 7. Je m'étais cramponné(e). 8. Je me serai impatienté(e). 9. Je me serais immergé(e). 10. Que je me sois débattu(e).

7 a. 1. Elle s'est réjouie. 2. Elle s'est donné la mort (COD placé après le verbe, donc pas d'accord). 3. Ils se sont séparés. 4. Ils se sont écrit (*se* est COI, donc pas d'accord). 5. Ils se sont confirmé l'accord (COD placé après le verbe, donc pas d'accord). 6. Ils se sont douchés. 7. Elle s'est parfumée. 8. Ils se sont téléphoné (*se* est COI, donc pas d'accord). 9. Ils se sont injuriés. 10. Ils se sont dit des injures (COD placé après le verbe, donc pas d'accord).

b. 1. Elles se sont hydraté le visage (COD placé après le verbe, donc pas d'accord). 2. Ils se sont souvenus (verbe toujours pronominal : accord avec le sujet). 3. Elles se sont tendu des pièges (COD placé après le verbe, donc pas d'accord). 4. Elles se sont transmis des informations (COD placé après le verbe, donc pas d'accord). 5. Elles se sont trompées d'endroit. 6. Ils se sont enveloppé les mains (COD placé après le verbe). 7. Elles se sont partagé le gâteau (COD placé après le verbe, donc pas d'accord). 8. Ils se sont imposés. 9. Elles se sont énervées. 10. Elles se sont troublées.

b. Sens réfléchi : phrases 1., 2., 6., 7. ; sens réciproque : 3., 4., 5., 8., 9., 10.

8 1. *se noient* : sens passif (Certains souvenirs sont noyés...). 2. *s'entraine* : sens réfléchi. 3. *s'oublie* : sens passif (Tout est oublié). 4. *s'encouragent* : sens réciproque. 5. *s'est acheté* : sens réfléchi.

Chapitre 4

FICHE 26

L'indicatif

- *Comment décomposer les formes verbales des temps de l'indicatif ?*
- *Quelles sont les valeurs des temps simples et composés de l'indicatif ?*

LES BASES

1 Quels sont les temps de l'indicatif ?

L'indicatif **présente des faits donnés comme réels**, certains (Il neige) ou probables (Il neigera).

Il **situe une action dans le présent, le passé ou le futur** : c'est le mode le plus complet. Il comporte **10 temps** :

- **5 temps simples** : présent, imparfait, futur, passé simple, conditionnel présent[1] ;
- **5 temps composés** : passé composé, plus-que-parfait, futur antérieur, passé antérieur, conditionnel passé[1].

On retrouve ces 10 temps pour la voix active (→ Fiche 23, p. 190), pour la voix passive (→ Fiche 24, p. 201) et pour la forme pronominale (→ Fiche 25, p. 209).

! ATTENTION Les temps composés de la très grande majorité des verbes à la voix active sont construits avec *avoir*. Un tout petit nombre de verbes sont construits avec *être* (et pour certains avec l'un ou l'autre des auxiliaires, suivant le sens) : naitre/mourir, aller/venir, monter/descendre, arriver/partir, entrer/sortir, apparaitre, rester, retourner, tomber et leurs dérivés, remonter, redescendre...

1 ★ **Identifiez les temps des verbes suivants.**

Remarque : Pour travailler sur les temps des verbes, → exercices Fiche 23, p. 190.

1. J'abandonnerais. – Tu adapteras. – Tu auras pris. – Tu aurais agressé. **2.** Il attendit. – Ils auront arrosé. – Je guidai. – J'auscultais. **3.** Nous rions. – Nous avons filmé. – Je serais allé. – Je couds. **4.** Je meublerai. – Je dénoncerais.

1. Pour la place du conditionnel comme temps de l'indicatif, voir p. 191.

– Nous aurions étendu. – Nous farcissons. **5.** Je continue. – J'eus travaillé. – Nous sommes nés. – J'étais tombé.

2 ★ **Mettez les verbes suivants à la 1re personne du passé composé actif.**
1. écrire – revenir – arriver – extraire. **2.** punir – tomber – rassurer – mourir. **3.** construire – rester – descendre – sortir. **4.** vouloir – être – avoir – naitre. **5.** courir – apparaitre – aller – passer.

2 Comment conjuguer les temps simples ?

INDICATIF	**Bases de quelques verbes** (avec, parfois, des bases différentes pour le même temps)	**Marques de temps**	**Marques de personne au singulier** P1[1], P2, P3	**Marques de personne au pluriel** P4, P5, P6
Présent des verbes en *-er* : aimer	aim-	Ø	**-e** **-es** **-e**	**-ons** **-ez** **-ent**
Présent des autres verbes en *-r* : finir, mettre, devoir, venir... vouloir, pouvoir, valoir	fini-, finiss- met-, mett- doi-, dev-, doiv- vien-, ven-, vienn- veu- ; voul- ; veul-	Ø	**-s** **-s** **-t** Exceptions : **-x, -x, -t**	
Imparfait de tous les verbes	aim-, finiss-, mett-, dev-, ven-	**-ai-** (P1, P2, P3, P6) -i- (P4, P5)	**-s** **-s** **-t**	**-ons** **-ez** **-ent**
Passé simple des verbes en *-er*	aim-	**-ai-** (P1) **-a-** (P2, P3) **-â-** (P4, P5) **-è-** (P6)	-Ø -s, -Ø	**-mes** **-tes** **-rent**
Passé simple des autres verbes	fin(ir), m(ettre) d(evoir) v(enir)	**-i-** et **-u-** (P1, P2, P3, P6) **-î-** et **-û-** (P4 et P5) *OU* **-in-** (P1, P2, P3, P6) **-în-** (P4 et P5)	**-s** **-s** **-t**	

1. P1, P2, P3 désignent les 3 personnes du singulier ; P4, P5, P6 les trois personnes du pluriel.

INDICATIF	**Bases de quelques verbes** (avec, parfois, des bases différentes pour le même temps)	**Marques de temps**	**Marques de personne au singulier** P1, P2, P3	**Marques de personne au pluriel** P4, P5, P6
Futur des verbes en *-er*	aim-	**-er-**	**-ai** **-as** **-a**	**-ons** **-ez** **-ont**
Futur des verbes en *-r*	fini- mett-, dev-, viend-	**-r-**		
Conditionnel présent des verbes en *-er*	aim-	**-erai-** (P1, P2, P3, P6) **-eri-** (P4, P5)	**-s** **-s** **-t**	**-ons** **-ez** **-ent**
Conditionnel présent des autres verbes	fini- mett-, dev-, viend-	**-rai-** (P1, P2, P3, P6) **-ri-** (P4, P5)	**-s** **-s** **-t**	

Une forme verbale comprend deux éléments : un **radical** (appelé **base**) et une **terminaison**.

- **La base renvoie à l'aspect lexical, au sens du verbe** : elle parl-(ait) ; elle buv-(ait) ; elle mastiqu-(ait). Elle se retrouve à tous les temps sauf pour les verbes irréguliers. Pouvoir, par exemple, a six bases différentes : peu- (il peut), pouv- (nous pouvons), peuv- (ils peuvent), pour- (je pourrai), pu- (je pus) et pui- (que je puisse) pour le subjonctif.

C'EST FACILE !

Les bases sont identiques au futur et au conditionnel, même quand le verbe est irrégulier : je viendrai/je viendrais, je mourrai/je mourrais, je voudrai/je voudrais, etc.

- La **terminaison** indique à la fois le temps et la personne : parl-ait ➜ ai- renvoie au temps (ai- est la marque de l'imparfait) et -t à la personne (ici, la 3e personne du singulier).

Certaines terminaisons ne donnent pas d'indication :

- sur la personne : pour le passé simple du verbe aimer, par exemple : j'aimai, -ai est la marque du passé simple mais il n'y a aucune marque de personne (ce qui est symbolisé par un Ø barré).

– sur le temps : le présent de l'indicatif des verbes en *-er* ne comporte aucune marque de temps : j'aime ➜ aim-Ø-e, le -e est la marque de la personne.

Temps	Verbe	Base	Marque de temps	Marque de personne
Présent	Je prends	prend	Ø	-s
Présent	Il prend	prend*	Ø	Ø
Imparfait	Nous aimions	aim-	-i-	-ons
Futur	Il mourra	mour-	-r-	-a
Passé simple	J'aimai	aim-	-ai	Ø
Passé simple	Vous vîntes	v-	-în-	-tes
Cond. présent	J'aimerais	aim-	-erai-	-s

* Le *d* des verbes en *-dre* fait partie du radical. Mais contrairement aux autres verbes en *-r*, ils ne prennent pas de *-t* à la 3e personne du singulier : j'attends / tu attends / il attend.

3 ★★ **Mettez les verbes suivants à la 1e et la 3e personne du singulier du présent de l'indicatif.**

1. peindre – descendre – fendre – joindre. **2.** entendre – feindre – résoudre – apprendre. **3.** coudre – comprendre – craindre – vendre. **4.** absoudre – répandre – tendre – atteindre. **5.** contraindre – teindre – pondre – confondre.

4 ★★★ **À quel temps ces formes verbales sont-elles employées ? Décomposez-les en donnant la base, la marque de temps et de personne.**

Je fouillerai : futur ➜ fouill-er-ai.

1. Tu signes. – Vous roulerez. – Il repoussait. – Vous fîtes. **2.** Je fonds. – Nous finissions. – Tu fends. – Je tombai. **3.** Ils fléchissent. – Nous gagnerions. – Nous réprimions. – Ils indiqueront. **4.** Elle attend. – Nous prenions. – Nous conduisîmes. – Il fuit. **5.** Tu tairas. – Vous prendriez. – Ils séduisent. – Ils insinuaient.

5 ★★★ **Mêmes consignes.**

1. Tu apprends. – Il comprend. – Il peindra. – Je regrettai. **2.** Ils séchaient. – Il sentira. – Nous viendrions. – Tu sacrifies. **3.** Nous fîmes. – Vous visitiez. – Ils prennent. – Il voterait. **4.** J'imprimais. – Je remédiai. – Je logerais. – Vous rougissez. **5.** Ils rugissent. – Nous lisions. – Vous plantâtes. – Nous vivons.

3 Quels sont les emplois du présent ?

Valeurs du présent	Exemples
Le présent situe une action dans un intervalle de temps **plus ou moins étendu**. Il correspond : – au moment de l'**énonciation** ; – à un intervalle plus large (prêtez attention aux indications temporelles) ; – à une période très large : c'est le **présent permanent**, intemporel, de vérité générale (celui des définitions et maximes) ; – Il peut aussi renvoyer à **un passé ou un futur proche**.	– Je fais une liste des courses. – Je vis à Nîmes depuis trente ans. – Qui dort dine. Le soleil se lève à l'est. – Il part à l'instant. Il part dans une semaine.
Le **présent d'habitude** marque une **action** répétée. L'**aspect itératif** est indiqué par des compléments circonstanciels de temps (→ Fiche 23, p. 190).	Chaque soir, elle regarde les informations. Souvent, elle skie en janvier.
Le **présent de narration**, utilisé dans un récit au passé, rend l'action plus présente et vivante.	C'était le soir ; j'étais en train de l'observer ; je le vois et je m'avance vers lui.
Quand le présent correspond à un ordre, il a une **valeur injonctive**.	Vous vous taisez !

Le présent est un temps très utilisé qui peut avoir de nombreuses valeurs : elles sont portées par la totalité de l'énoncé et dépendent du contexte et de la situation d'énonciation car, contrairement à d'autres temps, le présent ne présente pas de marques spécifiques (→ tableau ci-dessus).

6 ★ **Déterminez les valeurs des présents dans les phrases suivantes. Vérifiez les réponses entre chaque série.**

a. 1. Vous connaissez le chemin : il passe près du petit pont en bois. **2.** Il jetait des pierres dans la rivière comme en jettent les enfants. **3.** Je vais à Paris, la semaine prochaine. **4.** Personne n'est parfait. **5.** Il fait des études depuis trop longtemps.

b. 1. Quand elle peut, elle fait un bridge avec ses amis. **2.** Maintenant, vous travaillez ! **3.** Le matin, elle ouvre les yeux et regarde tristement vers la fenêtre. **4.** De colère, il se dressa brusquement, comme le font les serpents. **5.** La voiture arrivait à toute allure ; je voyais le passant hésiter. Je l'attrape par l'épaule et le pousse brusquement.

4 Quels sont les emplois de l'imparfait, du passé simple et du passé composé ?

Valeurs de l'imparfait	Valeurs du passé simple	Valeurs du passé composé
En rapport avec l'aspect : ▸ C'est un temps simple donc **valeur aspectuelle d'inaccompli.** ▸ Il renvoie à une action **non bornée**. Il écrivait : l'imparfait ne donne pas les limites de l'action. (→ Fiche 23, p. 190)	En rapport avec l'aspect : ▸ C'est un temps simple donc **valeur aspectuelle d'inaccompli.** ▸ Il renvoie à une action **bornée**. Il écrivit : l'action est délimitée.	En rapport avec l'aspect : ▸ C'est un temps composé donc **valeur aspectuelle d'accompli.** ▸ Aucune valeur de ce type.
Dans un récit, il exprime les **faits d'arrière-plan par rapport au passé simple et passé composé** (descriptions, commentaires...). Il faisait chaud, le soleil était haut. Il plongea et nagea.	Dans un récit, il exprime des **actions de premier plan, par rapport à l'imparfait.** Il faisait chaud, le soleil était haut. Il plongea et nagea.	Dans un récit, il exprime des **actions de premier plan, par rapport à l'imparfait.** Il faisait chaud, le soleil était haut. Il a plongé et a nagé.
Il présente des **actions simultanées** : Il buvait son café, il regardait passer les nuages. L'imparfait peut aussi exprimer la répétition d'une action passée (imparfait d'habitude qui correspond à l'aspect itératif) : Chaque été, il partait à la montagne.	Il présente des **actions successives** : Il but son café, il regarda passer les nuages.	Il présente des **actions successives** : Il a bu son café, il a regardé passer les nuages.

▸ Ces trois temps du **passé** s'opposent ou s'accordent sur certains points :
- les faits passés racontés au passé simple n'ont aucun lien avec le moment où l'on parle ou écrit (Il partit au Mexique), alors que dans le passé composé, l'auxiliaire au présent établit un lien entre l'évènement passé et le moment où l'on parle (J'ai mangé une pomme) ;
- les trois sont **des temps du récit**, souvent associés (imparfait/passé simple ; imparfait/passé composé). Le passé simple est aujourd'hui réservé à l'écrit. Le passé composé est non seulement le temps du récit à l'oral et à l'écrit mais aussi un des temps du **discours**.

- **L'imparfait** a d'autres valeurs :
  - il peut exprimer un **fait hypothétique**, possible ou pas, dans le présent ou le futur quand il est employé **dans une subordonnée de condition, en lien avec un conditionnel dans la proposition principale** (→ Fiche 6, p. 42) : Si tu le voulais, nous partirions ;
  - il sert à présenter poliment une demande : Je voulais vous demander une faveur ;
  - il est faux de dire qu'il exprime obligatoirement la durée ; il peut le faire mais selon le sens du verbe et dans certains cas seulement : L'aube se prolongeait. Et contrairement à une idée reçue, le passé simple peut l'exprimer aussi : Il vécut cent-sept ans.
- **Le passé composé** marque l'antériorité par rapport à un fait présent : J'offre les fleurs que j'ai achetées.

7 ★★ **Déterminez la valeur des temps dans les deux extraits suivants.**

a. Derrière moi, l'Amirauté surgissait toute blanche du brouillard au-dessus de la lagune. Je m'étendis face au large dans un creux du sable, et, fatigué de mes réflexions, l'esprit vide, je suivis longtemps d'un œil désœuvré les jeux de lumière de la lune sur la mer, dans le silence qui semblait de minute en minute s'approfondir.
(Julien Gracq, *Le Rivage des Syrtes*, © Éditions Corti, 1951)

b. Les choses marchaient leur petit train comme de coutume lorsque vint la guerre. Vous savez comment elle nous prit : on en discutait depuis plusieurs jours quand, le samedi, on nous annonce qu'on mobilise. Nous descendons tous à Saint-Jean comme pour le marché et nous nous rendons à la commune. Nous y trouvons les affiches, le tambour et le branle des cloches de l'église et du temple.
(André Chamson, *Roux le Bandit*, © Éditions Alcide)

8 ★★★ **Repérez les verbes, donnez le temps et la/les valeur(s) du temps de chacun d'entre eux.**

1. Il fit beau toute la journée ; la tempête se déchaina le soir. **2.** Nous faisions presque chaque semaine de grandes courses en montagne. Nous marchions, nous parlions de tout et de rien. **3.** Nous découvrîmes le monde depuis le sommet. Le ciel charriait les nuages et l'air était plus vif. **4.** Le paysage se déployait en plan large et nos cœurs battirent plus fort. **5.** S'il ne tenait qu'à nous, nous ne partirions plus.

5 Quelles sont les valeurs des autres temps ?

A Le futur

- Il peut avoir une **valeur temporelle** :
  - il situe le procès dans le futur : Je partirai dans trois jours.
  - il peut être en concurrence avec certains emplois du présent (Je pars dans trois jours) et l'utilisation du semi-auxiliaire *aller* au présent, complété par un verbe à l'infinitif (→ Fiche 23, p. 195) : Je vais partir.
- Il peut avoir une **valeur modale** :
  - pour donner un ordre, plus discrètement qu'avec l'impératif : Tu te laveras les mains.
  - pour atténuer une demande : Je vous demanderai de passer à table.

B Le futur antérieur, le plus-que-parfait et le passé antérieur

	Valeurs du futur antérieur	Valeurs du plus-que-parfait	Valeurs du passé antérieur
Temps simple correspondant	Futur	Imparfait	Passé simple
Exprime une action accomplie	dans le futur. En juin, vous aurez obtenu votre diplôme.	dans le passé. Il avait participé aux élections.	dans le passé mais emploi rare. Il eut terminé son repas.
Exprime l'antériorité	par rapport à un futur simple. Quand vous aurez fini votre repas, vous sortirez.	par rapport à un fait passé. Il offrit les fleurs qu'il avait cueillies le matin.	par rapport à un fait passé, généralement dans une prop. sub. circ. de temps : Après qu'il eut fini son repas, il sortit.

Ces trois temps composés du passé ont des valeurs communes (notion d'antériorité et d'accompli).

Le futur antérieur et **le plus-que-parfait** ont d'autres **valeurs** qui leur sont **spécifiques**.

- **Le futur antérieur** peut exprimer une supposition par rapport au passé : Tu auras saisi l'importance de cette élection.

Le plus-que-parfait peut atténuer une affirmation :

J'étais venu m'excuser.

Il peut aussi, en lien avec le conditionnel passé, exprimer un fait irréel (→ Fiche 6, p. 42) :

Si j'avais su, je n'aurais pas pris cette route.

9 ★★ **Repérez les verbes ; donnez le temps et la/les valeur(s) du temps de chacun d'entre eux.**

1. J'étais sur la place de la Concorde ; je n'y étais pas revenu depuis cinq ans. 2. Je me suis aperçu brusquement que j'avais oublié mon portefeuille. 3. Tous les matins pourtant, j'y faisais attention. 4. Je me présentai au rendez-vous à l'heure dite mais je n'avais pas dormi de la nuit. 5. Ensuite, j'ai mangé rapidement et je me suis levé pendant que la salle bruissait encore de toutes les conversations.

10 ★★ **Mêmes consignes.**

1. C'était en pleine nuit ; il avait les yeux ouverts. Il sursauta. Il avait bien entendu un bruit, il n'avait pas rêvé, tout de même. 2. Quand il eut calmé les battements de son cœur, il se leva et regarda par la fenêtre. La lune brillait ; les grands arbres s'inclinaient sous le vent. 3. Quand il aura repris courage, il s'allongera. Mais s'il avait su, il n'aurait pas loué cette maison isolée. 4. Parmi les choses que la vie lui avait apprises, il y avait la maîtrise de soi. Il en avait vu d'autres. 5. Mais après qu'il eut rejoint son lit, il entendit encore plus distinctement un autre bruit.

C Le conditionnel

Le conditionnel présent	Le conditionnel passé
Il situe **un fait incertain**, au mieux possible, **dans le présent**, contrairement au futur pour lequel l'action est toujours réalisable : Je voyagerai : futur → action probable. Je voyagerais : cond. → il y a un doute.	Il situe **un fait incertain dans le passé**. Le livre a été publié en 2000 ; il y aurait eu plus d'un million d'exemplaires vendus.

Le conditionnel présent	Le conditionnel passé
Dans le système hypothétique, en lien avec une subordonnée à l'imparfait, il exprime : – un **potentiel** : Si j'étais riche, je partirais. ➜ action possible dans l'avenir ; – un **irréel du présent** : Si j'étais riche, je partirais. ➜ action impossible car je n'ai pas d'argent. (➜ **Fiche 6**, p. 42)	**Dans le système hypothétique,** en lien avec une subordonnée au plus-que-parfait, il exprime un **irréel du passé** : Si j'avais été riche, je serais parti. ➜ l'action n'a pas été réalisée dans le passé. (➜ **Fiche 6**, p. 42)
Il peut exprimer la notion de **condition, sans système hypothétique**, avec deux indépendantes : Je serais riche, je partirais. C'est la 1re proposition qui exprime la condition.	Même valeur que le cond. présent. J'aurais été riche, je serais parti.
Il peut exprimer une **opinion imaginaire** : Elle se met en colère, on dirait une furie.	Même valeur que le cond. présent : Elle se mit en colère, on aurait dit une furie.
Il **atténue une demande** : Je voudrais obtenir un prêt.	Même valeur, mais de façon encore plus intense : J'aurais voulu obtenir un prêt.
Il a une **valeur temporelle** et exprime un fait futur par rapport à une action passée : Il pense que ce sera possible. ➜ Il pensait que ce serait possible. (concordance des temps)	Il a une **valeur temporelle** et exprime l'antériorité par rapport à un fait passé : Je sais qu'il aura compris ma réponse. ➜ Je savais qu'il aurait compris ma réponse.

11 ★★ **Repérez les conditionnels et donnez-en la valeur.**

1. Il la vit et il aurait pu pousser la porte pour la rejoindre. **2.** Il la regarda attentivement ; il n'oublierait pas ce visage, se promit-il. **3.** On aurait dit une madone. **4.** S'il avait été plus attentif aux signes du destin, il ne serait jamais parti. **5.** Il serait resté, il aurait appris à céder à ses élans les plus profonds. **6.** S'il écoutait son cœur, il vivrait mieux.

S'ENTRAINER

12 ★★ **À quel temps ces formes verbales sont-elles employées ? Décomposez-les en donnant la base, la marque de temps et la marque de la personne.**

1. Il écorna. – Il divise. – Il donnait. – Elle dorera. **2.** J'éclaircis. – Ils écoutaient. – Nous prenons. – Vous égarâtes. **3.** Tu cries. – Ils voulurent. – Je mange. – Nous dresserions. **4.** Tu posais. – Il tord. – Ils franchirent. – Tu fonderais. **5.** Nous lûmes. – Tu pourras. – Nous provoquions. – Tu rejoins.

13 ★★ **Repérez les verbes ; donnez le temps et la/les valeur(s) du temps de chacun d'entre eux.**

1. Il n'a jamais accepté ce triste évènement. **2.** Il ne se souvenait plus des belles soirées d'été vécues. **3.** La nostalgie qui le plongeait dans des états un peu troubles dura quelques semaines. **4.** Souvent, l'après-midi, il se laissait tomber sur le canapé, les bras ballants. **5.** Il faut s'accrocher aux petites joies du quotidien, lui disait-on souvent. Tout ce qu'on a, on finit par le perdre, se disait-il.

14 ★★★ **Mêmes consignes.**

Il y a deux heures qu'elle coud, à tout petits points, reconstituant une trame aussi fine que celle du tissu blanc à dessins mauves et, maintenant que le réveil des locataires l'a fait tressaillir, elle serait incapable de dire à quoi elle a pensé pendant ces deux heures. Il fait chaud. Jamais l'air n'a été aussi lourd.
(*La Fenêtre des Rouet*, © 1945, George Simenon Ltd)

15 ★★★ **Mêmes consignes.**

Tu ne crois pas que tu bois un peu trop ?
Était ce « trop » qu'elle avait dit ? Peut-être que non. Peut-être qu'elle s'était contentée de dire « beaucoup » parce que c'était une femme qui avait appris comment on parle aux hommes, à certains hommes, en tout cas, et justement aux hommes dans le genre de Viau. Elle ne le disait pas sèchement, sur un ton de reproche ou de mépris, comme les femmes qui ne savent pas s'y prendre.
(*Au bout du rouleau*, © 1947, George Simenon Ltd)

16 ★★★ **Mêmes consignes.**

À peine libérées des soucis qui leur avaient semblé, pendant plus de vingt ans, tenir en suspens leur bonheur, Élise et Anna se sentirent aussi dépouillées de toute espérance. Pour elles, comme pour ceux qui ne poursuivent jamais que la réalisation d'un humble rêve, la fin de la vie s'annonçait comme un long dimanche.
(André Chamson, *Les Hommes de la route*, in *Le Livre des Cévennes*, © Éditions Omnibus)

CORRIGÉS

1 **1.** cond. présent – futur – futur ant. – cond. passé. **2.** passé simple – futur ant. – passé simple – imparfait. **3.** présent – passé composé – cond. passé – présent. **4.** futur – cond. présent – cond. passé. – présent. **5.** présent – passé ant. – passé composé – plus-que-parfait.

2 1. J'ai écrit – Je suis revenu(e) – Je suis arrivé(e) – J'ai extrait. 2. J'ai puni – Je suis tombé(e) – J'ai rassuré – Je suis mort(e). 3. J'ai construit – Je suis resté(e) – J'ai descendu / Je suis descendu(e) – J'ai sorti / Je suis sorti(e). 4. J'ai voulu – J'ai été – J'ai eu – Je suis né(e). 5. J'ai couru – Je suis apparu(e) – Je suis allé(e) – J'ai passé / Je suis passé(e).

3 1. Je peins / Il peint – Je descends / Il descend – Je fends / Il fend – Je joins / Il joint. 2. J'entends – Il entend – Je feins / Il feint – Je résous / Il résout – J'apprends / Il apprend. 3. Je couds / Il coud – Je comprends / Il comprend – Je crains / Il craint – Je vends / Il vend. 4. J'absous / Il absout – Je répands / Il répand – Je tends / Il tend – J'atteins / Il atteint. 5. Je contrains / Il contraint – Je teins / Il teint – Je ponds / Il pond – Je confonds / Il confond.

4 1. Présent : *sign-Ø-es* – Futur : *roul-er-ez* – Imparfait : *repouss-ai-t* – Passé simple : *f-î-tes*. 2. Présent : *fond-Ø-s* – Imparfait : *finiss-i-ons* – Présent : *fend-Ø-s* – Passé simple : *tomb-ai-Ø*. 3. Présent : *fléchiss-Ø-ent* – Cond. présent : *gagn-eri-ons* – Imparfait : *réprim-i-ons* – Futur : *indiqu-er-ont*. 4. Présent : *attend-Ø-Ø* – Imparfait : *pren-i-ons* – Passé simple : *conduis-î-mes* – Présent : *fui-Ø-t*. 5. Futur : *tai-r-as* – Cond. présent : *prend-ri-ez* – Présent : *séduis-Ø-ent* – Imparfait : *insinu-ai-ent*.

5 1. Présent : *apprend-Ø-s* – Présent : *comprend-Ø-Ø* – Futur : *peind-r-a* – Passé simple : *regrett-ai-Ø*. 2. Imparfait : *séch-ai-ent* – Futur : *senti-r-a* – Cond. présent : *viend-ri-ons* – Présent : *sacrifi-Ø-es*. 3. Passé simple : *f-î-mes* – Imparfait : *visit-i-ez* – Présent : *prenn-Ø-ent* – Cond. présent : *vot-erai-t*. 4. Imparfait : *imprim-ai-s* – Passé simple : *remédi-ai-Ø* – Cond. présent : *log-erai-s* – Présent : *rougiss-Ø-ez*. 5. Présent : *rugiss-Ø-ent* – Imparfait : *lis-i-ons* – Passé simple : *plant-â-tes* – Présent : *viv-Ø-ons*.

6 1. a. *connaissez* : présent correspondant au moment de l'énonciation ; *passe* : présent de portée beaucoup plus large qui inclut le moment de l'énonciation. 2. *jettent* : présent permanent renvoyant à une expérience d'ordre général. 3. *vais* : exprime un futur proche, comme l'indique le GN *la semaine prochaine*. 4. *est* : présent permanent renvoyant à l'aspect proverbial. 5. *fait* : renvoie à un intervalle de temps large qui inclut le moment de l'énonciation, en rapport avec les adverbes de temps.
b. 1. *peut, fait* : présents d'habitude. 2. *travaillez* : valeur injonctive. 3. *ouvre, regarde* : présents d'habitude. 4. *font* : présent permanent. 5. *attrape, pousse* : présents de narration dans un contexte passé, qui donnent de la vivacité au récit.

7 a. Temps du récit. En couple, des imparfaits (*surgissait, semblait s'approfondir* – avec le semi-auxiliaire *sembler*) marquant des éléments descriptifs d'arrière-plan, non bornés, et des passés simples (*m'étendis, suivis*) renvoyant à des actions de premier plan, bornées.
b. Dans cet extrait, on trouve des imparfaits (*marchaient, discutait*) qui renvoient à des actions d'arrière-plan, non bornées ; des passés simples, qui expriment des actions de premier plan (*vint* : qui interrompt l'action verbale de l'imparfait et *prit* : aspect borné) ; enfin, des présents : *savez*, qui correspond au moment de l'énonciation ; *annonce, descendons, rendons, trouvons* : présents de narration qui apparaissent dans un contexte passé pour donner plus de vivacité au récit.

8 **1.** *fit*, *se déchaina* : deux passés simples qui marquent des actions passées, de premier plan, bornées et successives. Temps du récit. **2.** *faisions* : imparfait d'habitude ; *marchions*, *parlions* : imparfaits marquant des actions habituelles se déroulant simultanément et non bornées. **3.** *découvrîmes* : passé simple pour une action de premier plan et bornée, associé aux deux imparfaits (*charriait*, *était*), qui expriment des faits d'arrière-plan et non bornés. **4.** *se déployait* : imparfait correspondant à une description en arrière-plan et à un aspect non borné, en couple avec le passé simple (*battirent*), action passée de premier plan et bornée. **5.** *tenait* : imparfait exprimant une action hypothétique, en lien avec le conditionnel de la principale (*partirions*) qui présente l'action comme impossible. **Remarque :** Tous les passés simples et imparfaits ainsi que le conditionnel présent de ces phrases ont des valeurs aspectuelles d'inaccompli, puisque ce sont des temps simples.

9 **1.** *étais* : imparfait pour une action passée, non bornée, ayant une valeur d'arrière-plan par rapport au passé composé de la phrase suivante *je me suis aperçu* ; *étais (pas) revenu* : plus-que-parfait indiquant une antériorité par rapport à l'imparfait et une valeur d'accompli. **2.** *me suis aperçu* : passé composé pour une action passée ayant un rapport avec le moment où l'on parle ; *avais oublié* : plus-que-parfait exprimant une antériorité par rapport au passé composé avec valeur d'accompli. **3.** *faisais* : imparfait d'habitude. **4.** *présentai* : passé simple indiquant une action bornée et de premier plan ; *avais (pas) dormi* : plus-que-parfait indiquant une antériorité par rapport au passé simple et une valeur d'accompli. **5.** *ai mangé*, *me suis levé* : passés composés indiquant des actions de premier plan, accomplies, en couple avec l'imparfait (*bruissait*) d'arrière-plan et non borné.

10 **1.** Temps du récit. *était*, *avait* : deux imparfaits pour des actions d'arrière-plan, non bornées, interrompues par le passé simple (*sursauta*) qui indique une action de premier plan, bornée. Les deux plus-que-parfaits (*avait entendu*, *avait rêvé*) indiquent l'antériorité par rapport aux faits passés relatés à l'imparfait et au passé simple et expriment un aspect accompli. **2.** *eut calmé* : passé antérieur indiquant une antériorité par rapport aux deux passés simples (*se leva*, *regarda*) qui marquent des actions passées de premier plan, bornées ; *brillait*, *s'inclinaient* : deux imparfaits marquant des éléments de description d'arrière-plan, non bornés. **3.** *aura repris* est un futur antérieur qui marque une antériorité par rapport à un fait futur exprimé par le verbe *s'allongera* et un aspect accompli. Les deux verbes qui suivent sont dans un système hypothétique : plus-que-parfait (*avait su*) dans la subordonnée et conditionnel passé dans la principale (*aurait loué*) pour indiquer un irréel du passé. **4.** *avait apprises*, *avait vu* : plus-que-parfaits marquant l'antériorité par rapport à un fait passé relaté à l'imparfait ; ils ont une valeur d'accompli ; *avait* : imparfait pour un élément du passé, non borné et inaccompli. **5.** *eut rejoint* : passé antérieur marquant l'antériorité par rapport à un fait passé, borné et de premier plan relaté au passé simple (*entendit*) ; il a aussi une valeur aspectuelle d'accompli.

11 **1.** *aurait pu pousser* : ce cond. passé (avec *pouvoir* comme semi-auxiliaire) exprime un fait hypothétique, incertain, qui n'a pas eu lieu ; il a une valeur d'accompli. **2.** *oublierait* : cond. présent avec un emploi temporel exprimant un futur par rapport au passé simple. **3.** *aurait dit* : cond. passé qui exprime une opinion imaginaire. **4.** *serait (jamais) parti* : dans ce système hypothétique, ce cond. passé en lien avec une subordonnée au plus-que-parfait exprime un irréel du passé. **5.** *serait resté*, *aurait appris* : deux cond.

passés, sans système hypothétique, mais le premier exprime une condition à laquelle est soumise l'action du second, de l'ordre de l'impossible. **6.** *vivrait* : dans un système hypothétique, ce cond. présent, en lien avec une subordonnée à l'imparfait, exprime un irréel du présent.

12 **1.** Passé simple : *écorn-a-Ø* – Présent : *divis-Ø-e* – Imparfait : *donn-ai-t* – Futur : *dore-r-a.* **2.** Passé simple ou présent : *éclairc-i-s* – Imparfait : *écout-ai-ent* – Présent : *pren-Ø-ons* – Passé simple : *égar-â-tes.* **3.** Présent : *cri-Ø-es* – Passé simple : *voul-u-rent* – Présent : *mang-Ø-e* – Cond. présent : *dress-eri-ons.* **4.** Imparfait : *pos-ai-s* – Présent : *tord-Ø-Ø* – Passé simple : *franch-i-rent* – Cond. présent : *fond-er-ais.* **5.** Passé simple : *l-û-mes* – Futur : *pour-r-as* – Imparfait : *provoqu-i-ons* – Présent : *rejoin-Ø-s.*

13 **1.** *a (jamais) accepté* : passé composé exprimant une action passée, encore en lien avec le moment de l'énonciation ; aspect accompli. **2.** *souvenait* : imparfait pour relater un fait passé non borné et inaccompli. **3.** *plongeait* : imparfait marquant une action passée d'arrière-plan non bornée ; *dura* : passé simple indiquant une action de premier plan, bornée dans le temps (*quelques semaines*). **4.** *se laissait tomber* : imparfait (avec *laisser* en semi-auxiliaire), indiquant une action passée répétée (aspect itératif). **5.** (*il*) *faut*, (*on*) *a*, (*on*) *finit* : présents permanents renvoyant à une remarque d'ordre général ; *disait(-on)*, *se disait(-il)* : imparfaits indiquant une action passée répétée (aspect itératif).

14 Trois présents situent l'action dans l'époque présente : *a*, *coud*, *fait* (*chaud*). Trois passés composés expriment des actions accomplies et antérieures de deux heures à ce présent : *a fait tressaillir* (avec *faire* en semi-auxiliaire) et *a pensé* ; le dernier renvoie à une époque plus longue et plus éloignée : *a été* (*aussi lourd*). Un conditionnel présent, *serait* (*incapable*), renvoie à l'incertitude du fait.

15 Quatre présents : les deux premiers, *crois* et *bois*, renvoient au moment de l'énonciation, dans un style direct ; les deux suivants, *parle* et *savent*, sont des présents permanents renvoyant à une expérience générale. Les imparfaits *était*(*-ce*), (*c'*)*était* (*une femme*) situent l'action dans l'arrière-plan d'un contexte passé ; *disait* ajoute une nuance car l'écrivain aurait pu utiliser un passé simple (*dit*), peut-être un imparfait d'habitude. Les trois plus-que-parfaits (*avait dit*, *s'était contentée*, *avait appris*) marquent l'antériorité par rapport aux faits relatés à l'imparfait et ont une valeur aspectuelle d'accompli.

16 *avaient semblé* : plus-que-parfait exprimant une antériorité (les vingt années qui ont précédé) par rapport à un fait passé exprimé au passé simple, avec une valeur aspectuelle d'accompli ; *se sentirent* : passé simple indiquant une action passée de premier plan, bornée, inaccomplie ; *poursuivent* : présent permanent renvoyant à une expérience générale ; *s'annonçait* : imparfait renvoyant à une action passée non bornée et inaccomplie.

Chapitre 4

FICHE 27

Le subjonctif et l'impératif

- *Comment reconnaitre le subjonctif et l'impératif ?*
- *Quels sont les différents emplois du subjonctif et de l'impératif ?*

LES BASES

1 Le subjonctif

A Qu'est-ce que le subjonctif ?

	Subjonctif actif	
Temps simples	**PRÉSENT** Que je calcule Que tu finisses Qu'il/elle sache Que nous prenions Que vous croyiez Qu'ils/elles mangent	**IMPARFAIT** Que je calculasse Que tu finisses Qu'il/elle sût Que nous prissions Que vous crussiez Qu'ils/elles mangeassent
Temps composés	**PASSÉ** Que j'aie calculé Que tu aies fini Qu'il/elle ait su Que nous ayons pris Que vous ayez cru Qu'ils/elles aient mangé	**PLUS-QUE-PARFAIT** Que j'eusse calculé Que tu eusses fini Qu'il/elle eût su Que nous eussions pris Que vous eussiez cru Qu'ils/elles eussent mangé

	Subjonctif passif	
Temps simples	**PRÉSENT** Que je sois calculé(e) Que tu sois fini(e) Qu'il/elle soit su(e) Que nous soyons pris(es) Que vous soyez cru(e)s Qu'ils/elles soient mangé(e)s	**IMPARFAIT** Que je fusse calculé(e) Que tu fusses fini(e) Qu'il/elle fût su(e) Que nous fussions pris(es) Que vous fussiez cru(e)s Qu'ils/elles fussent mangé(e)s
Temps composés	**PASSÉ** Que j'aie été calculé(e) Que tu aies été fini(e) Qu'il/elle ait été su(e) Que nous ayons été pris(es) Que vous ayez été cru(e)s Qu'ils/elles aient été mangé(e)s	**PLUS-QUE-PARFAIT** Que j'eusse été calculé(e) Que tu eusses été fini(e) Qu'il/elle eût été su(e) Que nous eussions été pris(es) Que vous eussiez été cru(e)s Qu'ils/elles eussent été mangé(e)s

- Le subjonctif est un **mode personnel** qui comprend quatre temps (→ Fiche 23, p. 190).
- Aujourd'hui, le subjonctif imparfait et le subjonctif plus-que-parfait ne sont quasiment plus employés à l'oral et on ne les trouve à l'écrit que dans un registre recherché ou littéraire. **Seuls le présent et le passé sont utilisés.**

La leçon se centre donc sur le présent et le passé. Pour l'imparfait et le plus-que-parfait du subjonctif → Fiche 23, exercice 4, p. 193.

B Comment se forme le subjonctif ?

- **La base de la 3e personne du pluriel de l'indicatif présent donne la base du subjonctif présent** :

  Ils mangent → que je mange, que tu manges...
  Ils croient → que je croie, que tu croies...
  Ils finissent → que je finisse, que tu finisses...

- Tous les verbes ont **les mêmes terminaisons** :

1re pers. sing.	2e pers. sing.	3e pers. sing.	1re pers. plur.	2e pers. plur.	3e pers. plur.
-e	-es	-e	-ions	-iez	-ent

- Certains verbes ont parfois une **base spécifique** :

Aller	Que j'aille, que tu ailles...	**Vouloir**	Que je veuille, que tu veuilles...
Pouvoir	Que je puisse, que tu puisses...	**Savoir**	Que je sache, que tu saches...
Faire	Que je fasse, que tu fasses...	**Venir**	Que je vienne, que tu viennes...

- Les verbes *être* et *avoir* ont, également, des **terminaisons spécifiques** :
  - **être :** que je sois, que tu sois, qu'il/elle soit, que nous soyons, que vous soyez, qu'ils/elles soient ;
  - **avoir** : que j'aie, que tu aies, qu'il/elle ait, que nous ayons, que vous ayez, qu'ils/elles aient.
- **Le subjonctif passé** se forme avec l'auxiliaire *avoir* ou *être* conjugué au subjonctif présent + le participe passé du verbe.

OBJECTIF 0 FAUTE **N'oubliez pas le *i* !**

Quand le radical se termine par un -*i*, il faut rajouter le -*i* de la terminaison aux 1re et 2e personnes du pluriel au subjonctif présent :

Radier ➜ Que nous radiions, que vous radiiez.
Crier ➜ Que nous criions, que vous criiez.

1 ★ **Mettez les verbes suivants au subjonctif présent, à la personne et à la forme (active ou passive) indiquées.**

a. 1. *voir* (forme active, 2e pers. du sing.). **2.** *chanter* (forme active, 3e pers. du plur.). **3.** *reprendre* (forme active, 1re pers. du sing.). **4.** *savoir* (forme active, 1re pers. du sing.). **5.** *avoir* (forme active, 2e pers. du plur.). **6.** *rire* (forme active, 1re pers. du plur.).

b. 1. *connaitre* (forme passive, 2e pers du sing.). **2.** *paraitre* (forme active, 1re pers. du sing.). **3.** *faire* (forme active, 3e pers. du sing.). **4.** *aimer* (forme passive, 3e pers. du plur.). **5.** *apercevoir* (forme passive, 2e pers. du sing.). **6.** *magnifier* (forme active, 1re pers. du plur.).

2 ★ **Mettez les verbes suivants au subjonctif passé, à la personne et à la forme (active ou passive) indiquées.**

a. 1. *connaitre* (forme active, 3e pers. du plur.). **2.** *éliminer* (forme passive, 1re pers. du sing.). **3.** *craindre* (forme active, 2e pers. du sing.). **4.** *peser* (forme active, 2e pers. du plur.). **5.** *remplir* (forme passive, 3e pers. du plur.).

b. 1. *vouloir* (forme active, 3e pers. du plur.). **2.** *admettre* (forme passive, 2e pers. du sing.). **3.** *enjoindre* (forme active, 3e pers. du sing.). **4.** *soumettre* (forme passive, 1re pers. du sing.). **5.** *remplacer* (forme passive, 2e pers. du plur.).

C Quand employer le subjonctif ?

Propositions	Fonctions	Exemples
Proposition subordonnée conjonctive complétive (➜ Fiche 5, p. 31)	COD d'un verbe de volonté ou de sentiment qui considère les faits dans leur éventualité. COD d'un verbe à la forme négative qui enlève tout caractère réel à l'action énoncée dans la sub. conj. complétive. Sujet Complément d'adjectif Complément du nom	Je veux [que tout soit parfait]. ➜ Le verbe veux implique une volonté dont on ne sait pas si elle va aboutir à une réalité effective. Je ne pense pas [que son départ soit nécessaire]. ➜ Le verbe indique que l'action n'est pas une certitude, une « réalité ». [Qu'il vienne seul] me conviendrait. Je suis contente [que Justin ait été choisi]. Notre souhait [que la paix revienne] est sincère.

Propositions	Fonctions	Exemples
Proposition subordonnée circonstancielle (→ Fiche 6, p. 38)	CC de temps (seulement après la locution *avant que*) CC de but (toutes locutions) CC de concession (la plupart des locutions) CC de condition (toutes locutions sauf *si* à l'indicatif → Fiche 6, p. 42)	Il faut partir [avant qu'il ne pleuve]. → Il ne pleut pas encore, ce n'est pas une réalité : antériorité de l'action de la prop. principale par rapport à celle de la prop. subordonnée. Je fais cela [pour que tu réussisses]. → La réussite n'est pas certaine. [Bien qu'il ait faim], il n'a rien mangé. → Le fait d'avoir faim n'a pas entrainé le fait de manger. [À condition que le journaliste dise vrai], la nouvelle est catastrophique. → La vérité du propos du journaliste n'est pas avérée et reste hypothétique.
Proposition subordonnée relative (→ Fiche 7, p. 46)	Après *seul, premier, dernier* Après un superlatif Avec une intention, un doute, une hypothèse	Tu es le seul [qui puisse gagner la course]. → L'emploi du subjonctif puisse souligne la virtualité de la victoire. C'est le plus bel endroit [que je connaisse]. → L'antécédent comporte un superlatif (le plus bel). Je souhaite une année [qui voie notre réussite]. → L'année n'est pas écoulée, c'est une projection vers l'avenir.
Proposition principale ou indépendante	Injonction ou souhait Expression figée	Qu'il vienne ! Soit un trapèze.... Vive la francophonie !

Le subjonctif est employé essentiellement dans les propositions subordonnées dans lesquelles l'action est envisagée mais non réalisée.

3 ★ **Mettez les verbes entre parenthèses au mode qui convient et justifiez votre réponse.**

1. Je ne crois pas qu'il (parvenir) à conduire seul si longtemps. **2.** Elle craint qu'il ne (correspondre) pas au profil demandé. **3.** Martha est heureuse que son petit-fils (obtenir) le baccalauréat l'an passé. **4.** Son souhait que les animaux (pouvoir) avoir des maisons de retraite comme les humains est sidérant. **5.** Nous doutons tous qu'il (avoir) raison mais les électeurs le (choisir) la semaine dernière par leur vote.

4 ★ **Mêmes consignes.**

1. Elle est la seule qui (pouvoir) le calmer. **2.** Les observateurs de l'ONU n'ont pas pu gagner ce village qui (être) trop loin de leur base. **3.** Il a obtenu les plus prestigieux postes qui (être). **4.** C'est le plus grand voleur que la littérature (avoir imaginé). **5.** C'est un grand homme qui nous (quitter).

5 ★ **Mêmes consignes.**

1. Bien qu'il ne (dire) pas de mal de son supérieur, il n'en pense pas moins. **2.** Après qu'il (arriver), nous commencerons la visite. **3.** En supposant que tu (dire) vrai, tout cela est terrifiant. **4.** Parce qu'il ne (vouloir) pas manger, il s'est évanoui. **5.** Je ne veux pas y aller, même si le prix du voyage (être) modique.

6 ★ **Ces phrases sont-elles au subjonctif ? Justifiez son emploi.**

1. Maudit soit-il ! **2.** Que les vents soufflent enfin et permettent le retour des bateaux dans leur port ! **3.** Que vive son souvenir dans nos cœurs reconnaissants ! **4.** Soit tu restes soit tu pars. **5.** Soit deux droites parallèles qui ne se rencontrent jamais.

2 L'impératif

A Qu'est-ce que l'impératif ?

Actif				
PRÉSENT				
Aime Aimons Aimez	Finis Finissons Finissez	Vois Voyons Voyez	Prends Prenons Prenez	Écris Écrivons Écrivez
PASSÉ				
Aie aimé Ayons aimé Ayez aimé	Aie fini Ayons fini Ayez fini	Aie vu Ayons vu Ayez vu	Aie pris Ayons pris Ayez pris	Aie écrit Ayons écrit Ayez écrit

Passif				
PRÉSENT				
Sois aimé(e) Soyons aimé(e)s Soyez aimé(e)s	Sois fini(e) Soyons fini(e)s Soyez fini(e)s	Sois vu(e) Soyons vu(e)s Soyez vu(e)s	Sois pris(e) Soyons pris(es) Soyez pris(es)	Sois écrit(e) Soyons écrit(e)s Soyez écrit(e)s
PASSÉ				
Aie été aimé(e) Ayons été aimé(e)s Ayez été aimé(e)s	Aie été fini(e) Ayons été fini(e)s Ayez été fini(e)s	Aie été vu(e) Ayons été vu(e)s Ayez été vu(e)s	Aie été pris(e) Ayons été pris(es) Ayez été pris(es)	Aie été écrit(e) Ayons été écrit(e)s Ayez été écrit(e)s

- L'impératif est un **mode personnel** (→ Fiche 23, p. 190) qui comprend **deux temps** : présent et passé. L'impératif présent est le plus employé, à l'écrit comme à l'oral.
- Un verbe à l'impératif n'a **pas de sujet exprimé**.
- L'impératif ne comporte que **trois personnes** : 2e personne du singulier, 1re personne du pluriel et 2e personne du pluriel.
- Les verbes *pouvoir*, *devoir* et *faillir* n'existent pas à l'impératif.

B Comment former l'impératif ?

- **La base de l'indicatif présent donne la base de l'impératif présent** :

  Je mange, nous mangeons, vous mangez. → mange, mangeons, mangez.

  Je crois, nous croyons, vous croyez → crois, croyons, croyez.

  Je finis, nous finissons, vous finissez → finis, finissons, finissez.
- **Les terminaisons sont en général celles du présent de l'indicatif :**

2e pers. sing.	1re pers. plur.	2e pers. plur.
-s	-ons	-ez

- Les verbes ***être, avoir, vouloir*** et ***savoir*** emploient la base verbale du subjonctif :

infinitif	être	avoir	savoir	vouloir
subjonctif	que je sois	que j'aie	que je sache	que je veuille
impératif	sois	aie	sache	veuille

- **L'impératif passé** se forme avec l'auxiliaire *avoir* ou *être* conjugué à l'impératif présent + le participe passé du verbe.

OBJECTIF 0 FAUTE

– Les verbes en *-er* ainsi que les verbes *assaillir, cueillir, offrir, ouvrir, souffrir, savoir, avoir* ne prennent pas de *-s* à la 2e personne du singulier :

tu chantes → chante / tu vas → va / tu cueilles → cueille.

– Le -s apparait cependant quand l'impératif est suivi des pronoms *en* et *y*, pour des raisons d'euphonie :

cueille → cueilles-en / va → vas-y / pense → penses-y.

7 ★ **Mettez les verbes suivants à l'impératif présent, à la personne et à la forme (active ou passive) indiquées.**

a. 1. *voir* (forme active, 2e pers. du sing.). 2. *aimer* (forme passive, 2e pers. du plur.). 3. *reprendre* (forme active, 1re pers. du plur.). 4. *savoir* (forme active, 2e pers. du sing.). 5. *avoir* (forme active, 2e pers. du plur.).

b. 1. *rire* (forme active, 1re pers. du plur.). 2. *connaitre* (forme passive, 2e pers. du sing.). 3. *y rêver* (forme active, 2e pers. du sing.). 4. *faire* (forme passive, 2e pers. du sing.). 5. *en rapporter* (forme active, 2e pers. du sing.).

8 ★ **Mettez les verbes suivants à l'impératif passé, à la personne et à la forme (active ou passive) indiquées.**

1. *lire* (forme active, 2e pers. du plur.). 2. *éliminer* (forme passive, 1re pers. du plur.). 3. *craindre* (forme active, 2e pers. du sing.). 4. *peser* (forme active, 2e pers. du plur.). 5. *remplir* (forme passive, 1re pers. du plur.).

C Comment et quand employer l'impératif ?

- **Syntaxiquement**, le verbe à l'impératif se place **en début de proposition**.

Les pronoms personnels compléments (→ Fiche 12, p. 94) le suivent sauf lorsqu'il y a une négation :

Prends le livre. → Prends-<u>le</u>. → Ne <u>le</u> prends pas.

Ces histoires, raconte-<u>les-moi</u>. → Ne <u>me</u> <u>les</u> raconte pas.

Les verbes pronominaux suivent la même règle sauf à la 2e personne du singulier pour laquelle la forme disjointe du pronom est utilisée :

Se protéger → Protège-toi (et non *protège-te).

À la forme négative, les verbes pronominaux suivent la règle générale, y compris à la 2e personne du singulier : Ne te protège pas.

- **Sémantiquement,** l'impératif est, en général, **le mode de l'ordre, de la prière, de l'exhortation.**

Sauvez-vous ! → ordre.

Écoutez-moi avant de me condamner ! → prière.

9 ★ **Mettez les verbes suivants au présent de l'impératif, à la forme active et aux personnes indiquées.**

1. *se limiter* (2e pers. du sing.). 2. *ne pas se tordre* (2e pers. du sing.). 3. *se cacher* (1re pers. du plur.). 4. *se mentir* (2e pers. du plur.) 5. *ne pas se souvenir* (1re pers. du plur.).

10 ★ **Relevez dans le texte suivant les verbes au présent de l'impératif. Justifiez votre réponse.**

(...) Et vous mes mains, restez tranquilles / C´est un chien qui nous revient de la ville / Mathilde est revenue / Et vous mes mains, ne frappez pas / Tout ça ne vous regarde pas / Mathilde est revenue / Et vous mes mains, ne tremblez plus / Souvenez-vous quand j´vous pleurais dessus (...).

(*Mathilde*, paroles de Jacques Brel, musique de Gérard Jouannest, © 1965, Éditions Jacques Brel)

S'ENTRAINER

11 ★ **Analysez le temps et le mode des verbes soulignés.**

(...) Et tu <u>verras</u> que c'<u>est</u> bon / De laisser tomber sa raison / <u>Sors</u> par les fenêtres / <u>Marche</u> sur la tête / Pour changer les traditions / Mais n'<u>oublie</u> pas. / <u>Chante</u> la vie chante / Comme si tu <u>devais</u> mourir demain (...).

(*Chante comme si tu devais mourir demain*, paroles de Pierre Delanoe, musique de Michel Fugain)

12 ★★★ **Mettez les verbes entre parenthèses au mode voulu et justifiez votre réponse.**

a. 1. Que ce film (nommer, au passif) aux Césars me fait plaisir. **2.** Je pense que tu ne (comprendre) pas. **3.** Je ne pense pas que tu (comprendre). **4.** Nous sommes tristes que l'équipe (perdre) son match de qualification. **5.** J'exige qu'ils (venir) nous rejoindre au plus vite.

b. 1. Je ne te dis pas la destination de peur que tu ne (vouloir) pas aller dans cet endroit. **2.** Il conduit tellement vite que je ne (vouloir) pas monter avec lui. **3.** Quoique je (faire) tout mon possible, je n'y arrive pas. **4.** J'arrive tout de suite, à moins qu'il n'y (avoir) pas de taxi. **5.** Prends le train avant qu'il ne (être) trop tard.

13 ★★★ **Analysez et justifiez l'emploi des verbes au subjonctif.**

1. Je me lève tôt, comme d'habitude, pour qu'Adama n'ait pas à m'attendre. **2.** Je suis prêt à 8 heures et je commence à attendre. « Qu'il vienne vite ! », me dis-je. **3.** Il fait très froid et le temps passe : 8 h 30, toujours pas d'Adama. **4.** D'habitude, il arrive avant que mes voisins ne partent, et ça fait 20 minutes que ces derniers ont pris leur voiture. **5.** Bien que je sois patient, l'affaire commence à m'inquiéter.

14 ★★★ **Analysez et justifiez l'emploi des verbes au subjonctif et à l'impératif.**

1. Je veux qu'on soit à l'heure, surtout quand il s'agit du travail. **2.** Adama est le type le plus ponctuel que j'aie jamais connu. **3.** Je commence à parler tout seul : « Mais arrive donc ! » **4.** Je crains qu'un accident ne soit arrivé. **5.** Que le diable l'emporte ! **6.** Il pourrait prévenir, à moins que ce ne soit trop grave.

CORRIGÉS

1 **a. 1.** Que tu voies. **2.** Qu'ils/elles chantent. **3.** Que je reprenne. **4.** Que je sache. **5.** Que vous ayez. **6.** Que nous riions.
b. 1. Que tu sois connu(e). **2.** Que je paraisse. **3.** Qu'il/elle fasse. **4.** Qu'ils/elles soient aimé(e)s. **5.** Que tu sois aperçu(e). **6.** Que nous magnifiions.

2 **a. 1.** Qu'ils/elles aient connu. **2.** Que j'aie été éliminé(e). **3.** Que tu aies craint. **4.** Que vous ayez pesé. **5.** Qu'ils/elles aient été rempli(e)s.
b. 1. Qu'ils/elles aient voulu. **2.** Que tu aies été admis(e). **3.** Qu'il/elle ait enjoint. **4.** Que j'aie été soumis(e). **5.** Que vous ayez été remplacé(e)s.

3 **1.** *parvienne* : le verbe de la prop. princ. est à la forme négative donc le verbe de la prop. sub. conj. complétive est au subjonctif. **2.** *corresponde* : *craindre* est un verbe de sentiment donc le verbe de la prop. sub. conj. complétive est au subjonctif. **3.** *ait obtenu* : la prop. sub. conj. complétive est complément de l'adjectif *heureuse* donc son verbe est au subjonctif passé puisque l'action est située *l'an passé*. **4.** *puissent* : la prop. sub. conj. complétive est complément du nom *souhait* donc son verbe est au subjonctif. **5.** *ait* : la prop. sub. conj. complétive complète le verbe *doutons* donc son verbe *ait* est au subjonctif. En revanche, le verbe *choisir* est à l'indicatif (*ont choisi*) car c'est le verbe de la prop. indépendante *les électeurs... vote*, coordonnée par *mais* à la prop. princ. *Nous doutons tous*.

4 **Remarque :** Toutes les propositions subordonnées sont des relatives.
1. *puisse* : le verbe est au subj. car l'antécédent du pron. relatif *qui* comporte *seule*. **2.** *était* : le verbe est à l'indicatif car il n'y a aucune idée d'intention, d'hypothèse ou de doute, simplement une explication. **3.** *soient* : le verbe est au subj. car l'antécédent du pron. relatif *qui* comporte le superlatif *les plus prestigieux*. **4.** *ait imaginé* : le verbe est au subj. car l'antécédent du pron. relatif *que* comporte le superlatif *le plus grand*. **5.** *quitte* : le verbe est à l'indicatif, car il n'y a aucune idée d'intention, de doute ou d'hypothèse.

5 **1.** *dise* : subj. dans la prop. sub. circ. de concession introduite par *bien que*. **2.** *sera arrivé :* indicatif futur antérieur dans la prop. sub. circ. de temps pour signaler l'antériorité de cette action (l'arrivée de la personne) par rapport au futur simple de la prop. princ. (*commencer la visite*). **3.** *dises* : subj. dans la prop. sub. circ. de condition introduite par la locution conj. *En supposant que*. **4.** *voulait* : indicatif dans la prop. sub. circ. de cause introduite par la locution conj. *Parce que* (cause avérée). **5.** *est* : indicatif dans une prop. sub. circ. de concession introduite par la locution conj. *même si*.

6 Les phrases **1.**, **2.**, **3.** et **5.** sont au subjonctif. **1.** *soit* : souhait. **2.** *que soufflent* et *permettent* : souhait. **3.** *Que vive* : exhortation. **4.** pas de subjonctif : *soit* n'est pas un verbe mais une conjonction. **5.** *Soit* : supposition dans une expression figée.

7 **a. 1.** Vois. **2.** Soyez aimé(e)s. **3.** Reprenons. **4.** Sache. **5.** Ayez.
b. 1. Rions. **2.** Sois connu(e). **3.** Rêves-y. **4.** Sois fait (e). **5.** Rapportes-en.

8 1. Ayez lu. 2. Ayons été éliminé(e)s. 3. Aie craint. 4. Ayez pesé. 5. Ayons été rempli(e)s.

9 1. Limite-toi. 2. Ne te tords pas. 3. Cachons-nous. 4. Mentez-vous. 5. Ne nous souvenons pas.

10 *restez, frappez, tremblez, Souvenez-vous* : impératifs d'ordre ou de prière.

11 *verras* : futur de l'indicatif ; *est* : présent de l'indicatif. / *Sors* : impératif présent. / *Marche* : impératif présent. / *oublie* : impératif présent. / *Chante* : impératif présent. / *devais* : imparfait de l'indicatif.

12 a. 1. *soit nommé* : la prop. sub. conj. complétive est sujet du verbe *fait plaisir* donc son verbe est au subjonctif. 2. *comprends* : la prop. sub. conj. complétive complète le verbe déclaratif *pense* donc son verbe est à l'indicatif. 3. *comprennes* : le verbe de la prop. princ. est à la forme négative donc le verbe de la prop. sub. conj. complétive est au subjonctif. 4. *perde* ou *ait perdu* : la prop. sub. conj. complétive est complément de l'adjectif *tristes* donc son verbe est au subjonctif. 5. *viennent* : la prop. sub. conj. complétive complète le verbe *exige*, verbe de volonté qui n'implique pas un résultat certain, d'où l'emploi du subjonctif.

b. 1. *veuilles* : subjonctif dans une prop. sub. circ. de but. 2. *veux* : indicatif dans une prop. sub. circ. de conséquence. 3. *fasse* : subj. dans une prop. sub. circ. de concession introduite par la conj. *Quoique*. 4. *ait* : subj. dans une prop. sub. circ. de condition introduite par la locution conj. *à moins que*. 5. *soit* : subj. dans la prop. sub. circ. de temps introduite par la loc. conj. *avant que*, avec antériorité de l'action de la sub.

13 1. *ait* : subj. prés. actif, 3e pers. sing. (*avoir*). Prop. sub. circ. de but (loc. conj. *pour que*). 2. *vienne* : subj. prés. actif, 3e pers. du sing. (*venir*). Souhait en prop. indépendante. 4. *partent* : subj. prés. actif, 3e pers. du plur. (*partir*). Antériorité de l'action de la prop. princ. par rapport à celle de la prop. sub. circ. de temps (loc. conj. *avant que*). 5. *sois* : subj. prés. actif, 1re pers. du sing. (*être*). Prop. sub. circ. de concession (loc. conj. *bien que*).

14 **Relevé des verbes au subjonctif** : 1. *soit* : subj. prés. actif, 3e pers. du sing. (*être*). Prop. sub. conj. complétive après un verbe exprimant la volonté (*veux*). 2. *aie connu* : subj. passé actif, 1re pers. du sing. (*connaitre*). Superlatif (*le plus ponctuel*) dans la prop. princ. qui régit la prop. sub. relative. 4. *soit arrivé* : subj. passé actif, 3e pers. du sing. (*arriver*). Prop. sub. conj. complétive après un verbe exprimant la crainte (*crains*). 5. *emporte* : subj. prés. actif, 3e pers. du sing. (*emporter*). Souhait exprimé dans une prop. indépendante, avec emploi de *que*. 6. *soit* : subj. prés. actif, 3e pers. du sing. (*être*). Prop. sub. circ. de condition (loc. conj. *à moins que*).
Relevé des verbes à l'impératif : 3. *arrive* : impératif prés. actif, 2e pers. du sing. (*arriver*). Injonction.

Chapitre 4

FICHE

28

L'infinitif et le participe

- *Quels sont les emplois de l'infinitif et du participe et comment les identifier ?*
- *Comment différencier le participe présent, l'adjectif verbal et le gérondif ?*

LES BASES

1 Qu'est-ce que l'infinitif ?

	Voix ou forme active	Voix ou forme passive	Forme pronominale
Infinitif présent	montrer	être montré(e)(s)	se (me, te, nous, vous) montrer
Infinitif passé	avoir montré	avoir été montré(e)(s)	s' (m', t', nous, vous) être montré(e)(s)

- L'infinitif est **un mode non personnel** (il ne varie pas en personne).

  Il aime aller au musée. / Nous aimions aller au musée.

- Au présent actif, on distingue les infinitifs :
  - des verbes en *-er* (montrer) ;
  - des verbes en *-ir* (finir, courir), en *-re* (mettre), en *-oir* (savoir) (→ Fiche 23, p 190).

1 ★ **Relevez les verbes à l'infinitif et analysez leur forme.**

1. Après avoir fait l'objet d'un concours pour son architecture, le Musée du Quai Branly a pu être inauguré en 2006. 2. Il permet de découvrir les civilisations du monde, sans avoir besoin de connaissances préalables. 3. Créer des ponts entre les cultures est une de ses missions. 4. Le visiteur, après s'être engouffré dans un jardin luxuriant et avoir été happé par l'atmosphère du lieu, doit le traverser pour être admis dans le musée lui-même. 5. Visiter ce musée revient à parcourir le monde.

2 Quels sont les emplois de l'infinitif ?

A Emploi verbal

Dans son emploi verbal, le verbe à l'infinitif est le centre d'une proposition :

Propositions indépendantes ou principales (➜ Fiche 3, p. 17)	Phrase déclarative : préposition *de* + infinitif ➜ infinitif de narration	Et tous de répondre : « C'est facile ! »
	Phrase interrogative ➜ infinitif délibératif	Alors, comment faire ?
	Phrase injonctive, pour exprimer un ordre, un conseil	Prendre la direction du centre ville.
	Phrase exclamative, pour exprimer un sentiment vif	Partir par là ! Non !
Propositions subordonnées	infinitive (➜ Fiche 5, p. 33)	J'ai entendu des artistes s'extasier au musée.
	interrogative indirecte (➜ Fiche 5, p. 32)	Je leur ai demandé pourquoi s'extasier ainsi.
	relative (➜ Fiche 7, p. 46)	Il cherchait un endroit où trouver des œuvres plus belles encore.

Le verbe à l'infinitif, employé dans une **périphrase verbale** en corrélation avec un semi-auxiliaire, peut aussi constituer le centre d'une proposition : Il commence à/doit/peut/va partir. (➜ Fiche 23, p. 195)

2 ★★ **Relevez les verbes à l'infinitif. Identifiez la nature de la proposition et le type de phrase dont l'infinitif est le centre.**

1. Quelle salle visiter ? **2.** Je ne savais pas quelle exposition choisir. **3.** Je devais décider de la prochaine étape de la visite. **4.** Mais oui ! Voir la Joconde et mourir ! **5.** Et de me précipiter vers la salle où la contempler. **6.** Tourner à droite, se diriger vers l'Aile Denon et chercher l'ancienne salle des États. **7.** Je l'ai enfin vue me sourire.

B Emploi nominal

Dans son emploi nominal, le verbe à l'infinitif est le centre d'un groupe ayant la même fonction qu'un nom ou un GN :

Sujet	Aller au Louvre était un vrai plaisir pour lui.
Attribut du sujet / du COD	Sa principale occupation était d'admirer les sculptures grecques. J'appelle cela être envouté.
Apposé	Il n'avait qu'une passion, les contempler.
Complément du nom / du pronom	Il ne prenait pas le temps de regarder les autres œuvres. Il n'avait qu'une passion, celle de les admirer.
Complément de l'adjectif	Pour lui, cette statuaire était digne d'être analysée en détail.
COD / COI / COS	Il avait pensé le faire. Mais on avait cherché à l'en dissuader. On l'avait poussé à renoncer à ce projet.
Complément circonstanciel – de cause : – de but : – de temps – de conséquence…	Pour avoir cherché la perfection, il avait été rejeté. Alors, afin d'avoir la paix, il avait fait cette étude en secret. Avant de la diffuser, il revenait sans cesse au Louvre. C'était devenu une obsession, au point de le rendre fou.

Certains infinitifs, appelés « **infinitifs substantivés** », sont devenus de véritables noms (par conversion ou dérivation impropre) ; ils sont alors précédés d'un déterminant : Un coucher de soleil, *Le Déjeuner sur l'herbe*… Dans ce cas, **l'infinitif est le noyau du GN** (→ Fiche 9, p. 76).

3 ★ **Dans l'exercice 1, relevez les infinitifs ou les groupes infinitifs ayant un emploi nominal et donnez leur fonction.**

4 ★★ **Déterminez l'emploi des verbes à l'infinitif ; s'ils ont un emploi nominal, précisez la fonction du groupe infinitif.**

1. Afin que de nouveaux publics aient la possibilité de pousser la porte de ces lieux de culture, une nuit des musées a lieu chaque année. **2.** Participer à la nuit du musée ? Pourquoi ne pas y aller ? **3.** Ouvrir les portes des musées la nuit est une bonne idée. **4.** Cela permet à chacun d'accroitre ses savoirs. **5.** Mais, dans ce musée, interdit de toucher aux œuvres !

3 Qu'est-ce que le participe ?

	Voix ou forme active	Voix ou forme passive	Forme pronominale
Participe présent	montrant	étant montré(e)(s)	se (me, te, nous, vous) montrant
Participe passé	2 formes : montré ayant montré	ayant été montré(e)(s)	s' (m', t', nous, vous) étant montré(e)(s)

Le participe est un mode **non personnel** :
J'ai vu des toiles splendides. / Vous aviez vu des toiles splendides.

5 ★ **Relevez les participes et analysez leur forme.**
1. Ayant été palais royal, le Louvre est devenu musée à la Révolution. **2.** S'étendant sur une surface bâtie de 135 000 m², il est considéré comme le plus grand palais européen. **3.** Plusieurs hypothèses ayant été émises sur l'origine de son nom, il semble que la première forteresse a été construite sur une louverie, lieu abritant les équipages destinés à chasser les loups. **4.** S'étant transformé au cours des siècles, le Louvre est le site culturel payant le plus visité de France.

4 Quels sont les emplois du participe passé ?

Le participe passé peut avoir **trois grands types d'emplois**.

- **Il peut être employé comme adjectif.** Il a alors une « valeur adjectivale », s'accorde en genre et en nombre avec le nom, le GN ou le pronom dont il dépend et peut être épithète, apposé (ou épithète détachée), attribut du sujet ou attribut du COD : Une œuvre connue. / Très connu, ce musée est une vraie merveille. / Ce musée est très connu. / Il la jugea achevée. → Fiches 11 et 19, p. 88 et p. 156
- **Il peut être employé comme élément d'un verbe, accompagné d'un auxiliaire.** Il entre dans la formation d'un temps composé actif (il a/avait/aura vu) ou dans celle du passif (elle est/était/sera vue). → Fiches 23 et 24, p. 190 et p. 201.
- **Il peut être le centre d'une proposition subordonnée participiale** : Une fois la visite terminée, il rentra chez lui. → Fiche 6, p. 41.

6 ★★ Analysez l'emploi des participes passés soulignés et, quand c'est possible, donnez leur fonction.

porté : valeur adjectivale, noyau du groupe porté par le ministère de la Culture, qui est épithète du nom projet.

1. Projet porté par le ministère de la Culture, le MuCEM, musée national consacré aux civilisations de Méditerranée, a ouvert ses portes à Marseille le 7 juin 2013. 2. Il est rapidement devenu l'un des musées de Marseille les plus visités. 3. Le musée proprement dit a été réalisé par l'architecte Rudy Ricciotti, associé à Roland Carta. 4. Une fois le fort Saint-Jean réaménagé, la tour du roi René a été consacrée à l'histoire du site.
(D'après l'Office du tourisme de Marseille, www.marseille-tourisme.com)

OBJECTIF 0 FAUTE L'accord du participe passé employé avec l'auxiliaire *être* ou *avoir*

– **Lorsque le participe passé est employé avec l'auxiliaire *être*,** il s'accorde en genre et en nombre avec le sujet du verbe, sauf dans certains cas où le verbe est à la forme pronominale (→ Fiche 25, p. 209) : Elle n'était jamais allée au Prado.

– **Lorsque le participe passé est employé avec l'auxiliaire *avoir*,** il ne s'accorde **jamais** avec le sujet. Il s'accorde avec le COD si celui-ci est placé avant la forme verbale : Elle a trouvé l'adresse qu'elle avait cherchée.
→ Le participe passé trouvé ne s'accorde pas avec le COD l'adresse, car celui-ci est placé après le verbe, alors que cherchée s'accorde au fém. sing. avec le pronom relatif COD que, qui est placé avant la forme verbale et qui reprend l'adresse.

7 ★ Accordez les participes passés soulignés. Justifiez votre réponse.

1. En 1565, un médecin allemand a rédigé... une œuvre qu'il a conçu... comme un catalogue des choses de l'univers et des lieux, appelé... cabinets de curiosité, où elles sont réuni... .
2. Cet ouvrage est aussi une méthode destiné... à organiser les collections de ces cabinets.
3. Au XIXe siècle, sont publié... des revues sur l'organisation des musées, considéré... comme le fondement de la muséologie.
4. Mais, l'exposition des œuvres a été controversé... : le musée a pu... être considéré... comme le « cimetière des arts » par Lamartine.

OUVRONS L'ŒIL

1 Comment différencier le participe présent et l'adjectif verbal ?

C'EST FACILE ! **3 critères pour les différencier**

– **Le participe présent est invariable** (Il vit des sculptures surprenant tout le monde), contrairement à l'adjectif verbal qui varie en genre et en nombre (Il vit des sculptures surprenantes) (→ Fiche 11, p. 88). → Faire varier le genre et le nombre.

– **Le participe présent garde les propriétés du verbe** : il admet des compléments essentiels : Il vit des sculptures ne surprenant personne (COD) et la négation *ne...pas*, contrairement à l'adjectif verbal : des sculptures ne surprenant pas tout le monde / *des sculptures ne surprenantes pas. → Mettre la phrase à la forme négative.

– **Le participe présent est suivi de l'adverbe** (des sculptures surprenant vraiment tout le monde), alors que l'adjectif verbal est précédé de l'adverbe (des sculptures vraiment surprenantes). → Ajouter un adverbe.

- Contrairement à l'adjectif verbal, le participe présent peut être **le centre verbal d'une proposition participiale** (→ Fiche 6, p. 41) : Le musée se vidant, nous quittâmes les lieux.

- Le participe présent et l'adjectif verbal peuvent être, comme l'adjectif qualificatif, épithètes, apposés et attributs du COD (→ Fiche 19, p. 155).

  Marchant à grands pas, il traversa la salle. → Groupe participe présent, apposé au pronom il.

  Foisonnantes, ces œuvres donnent le tournis. → Adjectif verbal, apposé au GN ces œuvres.

- Mais seul l'adjectif verbal peut être attribut du sujet : Cette exposition est intéressante.

8 ★★ **Les formes soulignées sont-elles des participes présents ou des adjectifs verbaux ? Justifiez votre réponse.**

1. Le musée étant un lieu protecteur, tout objet s'y trouvant est tentant pour les cambrioleurs. **2.** Devenant forteresse, c'est un lieu privilégié des romans et des films à suspense palpitants. **3.** Il est extrêmement grisant de suivre le parcours époustouflant de héros entreprenant de s'emparer d'œuvres réputées inaccessibles. **4.** La réalité dépassant souvent la fiction, les cambriolages dans les musées font la une des journaux, le vol le plus célèbre étant celui de la Joconde en 1911.

2 Comment reconnaitre un gérondif ?

- **Le gérondif** est facilement reconnaissable : il est formé de la **préposition *en* + participe présent ou participe passé** : en partant / en étant parti ou en ayant visité.
- Il est toujours **invariable** et **peut être précédé de l'adverbe *tout*** : en visitant / tout en visitant.
- Le gérondif **admet des compléments**, comme un verbe conjugué : Il s'est perdu en visitant le musée (COD de visiter).
- **Le groupe constitué par le gérondif et ses compléments peut être déplacé et supprimé** : En visitant le musée, il s'est perdu. ➜ Il s'est perdu.
- Il est **CC**, souvent de temps, mais aussi de manière, de condition, de moyen, de cause, d'opposition... :

  J'ai remarqué ce tableau en arrivant. ➜ CC de temps.

  Le guide marche en boitant. ➜ CC de manière.

9 ★★ **Donnez la nature exacte de chaque forme en *-ant*.**

1. Le mot *musée* vient du grec *museion*, désignant un sanctuaire dédié aux Muses. **2.** En hébergeant un collège d'érudits, ce lieu fit d'Alexandrie un haut lieu intellectuel de cette époque florissante. **3.** Mais un incendie ayant ravagé la bibliothèque, le *museion* et ses pratiques épanouissantes disparurent. **4.** À la Renaissance, le mot *museum* désigna des galeries réunissant des objets d'art, les princes italiens étant les premiers à rassembler des collections d'œuvres. **5.** En mêlant le temple antique et le cabinet privé, le musée est à la fois un lieu d'échange enrichissant et un endroit regroupant et exposant des œuvres d'art.

S'ENTRAINER

10 ★★ **Déterminez l'emploi des verbes à l'infinitif. Justifiez votre réponse.**

Choisir une œuvre est difficile : emploi nominal, noyau du groupe choisir une œuvre, sujet du verbe être. Je ne sais laquelle choisir : emploi verbal, centre de la prop. sub. interro. indirecte laquelle choisir.

1. Comment savoir quelles œuvres sont dignes de se trouver dans un musée ? **2.** Au musée de Rouen, le public a le droit de sélectionner les œuvres à exposer. **3.** Il vote pour choisir celles qui vont être sorties des réserves. **4.** Cet évènement contribue à valoriser le fonds du musée. **5.** Donner les clés des réserves aux visiteurs ! Génial ! **6.** Le conservateur dit qu'il les voit venir plus souvent.

11 **Expliquez l'accord des participes passés soulignés.**
★★ **1.** *Belphégor ou le Fantôme du Louvre* est une série française diffusée pour la première fois en 1965. **2.** Le département d'égyptologie du Musée du Louvre est hanté la nuit par un fantôme vêtu d'une longue robe noire. **3.** Plusieurs tentatives d'assassinat ayant eu lieu, le commissaire Ménardier, aidé par un jeune étudiant, André Bellegarde, mène l'enquête dans une atmosphère empreinte de mystère. **4.** Le fantôme a-t-il commis ces méfaits ? **5.** Vous saurez le fin mot de l'histoire, une fois les aventures d'André terminées.

12 **Analysez l'emploi des participes ; donnez leur fonction éventuelle.**
★★ **1.** À Lyon, des écrivains sont invités à faire d'un objet exposé au Musée des Confluences le cœur d'une fiction. **2.** Ainsi, dans *Hound Dog a fait un rêve*, M. Villard propose un récit haletant, lié à l'histoire américaine. **3.** Un sac ojibwa, magnifique pièce brodée de perles, en est le témoin. **4.** Au début du XIXe siècle, en le brodant, la jeune épouse blanche de l'Indien Hound Dog veut lui prouver son amour. **5.** En 2001, John Moon étant accusé à tort du meurtre d'un bijoutier, sa sœur lui trouve une avocate acceptant de traiter le cas de John en échange d'un sac ornemental ojibwa.
(D'après le Musée des Confluences, www.museedesconfluences.fr).

CORRIGÉS

1 **1.** *avoir fait* : inf. passé ; *être inauguré* : inf. prés. passif. **2.** *découvrir, avoir* : 2 inf. prés. **3.** *Créer* : inf. prés. **4.** *s'être engouffré* : inf. passé pronominal ; *avoir été happé* : inf. passé passif ; *traverser* : inf. prés. ; *être admis* : inf. prés. passif. **5.** *Visiter, parcourir* : 2 inf. prés.

2 **1.** *visiter* : prop. indépendante, phrase interrogative. **2.** *choisir* : prop. sub. interrogative indirecte. **3.** *décider* : prop. indépendante, phrase déclarative (l'infinitif fait partie d'une périphrase verbale). **4.** *voir, mourir* : 2 prop. indépendantes coordonnées, phrase exclamative. **5.** *me précipiter* : prop. princ., phrase déclarative ; *contempler* ; prop. sub. relative. **6.** *Tourner, se diriger* : 2 prop. indépendantes juxtaposées ; *chercher* : prop. indépendante coordonnée à la précédente ; phrase injonctive. **7.** *sourire* : prop. sub. infinitive (*l'... me sourire*).

3 **1.** *Après avoir fait... architecture* : gr. prép. inf., CC de temps. **2.** *de découvrir... monde* : gr. prép. inf., COI de *permettre* ; *sans avoir... préalables* : gr. prép. inf., CC de manière. **3.** *Créer des ponts entre les cultures* : gr. inf., sujet de être. **4.** *après s'être engouffré... luxuriant et avoir été happé... lieu* : 2 gr. prép. inf. coordonnés, CC de temps ; *pour être... lui-même* : gr. prép. inf., CC de but. **5.** *Visiter ce musée* : gr. inf., sujet de *revenir* ; *à parcourir le monde* : gr. prép. inf., COI de *revenir*. **Remarque :** *a pu être inauguré* et *doit traverser* sont des périphrases verbales, donc les inf. ont un emploi verbal.

4 1. *de pousser... culture* : emploi nominal ; compl. du nom *possibilité*. 2. *Participer à la nuit du musée ?* ; *ne pas y aller ?* : emplois verbaux. 3. *Ouvrir les portes des musées la nuit* : emploi nominal, sujet d'*être*. 4. *d'accroitre ses savoirs* : emploi nominal, COI de *permettre* ; *ses savoirs* : emploi nominal, inf. substantivé, COD d'*accroitre*. 5. *de toucher aux œuvres* : emploi nominal, compl. du participe passé *interdit*.

5 1. *Ayant été* : part. passé ; *devenu* : part. passé. 2. *S'étendant* : part. présent pronominal ; *bâtie, considéré* : 2 part. passés. 3. *ayant été émises* : part. passé passif ; *construite* : part. passé ; *abritant* : part. présent ; *destinés* : part. passé. 4. *S'étant transformé* : part. passé pronominal ; *payant* : part. présent ; *visité* : part. passé.

6 1. *consacré* : valeur adjectivale, noyau du gr. *consacré... Méditerranée*, qui est épithète (liée) du nom *musée* ; *ouvert* : entre dans la formation du passé composé actif *a ouvert*. 2. *devenu* : entre dans la formation du passé composé actif *est devenu* ; *visités* : valeur adjectivale, au superlatif, noyau du gr. *les plus visités*, qui est épithète du nom *musées*. 3. *dit* : valeur adjectivale, noyau du gr. *proprement dit*, qui est épithète du nom *musée* ; *réalisé* : entre dans la formation du passé composé passif *a été réalisé* ; *associé* : valeur adjectivale, noyau du gr. *associé à Roland Carta*, qui est apposé au GN *l'architecte Rudy Ricciotti*. 4. *réaménagé* : centre de la prop. participiale *Une fois le fort Saint-Jean réaménagé*, qui est CC de temps ; *consacrée* : entre dans la formation du passé composé passif *a été consacrée*.

7 1. *rédigé* : employé avec l'auxiliaire *avoir*, il ne s'accorde pas avec le COD *œuvre* placé après le verbe ; *conçue* : employé avec l'auxiliaire *avoir*, s'accorde au fém. sing. avec le COD *que*, pron. relatif placé avant le verbe et qui reprend *œuvre* ; *appelés* : s'accorde au masc. plur. avec le nom *lieux* ; *réunies* : employé avec l'auxiliaire *être*, s'accorde au fém. plur. avec le pron. pers. sujet *elles*. 2. *destinée* : s'accorde au fém. sing. avec le nom *méthode*. 3. *publiées* : employé avec l'auxiliaire *être*, s'accorde au fém. plur. avec le nom noyau du GN sujet *revues* ; *considérées* : s'accorde au fém. plur. avec le nom *revues*. 4. *controversée* : employé avec l'auxiliaire *être*, s'accorde au fém. sing. avec le nom noyau du GN sujet *exposition* ; *pu* : employé avec l'auxiliaire *avoir* et en l'absence de COD, il est invariable ; *considéré* : employé avec l'auxiliaire *être*, s'accorde au masc. sing. avec le nom noyau du GN sujet *musée*.

8 1. *étant, se trouvant* : 2 part. prés., admettent la négation (le musée n'étant pas... protecteur ; tout objet ne s'y trouvant pas) ; *tentant* : adj. verbal, admet le fém. (toute chose est tentante...). 2. *Devenant* : part. prés., admet la négation (ne devenant pas forteresse) ; *palpitants* : adj. verbal, employé au masc. pluriel, alors que le part. prés. est invariable. 3. *grisant* : adj. verbal, l'adverbe *extrêmement* le précède, alors qu'il suivrait le part. prés. ; *époustouflant* : adj. verbal, admet le fém. (l'aventure époustouflante) ; *entreprenant* : part. prés., admet la négation (n'entreprenant pas de...). 4. *dépassant, étant* : 2 part. prés., centres de deux prop. sub. participiales.

9 1. *désignant* : part. prés. 2. *en hébergeant* : gérondif ; *florissante* : adj. verbal. 3. *ayant ravagé* : part. passé ; *épanouissantes* : adj. verbal. 4. *réunissant, étant* : 2 part. prés. 5. *En mêlant* : gérondif ; *enrichissant* : adj. verbal ; *regroupant, exposant* : 2 part. prés.

10 1. *savoir* : emploi verbal, centre de prop. princ., phrase interrogative ; *se trouver* : emploi nominal, noyau du gr. prép. *de se trouver dans un musée*, compl. de l'adj. *dignes*. 2. *sélectionner* : emploi nominal, noyau du gr. prép. *de sélectionner... exposer*, compl. du nom *droit* ; *exposer* : emploi nominal, noyau du gr. prép. *à exposer*, compl. du nom *œuvres*. 3. *choisir* : emploi nominal, noyau du gr. prép. *pour choisir... des réserves*, CC de but ; *être sorties* : emploi verbal dans la périphrase verbale *vont être sorties*, marquant le futur proche. 4. *valoriser* : emploi nominal, noyau du gr. prép. *à valoriser... musée*, COI de *contribuer*. 5. *Donner* : emploi verbal, centre de prop. indépendante, phrase exclamative. 6. *venir* : emploi verbal, centre de la prop. sub. inf. *les venir plus souvent*, COD de *voir*.

11 1. *diffusée* : s'accorde au fém. sing. avec le nom *série*. 2. *hanté* : avec l'auxiliaire *être*, s'accorde au masc. sing. avec le nom noyau du GN sujet *département* ; *vêtu* : s'accorde au masc. sing. avec le nom *fantôme*. 3. *ayant eu* : employé avec l'auxiliaire *avoir*, il ne s'accorde pas avec le COD *lieu* placé après le verbe ; *aidé* : s'accorde au masc. sing. avec le nom *commissaire* ; *empreinte* : s'accorde au fém. sing. avec le nom *atmosphère*. 4. *commis* : employé avec l'auxiliaire *avoir*, il ne s'accorde pas avec le COD *ces méfaits*, placé après le verbe . 5. *terminées* : centre de la prop. participiale *une fois... terminées*, s'accorde avec le nom noyau du GN sujet *aventures*.

12 1. *invités* : part. passé, entre dans la formation du présent passif *sont invités* ; *exposé* : part. passé à valeur adjectivale, noyau du gr. *exposé... Confluences*, qui est épithète du nom *objet*. 2. *fait* : part. passé, entre dans la formation du passé composé actif *a fait* ; *haletant* : adj. verbal, épithète du nom *récit* ; *lié* : part. passé à valeur adj., noyau du gr. *lié à l'histoire américaine*, qui est apposé (ou épithète détachée) du nom *récit*. 3. *brodée* : part. passé à valeur adj., noyau du gr. *brodée de perles*, qui est épithète du nom *pièce*. 4. *en (le) brodant* : gérondif, CC de manière. 5. *étant accusé* : part. présent, centre de la prop. sub. participiale *John Moon étant accusé... bijoutier*, qui est CC de cause ; *acceptant* : part. prés., noyau du groupe *acceptant... ojibwa*, qui est épithète du nom *avocate*.

Les différentes classes grammaticales

Les déterminants – Fiche 8, p. 58	
Les articles ▸ Les articles définis ▸ L'article défini élidé ▸ les articles indéfinis ▸ Les articles définis contractés ▸ Les articles partitifs	 le, la, les l' (devant une voyelle ou un *h* non aspiré) un, une, des du (de + le), des (de + les), au (à + le), aux (à + les) du, de la, des
Les déterminants possessifs	mon, ton, son, ma, ta, sa, mes, tes, ses, notre, votre, nos, vos, leur, leurs.
Les déterminants démonstratifs	ce, ces, cet, cette, avec emploi éventuel de particules ajoutées au nom -ci ou -là
Les déterminants indéfinis	chaque, tout, toute(s), tous, certain(s), quelque(s), plusieurs, aucun(e), nul(le), tel(le)...
Les déterminants numéraux cardinaux	deux, trois, dix, cent, mille...
Les déterminants interrogatifs et exclamatifs	quel, quelle, quels, quelles
Le nom Fiche 9, p. 69 ▸ Le nom commun ▸ Le nom propre ▸ Le GN minimal : dét. + nom ▸ Le GN étendu ▸ Le GNP : prép. + GN **Fiche 14**, p. 109 ▸ Les locutions nominales	 table, lampe, voyages, folie, analyse, liberté, nom.... Paris, France, Victor Hugo, le Panthéon... [la mémoire], [certains enfants], [quelques amis]... [la grande et profonde mémoire familiale]... [par les chemins], [dans les rues], [dès le matin], [à Paris]... bande dessinée, faim de loup, mise en scène, arc-en-ciel...
Le verbe **Fiches 10, 23 à 28**, p. 81, p. 190, p. 201, p. 209, p. 215, p. 229, p. 239 ▸ Les locutions verbales	Chanter, finir, aller, courir, rendre, pouvoir... Je parle, tu as, il prend, nous allons, vous êtes, ils firent... Prendre l'air, faire semblant, aimer à la folie, avoir mal...
L'adjectif qualificatif **Fiche 11**, p. 87 ▸ Le groupe adjectival ▸ Le participe passé à valeur adjectivale ▸ L'adjectif verbal ▸ Les locutions adjectivales	heureux/heureuse, gai(e), calme... [très calme], [heureux de partir en vacances].... des cheveux frisés, elle est très fatiguée... des souvenirs perdus, des vacances finies... les champs environnants, des plantes grimpantes... bleu outremer, mort-né, porté disparu, non violent, mal luné...

Les différentes classes grammaticales

Les pronoms Fiches 12 et 13, p. 94 et p. 103

Les pronoms **personnels**	**P1** : je/j' – me/m' – moi ; **P2** : tu – te/t' – toi ; **P3** : il/elle/on – le/la/l' – lui/y/en – se/s' – lui/elle/soi (-même) ; **P4** : nous ; **P5** : vous ; **P6** : ils/elles – les – leur/y/en – se/s' – eux/elles (-mêmes).
Les pronoms **possessifs**	le(s) mien(s), le(s) tien(s), le(s) sien(s), le(s) nôtre(s), le(s) vôtre(s), le(s) leur(s), la/les mienne(s), la/les tienne(s), la/les sienne(s), la nôtre, la vôtre, la leur, au mien, du mien...
Les pronoms **démonstratifs**	celui, celle, ceux, celles, celui-ci/là, celle(s)-ci/-là, ceux-ci/-là, ceci, cela, ce, ça.
Les pronoms **indéfinis**	Tous, tout(e-s), tout le monde, l'un(e), les un(e)s, un(e) autre, d'autres, l'autre, les autres, aucun(e), certain(es), tel(le)(s), même(s), nul(le), quelqu'un(e), quelques-un(e)s, quelque chose, personne, autrui, chacun, grand-chose, autre chose, n'importe qui/quoi/lequel, plusieurs, rien, pas un(e), beaucoup, peu, la plupart...
Les pronoms **interrogatifs**	qui, que, quoi, (à/de) qui, (de/en/par) quoi/lequel, auquel, duquel, (à/de) laquelle, lesquel(le)s, auxquel(le)s, desquel(le)s, qu'est-ce qui, qu'est-ce que, qui est-ce qui
Les pronoms **relatifs**	qui, que, quoi, dont, où, lequel, auquel, duquel, (à/de) laquelle, lesquel(le)s, auxquel(le)s, desquel(le)s...

Les différentes classes grammaticales

Les adverbes Fiche 14, p. 109	Les adverbes formés avec le suffixe – *ment* : calmement, gentiment, intelligemment, savamment... pourquoi, combien, comment, quand... ; plus, moins, aussi, autant, beaucoup, peu, presque... ; hier, demain, aussitôt, alors, enfin, ensuite, désormais, dorénavant, quelquefois... ; ici, là-bas, ailleurs, loin, autour, au-dessus, autour... ; oui, non ; peut-être, soit... ; pourtant, cependant... ;
◗ Les locutions adverbiales	d'ailleurs ; en vain, tout à coup, d'ores et déjà, tout de suite, en général, par ailleurs, tout à fait, sans doute, d'une part, d'autre part, ne... pas/plus/guère/point...
Les prépositions Fiche 14, p. 109	à, de, par, avec, dans, chez, près, sur, sous, sans, vers...
◗ Les locutions prépositionnelles	à l'aide de, par rapport à, vis-à-vis de, à cause de, à côté de, afin de, au milieu de, au-dessus de, en dépit de, grâce à, quant à...
Les conjonctions Fiche 15, p. 120	
◗ Les conjonctions de **coordination**	mais, ou, et, donc, or, ni, car.
◗ Les conjonctions de **subordination**	que, comme, lorsque, puisque, quand, si...
◗ **Les conjonctions** (un mot) et **locutions conjonctives** (au moins deux mots) circonstancielles	**Temps** : quand, lorsque, comme, alors que, depuis que, pendant que, avant/après que, tandis que, jusqu'à ce que, sitôt que, tant que, une fois que... **Cause** : parce que, puisque, comme, étant donné que, vu que, du fait que, attendu que... **Conséquence** : si/tant/tellement... que, de sorte que, de manière que, à tel point que... **Comparaison** : comme, ainsi que, de même que... **Opposition/concession** : quoique, bien que, quelque... que, encore... que..., alors que, tandis que, même si... **Condition** : si, au cas où, à condition que, à moins que, dans la mesure où... **But** : pour que, afin que, de peur que...

Les différentes fonctions grammaticales

Sujet **Fiche 16**, p. 130		▸ Nom, GN : La grammaire est un domaine intéressant à étudier. ▸ Pronom : Elle/Celle-ci/La sienne/N'importe laquelle... est intéressante. ▸ Infinitif ou gr. infinitif : Étudier la grammaire est intéressant. ▸ Prop. sub. relative substantive : Qui étudie la grammaire s'instruit. ▸ Prop. sub. conj. complétive : Qu'il faille étudier la grammaire est une évidence.
Complément du verbe **Fiche 17**, p. 138	COD	▸ Nom, GN : J'aime Victor Hugo/la grammaire. ▸ Pronom : Je les aime, celles-ci/les miennes/n'importe lesquelles. ▸ Infinitif ou groupe infinitif : J'aime travailler la grammaire. ▸ Prop. sub. relative substantive : Aimez qui vous voulez. ▸ Prop. sub. conj. complétive : Nous voulons que vous progressiez. ▸ Prop. sub. interrogative indirecte : Nous nous demandons si/comment vous allez progresser. ▸ Prop. sub. infinitive : Nous voyons les étudiants progresser.
	COI	▸ GNP : Je m'intéresse à la grammaire/à Victor Hugo. ▸ Pronom : Vous lui plaisez. Il en parle, il y pense. Il pense aux siens. ▸ Infinitif ou gr. infinitif prép. : Vous tenez à réussir brillamment. ▸ Prop. sub. conj. complétive : Nous tenons à ce que vous réussissiez. ▸ Prop. sub. relative : Cette notion s'ajoute à celles que vous connaissez.
	COS	▸ GNP : Nous donnons des exercices aux élèves/à Victor. ▸ Pronom : Nous leur donnons des exercices. ▸ Groupe infinitif prépositionnel : Il vous pousse à réussir.
	Compl. essentiels	▸ GN : Il habite un quartier cossu (lieu). Les révisions ont duré deux mois (temps). Le livre pèse un kilogramme (mesure) et coûte 25 € (prix). ▸ GNP : Ils viennent d'Irak ; ils vont aux USA (lieu). ▸ Adverbe : Ils se rendirent là-bas. ▸ Prop. sub. relative : Elle ira où vous irez.
	Compl. d'agent (v. passive) **Fiche 24**, p. 201	▸ Nom, GNP : Ils seront félicités par Victor/par le professeur. Le sol est jonché de feuilles. ▸ Pronom (personnel ou relatif) : Les feuilles dont le sol est jonché sont mouillées.

Les différentes fonctions grammaticales

Attribut du sujet Fiche 18, p. 147		◗ Nom, GN : Pierre est professeur/professeur de grammaire. ◗ Pronom : Son livre est celui-ci. Ce livre est le mien. ◗ Adj., groupe adjectival, participe employé comme adj. : Pierre est intelligent/très fort en grammaire. Il est réputé/connu de tous. ◗ Infinitif ou groupe infinitif : Le but est de progresser. ◗ Adverbe : Il est bien dans sa vie. ◗ Prop. sub. conj. complétive : Notre désir est que vous progressiez. ◗ Prop. sub. relative : Vous êtes ceux que nous préférons.
Attribut de l'objet Fiche 18, p. 147		◗ Nom, GN : On l'a promu officier/officier des palmes académiques. ◗ GNP : On l'a pris comme modèle. ◗ Adj., groupe adjectival : Nous trouvons ces étudiants intéressants/très doués.
Complément de phrase Fiche 21, p. 171	CC de temps, manière, cause, conséquence, concession, comparaison, but...	◗ Nom, GN : Mardi, il partira. Le mardi matin, il suit un cours. (temps) ◗ GNP : Il se promène dans le campus. (lieu) ◗ Pronom : Il s'y promène. (lieu) ◗ Groupe infinitif prép. : Il révise pour réussir l'examen. (but) ◗ Adv. ou gr. adverbial : Aujourd'hui, il révise. (temps) ◗ Gérondif : Il révise en mangeant. (manière) ◗ Prop. sub. circonstancielle : Quand/comme/parce qu'il travaille beaucoup, il devrait progresser. (cause)
Les expansions du nom Fiche 20, p. 163	Épithète	◗ Adj. qual., participe employé comme adj., gr. adjectival : De solides progrès ; des progrès fulgurants, vraiment décisifs. ◗ Nom (très rarement) : Une robe tendance.
	Compl. du nom	◗ GNP : Les progrès de la science, les progrès en grammaire. ◗ Groupe infinitif prép. : La rage de gagner, la peur de perdre. ◗ Prop. sub. relative : Les notions que nous révisons sont faciles. La relative adjective complète le nom que l'on appelle *antécédent*. ◗ Prop. sub. conj. complétive : Le fait que vous révisiez est de bon augure.
	Apposition	◗ Nom, GN, pronom : Il faut envisager des révisions, passage obligé de la préparation. ◗ Adj., participe ou groupe adjectival : Il faut envisager des révisions, très méthodiquement menées.

Les différentes fonctions grammaticales

L'adjectif Fiche 19, p. 155	Épithète (liée)	Il faut procéder aux indispensables révisions.
	Apposé (épithète détachée)	Les révisions, vraiment indispensables, doivent être démarrées tôt.
	Attribut	▸ du sujet : Les révisions sont/semblent indispensables. ▸ du COD : Nous les trouvons indispensables.
L'adverbe Fiche 22, p. 179	Modifieur d'un constituant de la phrase	▸ d'un nom, GN ou pron. : Il faut tout réviser, notamment les fonctions. ▸ d'un adj., participe, gr. adjectival (→ Fiche 28, p. 239) : Des révisions complètement achevées. ▸ d'un adverbe : Il a très vite progressé. ▸ d'un verbe : Ils ont beaucoup révisé. ▸ d'une préposition : Il a craqué, juste avant les révisions. ▸ d'un déterminant (souvent numéral) : Il a révisé environ deux mois.
	Modifieur de la phrase	▸ CC : Longtemps, il a cru ne pas y arriver. ▸ Commentaire : Heureusement, vous avez bien révisé. ▸ Négation : Ils n'ont pas flanché.
	Cas particuliers	▸ Marquant l'interrogation ou l'exclamation : Quand travaillerez-vous ? Comme elles sont intéressantes ! ▸ Équivalant à une proposition (surtout en réponse) : Oui ! ▸ Jouant un rôle de connecteur : Vous travaillerez ; alors, vous serez sûrs de vous.
Les compl. de l'adjectif		▸ GNP : Il est heureux de sa réussite. ▸ Groupe prép. infinitif : Il est heureux d'avoir réussi. ▸ Prop. sub. conj. complétive : Il est souhaitable qu'il réussisse.

ÉDITION : Blandine Renard, Annabelle Biau-Weber
MAQUETTE : Frédéric Jély
MISE EN PAGE : Nord Compo

Achevé d'imprimer en Espagne par Macrolibros
Dépôt légal : 98353-04 - Juin 2020

PAPIER À BASE DE FIBRES CERTIFIÉES

Hatier s'engage pour l'environnement en réduisant l'empreinte carbone de ses livres. Celle de cet exemplaire est de :
650 g éq. CO_2
Rendez-vous sur www.hatier-durable.fr